CORSO

Halldór Guðmundsson

Island

Insel aus Geschichten

Fotografie Dagur Gunnarsson

Aus dem Isländischen von Kristof Magnusson

CORSO

Vorwort | 8

Reykholt | 16
Heimstatt von Snorri Sturluson

Snæfellsjökull | 28
Der offene Gletscher

Staðarhóll in Westisland | 36
Der Chronist des Bürgerkrieges

Flatey im Breiðafjörður | 44
Filmkulisse und Bibliothek

Rauðisandur | 52
Schauplatz eines Doppelmordes

Álftafjörður bei Ísafjörður | 60
Wo die Isländer Baskisch lernten

Þingeyrar | 66
Die Literaturwerkstatt im Kloster

Beinahóll auf Kjölur | 74
Wie starben die Brüder von Reynistaðir ?

Merkigil | 82
Die Badewanne in der Schlucht

Siglufjörður | 90
Fischfang und Mord

Hörgárdalur | 98
Wo man über die Liebe dichtet

Flateyjardalur | 106
Kultur in Isolation und Armut

Garður bei Mývatn | 114
Eine Bauersfrau mit Erzählperspektive

Ásbyrgi | 122
Der Hufabdruck von Odins Pferd

Askja | 128
Der Hauch der Ewigkeit

Sænautasel | 134
Der Bauernhof unter dem Eis

Skriðuklaustur | 142
Ein deutscher Hof in Ostisland

Borgarfjörður eystra | 150
Der schönste Fjord von Island

Hali | 160
Geburtsort eines Esperantisten, Kommunisten und Spiritisten

Lakagígar | 168
Wo die französische Revolution begann

Hveragerði | 176
Dorf der Dichter

Þingvellir | 182
Das Thing und der Tod

Herdísarvík | 190
Der alte Dichter und das Meer

Grindavík | 198
Geburtsort der Moderne

Kleifarvatn | 208
Ein See für Spione

Bessastaðir | 214
Von Piraten und Präsidenten

Mosfell | 222
Die Kirche im Tal

Gljúfrasteinn | 230
Das Auto des Nobelpreisträgers

Breiðholt, Reykjavík | 236
Der Surrealismus in der Vorstadt

Epilog | 242
Árborg, Manitoba

VORWORT

»Island ist wohl am tauglichsten beschrieben als eine große Halde von lauter Geröll«, notierte im achtzehnten Jahrhundert der aus dem isländischen Grunnavík stammende, in Kopenhagen lebende Gelehrte Jón Ólafsson. »Oft gibt es dort viele schlechte Jahre in Folge«, fügte er später hinzu. »Die Menschen, die dort wohnen [...] sind zänkisch, ebenso streit- wie habsüchtig, unrein und oft von üblem Geiste.« Jón Ólafsson war ganz offensichtlich davon überzeugt, dass es in Island kaum annehmbare Menschen gab und dass diese wenigen annehmbaren Menschen nichts zu sagen hatten. Doch sie hatten so viel geschrieben, dass er sich veranlasst sah, ein Buch über die isländische Literatur herauszugeben, in dem er, mal auf Isländisch, mal auf Latein, über mehr als einhundert Dichter und Gelehrte schrieb und am Schluss noch ein Verzeichnis der isländischen Dichterinnen und gelehrten Frauen anfügte, wie sein Vorbild, der dänische Gelehrte Albert Thura.

Damals waren bereits mehr als neunhundert Jahre vergangen, seit die ersten Menschen in Island gesiedelt hatten. Zuvor hatten schon einige Seefahrer ihren Fuß auf diese Insel weit draußen im Nordatlantik gesetzt, es aber nie lange dort ausgehalten – die eigentliche Besiedlung Islands begann erst um das Jahr 870. Sechzig Jahre später, als das erste isländische Parlament, der Althing, gegründet wurde, waren alle Teile der Insel von Siedlerinnen und Siedlern in Besitz genommen. Wahrscheinlich wohnten damals um die 50 000 Menschen in Island – wesentlich mehr sollten es erst im neunzehnten Jahrhundert werden. Man geht davon aus, dass man mit der Landwirtschaft und dem Fischfang, wie sie damals betrieben wurden, auch 80 000 Menschen hätte ernähren können, dennoch schwankte die Bevölkerungszahl meist zwischen 40 000 und 60 000 Menschen. In schlechten Zeiten ging sie immer wieder zurück: So gab es im Jahr 1800 nur noch etwa 40 000 Isländerinnen und Isländer. Während sich überall in Europa bürgerliche Gesellschaften bildeten, Ballungsräume enstanden, die industrielle und andere Revolutionen alles umwälzten, starb in Island ein Fünftel der Bevölkerung an den Folgen des größten Vulkanausbruchs der Menschheitsgeschichte (siehe *Lakagígar*). Wenn man alle Isländerinnen und Isländer zusammenzählt, die jemals gelebt haben, kommt man auf nicht mehr als eine oder höchstens anderthalb Millionen. Damit könnten sie gerade einmal das heutige Oslo bevölkern oder den Großraum Frankfurt – doch diese wenigen Menschen haben viel zu erzählen!

So etwas wie Städte entstanden in Island erst im zwanzigsten Jahrhundert, und auch die Industrialisierung setzte dann erst ein. Ein bildungsbürgerliches Kulturleben war in der damaligen Zeit kaum mehr als das Glänzen in den Augen eines dänischen Gesandten und einiger isländischer Kaufleute und Geistlicher. Bis auf sehr rudimentäre Formen, zu denen die Geschichtsforschung in letzter Zeit allerdings immer interessantere Erkenntnisse gewinnt, hatte es in Island nie nennenswerte Bildende Kunst oder Musik gegeben und erst recht keine Architektur: Man kann ganz Island bereisen, ohne auch nur einmal

Ruinen und andere Artefakte zu sehen, die einen an die Vergangenheit erinnern, so wie es im Rest von Europa fast überall der Fall ist.

Doch im Gegensatz zu den Bewohnern vieler anderer europäischer Länder, haben die Isländerinnen und Isländer immer ihre eigene Geschichte gekannt und zwar bis hin zu ihren Anfängen. Im elften und zwölften Jahrhundert ist in Island eine Schriftkultur entstanden, und im dreizehnten und vierzehnten Jahrhundert wurde bereits eine große Menge von Büchern auf Isländisch geschrieben, sowohl Werke der Geschichtsschreibung als auch Sagas, Gesetzestexte, religiöse Texte, Heiligenlegenden, Lehrbücher und Genealogien, die bis zu den Anfängen der Besiedlungszeit zurückreichen. Die isländischen Männer kamen größtenteils aus Norwegen. Von den Frauen kam wahrscheinlich eine Hälfte aus Norwegen, die andere Hälfte war gälischer Abstammung. Heute kennen wir mehr als 300 Bücher, die im dreizehnten und vierzehnten Jahrhundert auf Isländisch geschrieben worden sind – beziehungsweise auf Altnordisch, wie man die Sprache nennt, die zu dieser Zeit in großen Teilen Nordeuropas gesprochen wurde. In Norwegen sind im Gegensatz dazu aus derselben Zeit nur wenige Bücher erhalten, die von einem einheimischen Autor auf Altnordisch geschrieben worden sind – in Dänemark und Schweden gar keins. Das ist eines der großen Wunder der isländischen Kultur. Als Island sehr viel später langsam die Ketten der Armut abschüttelte, blickten die Vorkämpfer der isländischen Unabhängigkeitsbewegung auf das dreizehnte Jahrhundert zurück wie viele Menschen in Europa auf die Renaissance.

Und das nicht ohne Grund. Bevor Island im Jahr 1262 den norwegischen König als Staatsoberhaupt annahm, hatte es auf diesem europäischen Außenposten eine regelrechte literarische Hochkultur gegeben. Die Grundbedingungen dafür waren eine Schriftkultur, die Island zusammen mit der Christianisierung um das Jahr 1000 erreichte, hinzu kamen Bildungsmöglichkeiten, Mobilität, Handel – und ein relativer Wohlstand. Man vermutet, dass Island im zwölften und dreizehnten Jahrhundert nicht zuletzt durch den Handel mit Grönland zu einigem Wohlstand gekommen war. In Grönland hatte es seit dem Jahr 1000 eine isländische Siedlung gegeben, von der einige der wertvollsten Waren kamen, mit denen man damals im Norden Handel treiben konnte: Falken, wie es sie auch in Island gab, Eisbären und deren Felle, Walross-Elfenbein, aus dem man beispielsweise Schachfiguren herstellte, und die Stoßzähne von Narwalen, die raffinierte Kaufleute als Hörner von Einhörnern ausgaben. Diese geraden, bis zu zwei Meter langen, weißen Stoßzähne mit einer Art Gewinde an der Spitze galten als Beweis für die Existenz dieser Fabelwesen und wurden zu schwindelerregenden Preisen verkauft. Ebenso vermutet man, dass die Isländer im dreizehnten und vierzehnten Jahrhundert Handschriften exportiert hatten, unter anderem Schriften über die Geschichte der Könige Norwegens. Man kann also sagen, dass die teuersten Exportgüter der Isländer zu dieser Zeit allesamt Fiktionen waren.

Auch die isländischen Skalden darf man nicht vergessen, die noch bis ins dreizehnte Jahrhundert an den norwegischen Königshof gingen und dort ihre Dichtung vortrugen. Seit dieser Zeit haben Geschichten und alle möglichen anderen Arten von Literatur eine zentrale Bedeutung für das Selbstverständnis der Isländerinnen und Isländer.

Doch der isländische Freistaat, diese frühe Form eines Gemeinwesens ohne übergeordnete Staatsmacht, kam zu seinem Ende. Die traditionellen Mächte des Mittelalters, der König und die Kirche, gewannen an Einfluss. Im Laufe des vierzehnten Jahrhunderts wurde die Verbindung zu der Siedlung in Grönland immer schwächer, bis sie um 1400 ganz abriss, hinzu kam eine Abkühlung des Klimas, die die Landwirtschaft in Island noch schwerer machte, als sie es ohnehin schon war. In den folgenden Jahrhunderten konnten Handschriften, und später auch gedruckte Bücher gerade auf ärmeren Bauernhöfen die wertvollsten Besitztümer sein. Halldór Laxness erzählt in seinem Roman *Weltlicht* von einem armen Jungen, der auf einem entlegenen Bauernhof untergebracht ist und dort ziemlich schlecht behandelt wird. Er tröstet sich damit, ein altes, abgenutztes Buch aus dem Müll zu ziehen, das in einem so schlechten Zustand ist, dass man die Schrift kaum noch erkennen kann: »Oft juckte es ihn dort, wo er das Buch unter seinen Kleidern auf der nackten Haut versteckte, aber das machte nichts. Was für ein Geheimnis, ein solches Buch zu besitzen, eine Zuflucht, auch wenn man nicht wusste, was darin stand.«

Meine Urgroßmutter lebte im Önundarfjörður in den Westfjorden mit einem Ehemann, der sich Landreeder nennen konnte, was eine eher hochtrabende Bezeichnung für einen Bauern war, der gelegentlich zum Fischen herausruderte. Sie bekam elf Kinder und hatte ihr ganzes Leben hart gearbeitet. Und doch nutzte sie jede Gelegenheit, um Bücher zu lesen, sie konnte so in sie versinken, dass ihre Kinder aufpassen mussten, dass sie »nicht das Feuer verlor«, wie man es damals nannte, wenn jemand auf einem Bauernhof das Feuer ausgehen ließ, das zum Heizen und Kochen so dringend nötig war.

Die Baudenkmäler von uns Isländern, unser Forum Romanum, Stonehenge oder unser Kölner Dom, sind also *Geschichten*. Wohin man in Island auch fährt – selbst an den abgelegensten Orten sind Geschichten entstanden, und viele davon haben Einzug in unsere Literatur gehalten. Es mag nicht viel geben, wenn man nach Überresten prächtiger Bauwerke sucht, doch für diejenigen, die eine gute Geschichte hören und ihre Vorstellungskraft einsetzen wollen, gibt es alles. Es gibt in ganz Island nur an einem Ort die Überreste einer Art Festung, das sogenannte Borgarvirki im Nordwesten des Landes, doch um diese Ruine ranken sich kaum Geschichten. Keiner kann sicher sagen, was für einen Sinn und Zweck diese Festung einmal gehabt haben könnte, und deswegen haben die Isländerinnen und Isländer sich nie besonders dafür interessiert. Quellen berichten davon, dass es im dreizehnten Jahrhundert noch andere Festungen gegeben

Staðarhóll bei Breiðafjörður. Hier stand einst der Hof von Sturla Þórðarson, der einer der wichtigsten Autoren des 13. Jahrhunderts war.

Bei Mývatn in Nordisland

habe, mit denen die damaligen Anführer versucht hatten, ihre Macht zu sichern, doch über die ist längst wieder Gras gewachsen.

Dieses Buch erzählt von dreißig Orten, die (bis auf einen) allesamt in Island liegen und auf die eine oder andere Weise mit unserer Literatur und unserer Geschichte verbunden sind. Ich habe all diese Orte besucht und weiß dennoch nicht so viel über sie wie viele andere. Die meisten dieser Orte sind leicht zu finden und mit einem normalen Pkw zu erreichen. Reisenden, die sich im Vorfeld mit der Geschichte dieser Orte bekannt machen, bietet sich keine geringere Zauberwelt, als wenn man in Europa die großen Baudenkmäler des Mittelalters besichtigt. Dass diese Denkmäler des menschlichen Geistes oft von spektakulären Naturschönheiten umgeben sind, macht die Sache auch nicht unattraktiver. Ich habe Geschichten zu den verschiedensten Orten, aus den verschiedensten Zeiten ausgewählt und zum Teil mit persönlichen Erinnerungen angereichert; zwischen manchen Geschichten tun sich auch Querverbindungen auf. Jede einzelne Geschichte wartet mit zahlreichen Geheimnissen des isländischen Volkes auf, das, seit es existiert, Zuflucht gesucht hat in Geschichten, viel mehr als in der Philosophie oder in imposanten Gebäuden, mitten in dieser »Halde von lauter Geröll«.

REYKHOLT

HEIMSTATT VON SNORRI STURLUSON

Reykholt im Borgarfjörður ist wohl der geschichtsträchtigste Ort von ganz Island. Für viele Isländer – und nicht wenige Norweger – ist Reykholt fast eine Art Heiligtum, und das obwohl es dort seit Jahrhunderten eigentlich kaum etwas zu sehen gibt und auch die Landschaft der unmittelbaren Umgebung wenig zu bieten hat, wenngleich sich in nicht allzu großer Entfernung viele wunderschöne Orte befinden. Gut, es gibt eine hübsche kleine Kirche, aber die ist 1886 erbaut worden und kann wohl nur in Island als »alt« durchgehen. Nicht weit von ihr ist eine Schule in einem Gebäude aus den 1930er-Jahren, die eine wichtige Rolle im isländischen Bildungssystem gespielt hat, und allein schon deswegen einen großen Wert als Baudenkmal hat, weil sie von Guðjón Samúelsson entworfen wurde, dem ersten vollständig ausgebildeten isländischen Architekten.

Dann gibt es dort eine Badestelle, die von einer heißen Quelle gespeist wird. Ihr Rand ist mit Steinen eingefasst. In und um Reykholt gibt es viel Erdwärme. Dieses Bad wird wahrscheinlich schon seit tausend Jahren von Menschen genutzt, schließlich wird es bereits in dem mittelalterlichen Landnámabók erwähnt, das von den ersten isländischen Siedlerinnen und Siedlern erzählt. Man nimmt zwar an, dass die Steine, mit denen diese Badestelle eingefasst ist, dort schon lange liegen, aber wie es hier ursprünglich einmal ausgesehen hat, vermag niemand zu sagen. Doch auch wenn diese Badestelle wohl nicht mehr in ihrem ursprünglichen Zustand ist – der Ort Reykholt ist von einem Nimbus umgeben, der schon im achtzehnten und neunzehnten Jahrhundert Touristen angelockt hat. Damals war diese Badestelle das einzige, was an den enormen Ruhm vergangener Tage erinnerte, 1817 wurde sie bereits unter Denkmalschutz gestellt, als eines der ersten Artefakte aus dem isländischen Mittelalter überhaupt. Etwas anderes gab es damals nicht zu sehen. Doch umso mehr gibt es darüber zu erzählen.

Vor 25 Jahren wurde in Reykholt eine neue Kirche gebaut, zusammen mit einer Bibliothek und einem Forschungszentrum, das auch eine kleine Ausstellung zur Geschichte dieses Ortes zeigt. In den letzten dreißig Jahren wurden bei umfangreichen Ausgrabungen einige Ruinen freigelegt, doch das sind isländische Ruinen, die die Vorstellungskraft ziemlich strapazieren: Fundamente von Mauern, Reste von Steinfußböden ... Was war hier gewesen? Wie hat es hier ausgesehen?

Auf diese Fragen hat die Forschung seit 1990 einige Antworten gefunden. Es gilt als erwiesen, dass hier im Spätmittelalter eine befestigte Siedlung gewesen sein muss, mit zahlreichen Gebäuden und einer ansehnlichen Kirche, geschützt von zwei Meter hohen Mauern. Auch außerhalb dieser Mauern hatte es im dreizehnten Jahrhundert Gebäude gegeben, sodass damals wahrscheinlich bis zu dreihundert Leute hier gewohnt haben, nur sind davon alle Zeugnisse verschwunden, bis auf die Badestelle und die unscheinbaren Ergebnisse der Ausgrabungen.

Doch man kommt auch nicht nach Reykholt, weil man sich unbedingt die zeitgenössische Architektur anschauen will. Und Naturschönheiten, wie sie zum Beispiel in Þingvellir historischen Ereignissen einen spektakulären Hintergrund liefern, gibt es auch nicht. Die Leute kommen nur aus einem Grund: Hier lebte Snorri Sturluson (1178/79–1241), einer der bedeutendsten Schriftsteller des ganzen europäischen Mittelalters, ebenso gelehrt wie genial. Wobei fraglich ist, ob Snorri Sturluson sich selbst überhaupt als Schriftsteller im modernen Sinne gesehen hat. Es weist zwar vieles darauf hin, dass er sich einiges auf seine literarische Arbeit eingebildet hat, und doch hat man im Spätmittelalter unter einem Autor etwas ganz anderes verstanden als heute. Seit dem Untergang des Römischen Reiches besaß die Kirche ein Monopol in der europäischen Buchproduktion. Die Hauptaufgabe der Autoren – auctores – war die Auslegung von Gottes Wort. Erst mit Dante, der italienischen Renaissance und dem Aufkommen der weltlichen Literatur bildete sich langsam unser heutiges Verständnis eines Autors heraus. Doch auf jeden Fall hat Snorri sich für einen Skalden, poeta, gehalten, der der mündlichen Überlieferung von altnordischer Dichtung verpflichtet war, die in Versen von großer metrischer Komplexität auch die Aufgabe hatte, heidnisches Wissen zu bewahren. Das Rezitieren von Gedichten am Hof eines Königs gehörte ebenfalls zu den Aufgaben eines Skalden – es handelt sich also um einen ganz anderen, älteren Autorenbegriff.

Snorri kam aus einer einflussreichen Familie und wurde zur Erziehung als Pflegekind nach Oddi in Südisland gegeben, damals eines der wichtigsten politischen und kulturellen Zentren des Landes. Dass Snorri schon bald nach der Macht in seinem Teil des Landes griff, mag daher nicht besonders überraschend sein – doch für Snorri war das nicht genug, sein Ehrgeiz erstreckte sich auf ganz Island und sogar darüber hinaus, und um das zu erreichen, wurde er ein gerissener Machtpolitiker. 1206 ließ er sich in Reykholt nieder und machte sich sofort daran, sein neues Zuhause zum wichtigsten Ort von Westisland zu machen. Er schuf dabei nicht so sehr ein Bevölkerungszentrum, sondern ein politisches Zentrum. Die Gegend um Reykholt gehörte im dreizehnten Jahrhundert wohl zu den wohlhabendsten von ganz Island – doch mit dem Besitz von Reykholt selbst war weder ein besonders großer noch ertragreicher Landbesitz verbunden. Also konzentrierte Snorri sich darauf, geschickte Allianzen mit den anderen mächtigen Leuten in seinem Landesteil zu schmieden und das anzusammeln, was man heute »kuturelles Kapital« nennen würde.

Es dauerte nicht lange, da war Reykholt das wichigste Machtzentrum von ganz Island. Snorri besaß bald über einhundert Ländereien, und auch die Kirche in seinem Einflussbereich besaß viel Land, wie Óskar Guðmundsson in seinem Buch über Snorri Sturluson belegt. In Reykholt lebten viele Priester und andere gelehrte Männer – Snorri hatte sich eine Art Königshof aufgebaut, mit Skalden und Schreibern, Tänzern und Sängern. Er ließ große Holzhäuser bauen, mit Dingen, die es sonst nirgendwo gab, Wasserleitungen zum Beispiel, die heißes Wasser aus der Erde in die Häuser leiteten und sie dadurch heizten.

Oben

Der Autor in der Bibliothek von Reykholt.

Linke Seite

Snorri Sturluson. Statue des norwegischen Bildhauers Gustav Vigeland. Ein Geschenk der norwegischen Regierung aus dem Jahr 1947.

Die alte Badestelle von Reykholt.

1215 übernahm Snorri zum ersten Mal das höchste Amt, das es im damaligen isländischen Freistaat gab: Er wurde Gesetzessprecher. Dieses Amt zeigt besonders gut, wie sehr Snorri Sturluson sich immer wieder zwischen zwei Welten bewegt hat: Der Gesetzessprecher sollte, wie das Wort ja schon sagt, alle Gesetze mündlich aufsagen können. Zu dieser Zeit jedoch hatte man die nordischen Gesetze bereits aufgeschrieben. Snorri war also ein Mann, der noch von der mündlichen Überlieferungstradition geprägt war, aber gleichzeitig den Übergang in ein neues Zeitalter mitgestaltete – das Zeitalter der Schrift. Ohne seine Wurzeln im alten nordischen Erbe zu vergessen, wurde Snorri ganz selbstverständlich Teil der katholischen europäischen Hochkultur.

Snorri wusste, dass er Unterstützung aus dem Ausland brauchte, um seine Macht zu bewahren. 1218 fuhr er nach Norwegen und schloss sich einem der dortigen Könige an, wurde sein Lehnsmann, wie es damals hieß. Man hätte ihn auch Graf nennen können oder Baron. Zwei Jahre später kehrte er nach Island zurück, wurde wieder Gesetzessprecher und wahrte gleichzeitig die Interessen seines norwegischen Lehnsherren oder vielleicht eher das, was er darunter verstand – man konnte ja nicht mal schnell nach Norwegen fahren und den König nach seiner Meinung fragen. Die Überfahrt über den Atlantik dauerte oft mehrere Wochen und war im Winter überhaupt nicht möglich, Island war schwer zu finden und Norwegen ein langes, schmales Land. Auch aus diesem Grund kam es immer wieder zu komplizierten langwierigen Konflikten zwischen den isländischen Machthabern, die sich darum drehten, was für eine Form von Kontakt man zu den norwegischen Herrschern eigentlich haben wollte. Und wer Verbindungen zu ihnen hatte, versuchte oft, das zu seinem eigenen Vorteil zu nutzen.

Für die isländische Buchkultur war das dreizehnte Jahrhundert das Zeitalter des größten Fortschritts. Doch es war auch das Zeitalter der blutigsten Konflikte, die das Land je gesehen hatte, die schließlich die Ausmaße eines Bürgerkriegs annahmen. Snorri prägte diese beiden Entwicklungen wesentlich mit, obwohl er nie ein Krieger gewesen war. Sein Einfluss beruhte auf persönlichen Beziehungen, einer geschickten Heiratspolitik, Geschenken und Gefälligkeiten. Das funktionierte lange Zeit gut für ihn, dann jedoch brach in Norwegen ein Streit darum aus, wer König des ganzen Landes werden sollte, und Snorri setzte auf das falsche Pferd. Der Sieger in diesem Machtkampf, Håkon IV., hatte einen anderen isländischen Vertrauten, Gissur Þorvaldsson, und wies diesen an, Snorri zu befehlen, sofort nach Norwegen zu kommen. Falls Snorri dieser Aufforderung nicht nachkäme, sollte Gissur ihn töten. 1241 wurde Snorri in seinem Keller in Reykholt erschlagen: »Nicht zuschlagen«, lauten die letzten von ihm überlieferten Worte, die nicht gerade von großem Heldenmut zeugen.

Aber Snorris Nachruhm beruht ja auch nicht auf seinen Leistungen als Politiker, allein schon, weil die Machtkämpfe auf so einem entlegenen europäischen Außenposten wie Island nicht genug historische Bedeutung haben. Man erinnert sich an Snorri, weil man annimmt, dass er gleich drei der bedeutendsten literarischen Werke des nordeuropäischen Mittelalters verfasst hat. Da ist zuallerest die *Edda des Snorri Sturluson*, die auch *Prosa-Edda* genannt wird und nicht zu verwechseln ist mit der *Lieder-Edda*, in der die skandinavisch-germanische Mythologie in Gedichtform überliefert ist. Die *Edda des Snorri Sturluson* ist zum einen eine Poetik, in der Snorri die verschiedenen Versformen der nordischen Dichtkunst beschreibt und darlegt, wie man dichten soll, sie ist aber auch eine Zusammenfassung der nordischen Götterlehre und damit eine einzigartige Quelle für die Religionen des nordischen und germanischen Neuheidentums – so einzigartig, dass man sich sogar fragen muss, wie viel von dieser Götterlehre sich Snorri selbst ausgedacht hat.

Außerdem geht man davon aus, dass Snorri die Geschichte der norwegischen Könige niedergeschrieben – oder einem Schreiber diktiert – hat, die *Heimskringla*, eine umfangreiche Handschrift, in der Snorri sowohl seine Erzählkunst als auch sein enormes Wissen zur Geltung bringt. Ferner weist einiges darauf hin, dass er eine der ältesten *Isländersagas* geschrieben haben könnte: die *Saga von Egill Skallagrímsson*, über einen Vorfahren von Snorri, der im zehnten Jahrhundert ein berühmter Skalde gewesen war. Das Alter der Isländersagas ist umstritten. Als relativ unstrittig gilt allerdings, dass viele von ihnen im dreizehnten Jahrhundert erstmalig aufgeschrieben worden sind, und dass ein um 1250 entstandener Teil der *Saga von Egill* die älteste erhaltene Handschrift einer *Isländersaga* ist.

Die *Isländersagas* haben ihren Ursprung in der mündlichen Erzähltradition und sind dennoch ein vollentwickeltes literarisches Genre. Sie sind von Leuten aufgeschrieben worden, die allem Anschein nach gearbeitet haben wie literarische Autoren. Ein gutes Beispiel dafür ist die folgende Passage, in der selbst eine einfache Beschreibung des Sagahelden Egill Skallagrímsson durch ihre Mehrdeutigkeit große literarische Qualität bekommt:

»Egill Skallagrímsson war ein Mann, den man ansehen musste. Er hatte eine breite Stirn, buschige Brauen und eine Nase, die nicht lang war, aber dafür sehr dick. Sein dichter, langer Bart bedeckte ein massiges Kinn und einen ebenso massigen Kiefer, sein Hals war kräftig und kurz, seine Schultern waren deutlich breiter als die anderer Männer, und wenn er wütend wurde, wurden seine Gesichtszüge grausam und hart. Er war gut gewachsen und größer als jeder andere Mann, hatte einmal dickes, wolfsgraues Haar gehabt, das er allerdings schon früh im Leben verlor.«

Man könnte also sagen, dass Snorri Sturluson der erste Mensch der europäischen Neuzeit gewesen war, der im weltlichen Sinne als literarischer Autor gearbeitet hatte, und nicht Dante, der ein Vierteljahrhundert nach dem Mord an Snorri auf die Welt kam. Doch Snorri hatte nun einmal in einer Sprache geschrieben, die im südlichen Europa niemand lesen konnte, sodass ihn außerhalb von Island und Norwegen niemand wahrnahm. Dafür waren er und seine Zeitgenossen, die anderen Autoren der *Isländersagas,* noch origineller als ihre italienischen Kollegen aus der Renaissance gewesen, die sich ja am klassischen Altertum orientierten, während die Autoren der *Isländersagas* weder nach dem Alten Griechenland schauten noch nach dem Alten Rom: Was sie taten, war ohne Vorbild. Sie schrieben in ihrer Muttersprache weltliche Literatur zu einer sehr katholischen Zeit, Sagas, die nicht Abschriften mündlicher Überlieferungen waren, sondern Erzählkunst, die gleichzeitig die Geschichte einer ganzen Nation dokumentierte.

Es dauerte viele Jahrhunderte, bis die Werke von Snorri Sturluson in andere Sprachen übersetzt wurden. Im siebzehnten Jahrhundert wurden einige *Isländersagas* übersetzt, allerdings nur ins Lateinische. Ein Teil der *Heimskringla* wurde bereits im sechzehnten Jahrhundert ins Dänische übersetzt, aber größere Verbreitung erfuhren Übersetzungen in lebende Sprachen erst im späteren achtzehnten und frühen neunzehnten Jahrhundert. So lange hatte es gedauert, bis die Welt die Literatur des isländischen Spätmittelalters kennenlernen konnte, doch umso größer war der Effekt auf diejenigen, die es nun taten. Einer von ihnen war der argentinische Schriftsteller Jorge Luis Borges, der nach Island fuhr und Zeit seines Lebens immer wieder über die *Isländersagas* sprach. Eines der letzten Werke, an das er sich, zusammen mit seiner Sekretärin und späteren Ehefrau Maria Kodama, machte, war die spanische Übersetzung der *Gylfaginning,* des Kapitels über die nordische Mythologie aus der *Edda des Snorri Sturluson*.

Borges starb 1986. Zwanzig Jahre später saß ich einmal im Winter in der Bibliothek von Reykholt und sah mir alte Handschriften an. Ich war allein in der Bibliothek, in der zu dieser Zeit ohnehin nicht viel los war. Es war Februar, es war kalt, es schneite. Da öffnete sich die Tür und mir war, als ob ein Engel hereinkam. Ich sah nur den Schattenumriss einer Frau mit langem weißen Haar, die in dem hellen, vom Schnee reflektierten Licht stand, das durch die Türöffnung einfiel. Das Gesicht der Frau war auf eine schöne Art alterslos und blieb mir so im Gedächtnis, dass ich es noch heute genau vor mir sehe. Nachdem ich aufgesehen hatte, zögerte ich kurz, doch es war vielleicht die Magie dieses Augenblicks, die dafür sorgte, dass ich geistesgegenwärtiger war als sonst, nachdem ich mich eine Weile in alte Handschriften vertieft hatte, und so sagte ich ganz ruhig, als ob nichts normaler wäre, zu dieser Frau, die ich noch nie zuvor gesehen hatte:

»Schön, Dich hier zu sehen, Maria.« Und sie antwortete ebenfalls ganz ruhig: »Ich dachte, ich komme noch einmal hierher, das bin ich meinem Ehemann schuldig, Gott habe ihn selig.«

So stand sie vor mir, Maria Kodama, um noch einmal diesen Ort zu besuchen, der einst das Zuhause von Snorri Sturluson gewesen war, den Borges mehr verehrte als jeden anderen Schriftsteller.

Einige Jahre später war Island Gastland auf der Frankfurter Buchmesse. Ein paar Tage vor der Eröffnung der Buchmesse klingelte mein Telefon, und es war wieder Maria Kodama, mit der ich nur dieses eine Mal in der Bibliothek gesprochen hatte. Sie fragte, ob sie sich den isländischen Gastland-Pavillon ansehen dürfe, auch das sei sie ihrem verstorbenen Ehemann schuldig. Als sie kam, ließen wir im isländischen Pavillon ein Gedicht lesen, das Borges über den Tod von Snorri Sturluson geschrieben hat:

Du hast eine Mythologie aus Eis
und Feuer für die Nachwelt hinterlassen,
hast den gewalttätigen Ruhm verfaßt
deiner unbändigen Piratensippe;
staunend hast du gefühlt, an einem Abend
von Schwertern, daß dein tristes Menschenfleisch
erbebte. Dieser Abend ohne Morgen
ließ dich begreifen, daß du feige warst.
In Islands Nacht bewegt der salzige
Sturmwind das Meer. Dein Haus ist schon umstellt.
Die unvergeßliche Ehrlosigkeit
hast du getrunken bis zur Neige. Auf
dein bleiches Haupt stößt nun das Schwert hinab,
wie es so oft in deinem Buch geschah.[1]

SNÆFELLSJÖKULL

DER OFFENE GLETSCHER

»Nachts, wenn die Sonne hinter den Bergen ist, wird der Gletscher zu einem unbewegten, in sich selbst ruhenden Schatten, der die Luft um Mensch und Vieh mit dem Wort *nimmermehr* erfüllt, das auch so etwas heißen könnte wie *immer*. Komm, süßer Tod.« Mit diesen Worten endet das Kapitel mit dem schlichten Titel *Der Gletscher*, im Buch *Am Gletscher* aus dem Jahre 1968, einem der letzten Romane von Halldór Laxness. Er spielt in der Nähe des Gletschers Snæfellsjökull, ist voller skeptischer Seitenhiebe auf Dichtung und Geschichtsschreibung und unternimmt gelegentlich Ausflüge ins Okkulte, was Laxness sonst ziemlich fern lag. Der Gletscher ist hier ein Symbol des Ewigen, er bedeutet alles und gleichzeitig nichts, im Buch heißt es: »Zu bestimmten Tageszeiten erstrahlt der Gletscher in einem ganz besonderen Licht, ist illuminiert von einem goldenen Strahlenkranz, und alles auf der Welt scheint erbärmlich, nur nicht er.«

So ist die Wirkung des Snæfellsjökull, der majestätisch seine Umgebung überragt und auch aus so großer Entfernung noch zu sehen ist, dass er bis weit in das achtzehnte Jahrhundert hinein als höchster isländischer Berg galt. Diesen oft aktiven Vulkan, der zuletzt vor ungefähr 1800 Jahren ausgebrochen ist, umgibt von je her eine geheimnisvolle Aura, die die Menschen anzieht. Manche schlägt der Snæfellsjökull so in den Bann, dass sie glauben, sie könnten in ihm verschwinden: »Der Gletscher ist doch offen«, sagt der Pastor in *Am Gletscher*, als er gefragt wird, warum seine Kirche geschlossen sei.

Auch in der Isländersaga *Die Geschichte von Bárður, dem guten Geist vom Berg Snæfell* aus dem vierzehnten Jahrhundert kommen viele übernatürliche Dinge vor. Es geht darin um Bárður Dumbsson, der als erster am Fuße des Gletschers siedelte. Bárður stammte selbst von Riesen ab und wuchs bei Dofri in den Dofra-Bergen in Norwegen auf, dann machte er sich auf nach Island. Der ganzen Saga haftet etwas Übernatürlich-Märchenhaftes an, und als Bárður verschwindet, heißt es: »Allen schien es, als wäre er eins geworden mit dem Gletscher. (...) Er war so stark und groß, dass er eher wie ein Troll war als wie ein Mensch. Die Menschen, die dort wohnten, nannten ihn nun Bárður Snæfell und beteten ihn an und erklärten ihn zu ihrem Schutzgott. Er half ihnen oft und sehr.«

Solch vorchristlicher Glaube kommt in dieser Saga immer wieder vor, in der man auch erfährt, dass der Schutzgott der Halbinsel Snæfellsnes sich in dem Gletscher eine riesige Höhle gebaut habe, weil er sich in Höhlen wohler fühle als in Häusern. Manchmal bekommen ihn auch Menschen zu Gesicht, wenn er mit seiner speziellen Ausrüstung über den Gletscher läuft, mit einem zweiarmigen Wanderstab und einem langen, schweren, mit Federn besetzten Speer.

Der Glaube daran, dass in dem Gletscher Trolle wohnen, erklärt vielleicht, warum seit der Besiedlung Islands fast neunhundert Jahre vergingen, bis der Snæfellsjökull zum ersten Mal bestiegen wurde. Eine Volkssage behauptet zwar, ein Pastor hätte den Gletscher im sechzehnten

Jahrhundert bestiegen, um in Kontakt mit einem Geist zu treten, der einem alles sagte, was man wissen wollte, doch dieser Geist erzählte auch gern von Dingen, die in Wirklichkeit nie passiert waren. Die erste urkundlich festgehaltene Besteigung des Gletschers gelang 1753 dem Naturforscher Eggert Ólafsson und dem Arzt Bjarni Pálsson, zwei Vorkämpfern der Aufklärung in Island, die zu dieser Zeit das ganze Land bereisten und darüber auf Dänisch einen umfangreichen Reisebericht schrieben. Vor ihrer Erstbesteigung des Snæfellsjökull hatten sie 1750 bereits den Vulkan Hekla bestiegen, der im Mittelalter als Eingang zur Hölle galt. Auch zu Lebzeiten von Eggert Ólafsson und Bjarni Pálsson glaubten die meisten Menschen noch, der Gipfel der Hekla würde von schwarzen Vögeln mit Eisenschnäbeln beschützt, die alle angriffen, die sich in seine Nähe wagten. Diese Schreckensgeschichten und anderen Aberglauben wollten Ólafsson und Pálsson entkräften und ihrer Leserschaft einen neuen Blick auf die isländische Natur ermöglichen. Als sie den Gipfel erreicht hatten, waren natürlich keine Vögel mit Eisenschnäbeln zu sehen: »Hier gibt es nichts mehr zu tun. Wir haben unser Ziel erreicht und Hekla bestiegen und steigen nun wieder herunter«, heißt es in dem Reisebericht.

Auch von einer Besteigung des Snæfellsjökull wurde den beiden eindeutig abgeraten oder man hielt es zumindest für leichtsinnig: »Zum einen sei der Weg sehr lang und der Berg sehr steil, sodass es ohnehin unmöglich wäre, hinzu kämen noch die Spalten im Gletscher, die kein Mensch zu überwinden in der Lage wäre, dann wurde uns gesagt, man würde blind durch das Sonnenlicht, das sich so stark im Eis spiegelte.«

Und damit nicht genug. Die beiden berichten, dass ignorantere Zeitgenossen sie vor »Erdgeistern, Elfen, Zwergen und sogar dem Wiedergänger Bárður Snæfell höchstselbst« warnten, »die in dem Berg wohnten und uns am Vorankommen hindern würden, konnten solche Besuche ihnen doch kaum willkommen sein«. Doch obwohl die beiden davon ausgingen, dass der Berg über 2000 Meter hoch wäre (es sind 1466 Meter), ließen sie sich nicht entmutigen und machten sich auf den Weg, wobei sie einiges an Ausrüstung mitnahmen, unter anderem Schleier für die Augen, um Schneeblindheit zu vermeiden. Den allerhöchsten Punkt des Snæfellsjökull, die oft schwer zu erklimmende Miðþúfa, erreichten sie, indem sie Treppenstufen in das Eis hineinhackten. Da saßen sie dann einen Moment und schwiegen, weil sie einen so großen Teil von Island sahen und schrieben: »Die *Aussicht* könnte schöner nicht sein.«

Doch auch diese tapferen Vorkämpfer für Aufklärung und Vernunft konnten nichts dagegen ausrichten, dass der Snæfellsjökull weiterhin als magischer Ort gilt. Ungefähr 100 Jahre später machte ihn ein Buch sogar weltberühmt, geschrieben von einem Autor, der den Gletscher nie mit eigenen Augen gesehen, ja nicht einmal Island betreten hat: Der Franzose Jules Verne und sein Science-Fiction-Roman *Die Reise zum Mittelpunkt der Erde*, der seit Erscheinen im Jahr 1864 bis heute ein großer Erfolg ist und mehrfach verfilmt wurde.

Snæfellsjökull

Die erste Übersetzung ins Isländische erschien unter dem Titel *Die Geheimnisse des Snæfellsjökull* im Jahr 1944. Jules Verne hatte sein Wissen über Island aus Reiseberichten von unterschiedlicher Verlässlichkeit bezogen. Es ist eindeutig, dass er Island und seinen Bewohnern gegenüber wohlwollend eingestellt ist, doch sein Hauptaugenmerk liegt natürlich darauf, eine spannende Geschichte über eine Expedition in das Innere der Erde zu erzählen. Es bringt Spaß zu lesen, wie die Hauptpersonen, der deutsche Professor Otto Lidenbrock und sein Neffe Axel, die fixe Idee bekommen, unbedingt nach Island zu müssen: Ihnen fällt eine Handschrift aus dem Mittelalter namens *Heimskringla* in die Hände, in der der bedeutende Autor »Snorre Turleson« in Runenschrift die Geschichte der norwegischen Könige aufgeschrieben hat. Als Otto Lidenbrock und Axel diese Handschrift durchblättern, stoßen sie auf ein Stück Kalbshaut mit einer Botschaft des bekannten isländischen Alchemisten des sechzehnten Jahrhunderts, Arne Saknussem (dessen ebenfalls fiktiver Name sich wahrscheinlich auf den bekannten Handschriftensammler Árni Magnússon bezieht – eine Anspielung, die Halldór Laxness wiederum in *Am Gletscher* aufgreift). Diese Botschaft ist auch in Runenschrift verfasst *und* zusätzlich noch verschlüsselt, doch mit einiger Mühe gelingt es Professor Lidenbrock und seinem Neffen, sie zu lesen, und sie erfahren, dass Arne Saknussem durch eine Öffnung im Snæfellsjökull zum Mittelpunkt der Erde gelangt war.

Die beiden reisen nach Island, wo sich ihnen der isländische Fremdenführer Hans Bjelke anschließt. Gemeinsam machen sie sich auf den Weg zum Snæfellsjökull und in ihn hinein. Dies ist der Beginn von vielen unterirdischen Abenteuern, die reißende Flüsse, Dinosaurier, riesige Insekten, einen urzeitlichen Wald und einen menschenähnlichen Riesen involvieren. Immer wieder geraten sie in Lebensgefahr, bis sie schließlich ein Vulkan auf der italienischen Insel Stromboli in Italien wieder aus dem Erdinneren ausspuckt. Das ist natürlich eine Abenteuergeschichte, aber sie ist auch von den geologischen Theorien ihrer Zeit inspiriert und von neuen Ideen über die Frühgeschichte der Menschheit. In der Neuzeit hat es immer wieder Berichte von Reisen unter die Erde gegeben, deren Ursprung man vielleicht auf Dante zurückführen kann. Dabei wird oft davon ausgegangen, dass die Erde innen hohl ist. Nicht so bei Jules Verne, dessen Entdecker die Mitte der Erde gar nicht erreichen – die Öffnung im Snæfellsjökull führt sie zu einem enormen Meer in ungefähr einhundert Kilometern Tiefe.

Jules Verne hätte sich kaum einen besseren Ort als Eingang zum Inneren der Erde aussuchen können als den Snæfellsjökull, der sich in so viele Geheimnisse hüllt.

Und Halldór Laxness hat übrigens auch noch ein anderes Buch geschrieben, in dem ein Gletscher eine wichtige Rolle spielt: In dem Roman *Weltlicht* steigt die Hauptperson am Schluss auf einen Gletscher, um vor ihren Schöpfer zu treten, und der letzte Teil dieses Romans beginnt so: »Da, wo der Gletscher sich in den Himmel erhebt, verliert die Erde alles Irdische, wird Teil des Himmels, auf ihr gibt es keine Nöte mehr und deswegen braucht es auch keine Freuden, es herrscht die Schönheit allein, über alle Sehnsüchte erhaben.«

Viele haben sich dazu hinreißen lassen, auch in dieser Beschreibung den Snæfellsjökull zu sehen, und das, obwohl der Roman größtenteils ganz woanders spielt, nämlich in den isländischen Westfjorden. Doch der dortige Gletscher, Drangajökull, will einfach nicht besonders majestätisch in der Ferne erscheinen, und so viele Geschichten wie der Snæfellsjökull hat er auch nicht inspiriert. Einer der besten Freunde von Halldór Laxness, der Dichter Jóhann Jónsson, der in Leipzig 1932 in einer Dachkammer an Tuberkulose starb, stammte aus dem Dorf Ólafsvík, das direkt am Fuße des Snæfellsjökull liegt, Halldór Laxness kannte Ólafsvík, und in seinem Roman kommt ein Dorf vor, das Ólafsvík ziemlich ähnlich ist. Doch als ich die Notizbücher von Laxness aus der Zeit einsehen konnte, in der er an *Weltlicht* gearbeitet hatte, fand ich heraus, dass er an einen ganz anderen Gletscher gedacht hatte: an den Eyjafjallajökull, auf den Laxness selbst einmal hinaufgestiegen ist und dem er nun das Schicksal seiner Hauptperson Ólafur Kárason anvertraut. Ólafur Kárasons Weg auf den Gletscher ist genauso beschrieben wie ein Aufstieg auf den Eyjafjallajökull, der vor einigen Jahren so plötzlich zum berühmtesten Vulkan von ganz Island geworden ist. Ein weiterer Beweis dafür, dass die Fantasie der Leserschaft ein ganz anderes Buch erschafft als eine Autorin oder ein Autor es sich vorstellen kann. Die Zauberkraft des Snæfellsjökull ist stärker als die Intention des Autors. Da passt es nur zu gut, dass das berühmteste Buch über den Snæfellsjökull von einem Mann geschrieben worden ist, der ihn nie zu Gesicht bekommen hat.

Die Wissenschaftler des Isländischen Meteorologischen Instituts gehen davon aus, dass der Snæfellsjökull im Jahr 2050 verschwunden sein wird, falls es mit der Klimaerwärmung so weitergeht. Seine Oberfläche ist schon jetzt um zehn Quadratkilometer geschrumpft und nur noch halb so groß wie vor ungefähr einhundert Jahren. Die Zerstörungskraft der Menschheit wird selbst dieses Sinnbild der Ewigkeit zerstören. Komm, süßer Tod.

STAÐARHÓLL IN WESTISLAND

DER CHRONIST DES BÜRGERKRIEGES

Ausblick vom alten Friedhof auf dem Hügel Staðarhóll.

Im Vorwort zu diesem Buch steht, dass es in Island so gut wie keine Ruinen gibt, so wie Europäerinnen und Europäer sie auf fast allen Teilen des Kontinents kennen. Doch das soll nicht heißen, dass es in Island nicht eine große Zahl von verlassenen Bauernhöfen gibt, die nicht mehr für die Landwirtschaft genutzt werden. Die einstigen Bewohner sind umgezogen, die Gebäude stehen leer, manche sehen aus, als ob ihre Bewohner sie gerade erst verlassen hätten und man würde sich nicht wundern, wenn noch eine halbvolle Kaffeetasse auf dem Küchentisch steht; andere stehen seit Jahren ohne ein heiles Fenster da und sind schon halb verfallen. Auch wenn die Besitzer oder ihre Erben in den letzten Jahren wieder mehr Interesse an diesen Höfen zeigen und einige von ihnen als Sommerhäuser hergerichtet haben, sieht man auch heute noch überall auf dem Land diese verlassenen verfallenden Höfe. Am auffälligsten sind die aus Beton gebauten Häuser aus dem zwanzigsten Jahrhundert, die viel dystopischer wirken als überwucherte Ruinen aus dem Mittelalter, denn wenn sie den Vorbeifahrenden mit ihren leeren Fensteröffnungen ansehen, erinnern sie daran, dass auch unsere moderne Zivilisation vergänglich ist.

In der Gegend von Saurbær in West-Island finden sich einige von diesen verlassenen Höfen; einer von ihnen steht auf einem Hügel, kaum einen Steinwurf von der Ringstraße Nummer 1 entfernt, von der man ihn über einen von Gras überwucherten Weg erreicht. Um das Haus herum sind einige kleine Bodensenken zu erkennen, Grabsteine finden sich dort, einst war hier ein Friedhof gewesen. Der Hof heißt Staðarhóll und war früher auch Standort einer gleichnamigen Kirche gewesen, doch die neue Kirche ist an einem anderen Ort erbaut worden. Das Bauernhaus ist aus dem Jahr 1943 und wurde damals sowohl als Wohnhaus genutzt als auch als Geschäft, was man in manchen Zimmern noch immer an der Einrichtung sieht, an einigen liegengebliebenen Dingen und an hohen Stapeln von alten, vergilbten Zeitungen. Das Haus war bis 1972 bewohnt, doch daran, was hier in früheren Jahrhunderten einmal war, erinnert nichts. Staðarhóll war nämlich einer der ersten besiedelten Orte von ganz Island. Wer Staðarhóll besaß, war ein mächtiger Mann, und einer von ihnen war ein weiterer bedeutender Autor aus dem dreizehnten Jahrhundert, der Blütezeit der isländischen Literatur: Sturla Þórðarson (1214–1284). Er war ein Neffe von Snorri Sturluson (siehe *Reykholt*), bei dem er auch eine Zeit lang gelebt hatte. Sturla Þórðarson mag vom Namen her nicht so bekannt sein wie sein Onkel Snorri, doch als Autor ist er ebenso bedeutend.

Auch Sturla Þórðarson war Gode, hatte also in seinem Bezirk das Sagen, und zwar sowohl in weltlichen als auch in religiösen Belangen. Er war der wichtigste Anführer der Sturlungen, so hieß die mächtigste Familie in ganz Westisland, zu der auch Snorri Sturluson gehörte. Als solcher war er natürlich an allen großen Ereignissen seiner Zeit beteiligt. 1251 wurde er Gesetzessprecher und 1259 Lehnsmann von Gissur Þorvaldsson. Drei

Jahre später sorgte er mit einigen anderen mächtigen Männern dafür, dass die Isländer sich unter die Herrschaft des norwegischen Königs stellten und wurde wenig später dessen wichtigster Statthalter für ganz Island. Seine letzten Lebensjahre verbrachte er auf der Insel Fagurey im Breiðafjörður und starb friedlich, nachdem er einen über Jahrzehnte andauernden Bürgerkrieg miterleben musste – den bisher einzigen in der isländischen Geschichte. Am bekanntesten ist Sturla jedoch für sein literarisches Werk, ist er doch einer der ganz wenigen Prosaautoren des dreizehnten Jahrhunderts, von dem man sicher weiß, dass er eines der großen Werke geschrieben hat, die damals entstanden sind.

Das dreizehnte Jahrhundert war in Island von Konflikten geprägt, deren Ursachen so komplex sind, dass sie hier nur ganz grob zusammengefasst werden sollen: Die mächtigsten Familien des Landes bekämpften sich gegenseitig in immer wieder wechselnden Allianzen, während der norwegische König im Hintergrund auf eine Chance wartete, das Land unter seine Kontrolle zu bringen.

In den schlimmsten Kämpfen standen sich die Sturlungen auf der einen Seite und eine Allianz aus Südisländern unter der Führung von Gissur Þorvaldsson und Nordisländern unter der Führung von Kolbeinn Arnórsson, genannt Kolbeinn der Junge, auf der anderen Seite gegenüber. Zwischen ihnen kam es zu einem der blutigsten Kämpfe der isländischen Geschichte, der Schlacht von Örlygsstaðir, in der 1238 das damalige Oberhaupt der Sturlungen fiel: Sturla Sighvatsson. Sein Tod führte zu einer zwar sehr spät ausgeführten, aber dafür umso furchtbareren Racheaktion im Jahr 1253, zu dem sogenannten Mordbrand von Flugumýri. Unsere wichtigste Quelle zu diesen Ereignissen ist eine Handschrift von enormem Umfang, die sogenannte *Saga von den Sturlungen*, die um das Jahr 1300 aus vielen verschiedenen Teilen zusammengestellt worden ist. Der Hauptteil heißt *Saga der Isländer* (nicht zu verwechseln mit den *Isländersagas*, die ein ganzes literarisches Genre bezeichnen). In dessen Vorwort – das wahrscheinlich ein gewisser Þórður Narfason um 1300 geschrieben hat – wird Sturla Þórðarson namentlich als Urheber genannt. Er habe das Folgende diktiert »und hatte dafür das Wissen vieler kluger Männer zur Verfügung, die zu seiner Zeit lebten und viele Briefe, die auch von denen geschrieben wurden, die lebten als alles geschah, von dem hier erzählt wird. Vieles aber hatte er auch selbst gesehen von den großen Ereignissen, die es damals gab, und er hat unser Vertrauen, dass er unvoreingenommen von ihnen berichtet, denn ich kannte keinen klügeren und bescheideneren Mann.«

Die *Saga von den Sturlungen* unterscheidet sich von vielen anderen Sagas dadurch, dass sie bereits kurz nach den Ereignissen entstanden ist, die sie beschreibt. Ganz im Gegensatz zu den *Isländersagas*, wo zwischen den Ereignissen und ihrer Niederschrift zwei oder drei Jahrhunderte liegen. Die *Saga von den Sturlungen* ist auf jeden Fall das historisch korrektere Werk, wie auch schon das oben erwähnte Vorwort suggeriert, das von der sorgfältigen Arbeit eines Geschichtsschreibers zeugt, obwohl die Trennung zwischen Geschichtsschreibung und Dichtung damals längst nicht so scharf war wie heute. Doch aufgrund der Nähe zu den Ereignissen ist sie auch nicht so spannend zu lesen. Eine Unzahl von Menschen wird erwähnt, ohne dass diese später noch eine wesentliche Rolle spielen, sodass das Werk immer wieder ins Leere läuft, ausfranst, sich in Einzelheiten verliert, die zum Fortgang der Handlung nichts beitragen. Aber bei den Schlüsselereignissen in der *Saga der Isländer*, der Schlacht von Örlygsstaðir und dem Mordbrand von Flugumýri, zieht Sturla Þórðarson alle Register der großen Erzählkunst. Es geht los mit Vorzeichen, Träumen und unheilvollen Versen, doch als es ernst wird, steigt man direkt ein in das Geschehen, in packende Szenen und atemlose Dialoge. Dabei ist die Erzählweise frappierend neutral, unsentimental, ähnlich wie bei den *Isländersagas*. Was bemerkenswert ist, wenn man bedenkt, dass Sturla Þórðarson bei vielen der von ihm beschriebenen Ereignisse nicht nur dabei war, sondern sie durch sein Handeln wesentlich beeinflusst hat, wie zum Beispiel bei der Schlacht von Örlygsstaðir.

Dem Mordbrand von Flugumýri ging ein Friedensschluss zwischen Gissur Þorvaldsson und den Sturlungen voraus, der damit besiegelt werden sollte, dass Gissurs Sohn Hallur und Ingibjörg, die dreizehnjährige Tochter von Sturla Þórðarson, heiraten sollten. Damit wollte man den so viele Jahre währenden Konflikt zwischen den Familien endlich beilegen. Die Hochzeit wurde im Herbst auf dem Hof Flugumýri im Skagafjörður gefeiert – Sturla war natürlich dabei. Doch nachdem er abgereist war, griff Eyjólfur Ofsi mit einigen Männern die zu Ende gehende Hochzeitsfeier an. Eyjólfur Ofsi war mit einer Tochter von Sturla Sighvatsson verheiratet, der, wie gesagt, bei der Schlacht von Örlygsstaðir sein Leben ließ. Seine Tochter konnte sich nicht damit abfinden, dass der Tod ihres Vaters nie gerächt worden war und hatte nun ihren Mann Eyjólfur angestiftet, es endlich zu tun. Eyjólfur erreichte also mit einigen Leuten spät abends im Oktober die Hochzeitsfeier von Flugumýri und griff an, doch die Leute im Hof leisteten unerwartet heftigen Widerstand. Da kam Eyjólfur und seinen Kriegern die Idee, die Menschen im Hof zu verbrennen, bevor die Nachbarhöfe Verstärkung für Gissur schicken konnten. Gissurs Frau Gróa kam in diesem Feuer um, seine drei Söhne ebenso, doch Gissur konnte sich in einer Wanne voller Molke vor dem Feuer schützen und überlebte. Die Braut Ingibjörg Sturludóttir wollten sie aus dem brennenden Hof herauslassen, anfangs zögerte sie, wollte nur mit ihrem Mann zusammen hinaus, doch schließlich holte man sie aus den Flammen.

Den Mordbrand von Flugumýri beschreibt Sturla Þórðarson auf ebenso beeindruckende Weise wie das, was danach geschah. Gissur kommt davon, wie gesagt, kehrt aber nach Fluguömýri zurück, als die Feinde abgezogen sind und trifft seinen Verwandten Páll. Gemeinsam sehen sie zu, wie die Leichen aus dem abgebrannten Hof getragen werden: »Auf einem Schild trugen sie Ísleifur Gissurarson heraus, von dem nur noch

Denkmal von Jón Sigurpálsson
zur Erinnerung an drei Autoren aus der Region Dalir:
Stefán frá Hvítadal, Steinn Steinarr und Sturla Þórðarson.

das übrig war, was innerhalb seiner Rüstung verschmort war. Auch von seiner Frau Gróa fand man nur noch die Brust und trug auch die auf einem Schild zu ihm. Da sprach Gissur zu Páll: ›Mein lieber Verwandter. Hier siehst du meinen Sohn Ísleifur und Gróa, meine Frau.‹ Dann bemerkte Páll, wie Gissur den Blick abwandte und es war, als ob Hagelkörner aus seinen Augen fielen.«

Ingibjörg Sturludóttir kam nach dieser Katastrophe bei Verwandten unter. Über sie schreibt ihr Vater: »Sehr erschöpft war sie, eigentlich noch ein Kind.«

Wer über Menschen und Ereignisse, die ihm so nahe gehen, so schreiben kann, ist ein ebenso genialer wie erfahrener Schriftsteller. Da verwundert es nicht, dass sowohl Wissenschaftler als auch Autorenkollegen versucht haben, Sturla Þórðarson weitere Werke des dreizehnten Jahrhunderts zuzuschreiben, darunter die bekannteste und wohl auch bedeutendste Isländersaga, die *Saga von Brennu-Njáll,* in der ein Mordbrand vorkommt, der einige Parallelen zu dem Mordbrand von Flugumýri aufweist, sowohl die Ursachen betreffend als auch den Brand selbst und die Folgen des ganzen. Nur die Erzählweise ist um einiges flüssiger, es geht ja auch um Menschen, die 250 Jahre vor der Niederschrift gelebt haben. Die Schriftsteller Matthías Johannessen und Einar Kárason sind beide der Meinung, dass Sturla Þórðarson die *Saga von Brennu-Njáll* geschrieben hat, und doch werden die *Isländersagas* bis heute allesamt unter anonymer Verfasserschaft katalogisiert. Sturla wurde auch die Autorenschaft der *Saga von Grettir* und einiger anderer Texte aus dem dreizehnten Jahrhundert zugeschrieben, doch die Frage, wer genau der Urheber eines Textes war, hatte damals nicht denselben Stellenwert wie heute, sodass wir wahrscheinlich nie eine abschließende Antwort darauf bekommen werden.

Auf jeden Fall hat die *Saga von den Sturlungen* Einar Kárason (* 1955) zu einer ganzen Roman-Tetralogie inspiriert – vier Romane, die auf den damaligen Ereignissen basieren. Fünfzehn Jahre lang hatte er sich in das dreizehnte Jahrhundert versenkt, um diese Menschen und Ereignisse für eine heutige Leserschaft nachvollziehbar zu machen. Das ist kein einfaches Unterfangen: Man muss den komplizierten Ablauf der Ereignisse vereinfachen, Hauptsachen von Nebensachen unterscheiden und die Personen glaubwürdig machen. Die Literatur des isländischen Mittelalters ist auf ziemlich neutrale Weise erzählt, die Figuren wirken durch die Art, wie sie sprechen und durch das, was sie tun – was in ihren Köpfen vorgeht, wird, wenn überhaupt, nur indirekt beschrieben, wortreiche Gefühls- oder Seelenerkundungen sind selten. Diese Erzählweise kann auf heutige Romanleserinnen und -leser befremdlich wirken. Einar Kárason löste dieses Problem dadurch, dass er seine Sturlungen-Romane aus den wechselnden Ich-Perspektiven wichtiger handelnder Personen erzählt, so wie William Faulkner es einst in *Als ich im Sterben lag* tat. Gleichzeitig befasste Einar Kárason sich dafür mit Personen der neueren Zeitgeschichte, so berichtet er, die Lektüre der Tagebücher von Joseph Goebbels habe ihm dabei geholfen, den Brandmörder Eyjólfur Ofsi zu verstehen. Der vierte Roman, *Skalde,* stellt in ganz besonderer Weise Sturla Þórðarson in den Mittelpunkt.

Vor einigen Jahren kamen wir einmal zusammen mit einigen Freunden im Sommer nach Staðarhóll. Dort, auf dem Hofplatz, erzählte Einar Kárason uns von Sturla Þórðarson, seinem Leben und seinem Werk. Die Ruinen des Hauses, das man dort baute, siebenhundert Jahre nachdem der Dichter dort gewohnt hatte, sind nichts besonderes. Und doch hat die Kraft der Erzählkunst bei diesem kleinen Ausflug alles mit Leben erfüllt und ihre magischen Strahlen bis in den letzten Winkel eines längst verlassenen Hauses geschickt.

FLATEY IM BREIÐAFJÖRÐUR

FILMKULISSE UND BIBLIOTHEK

Von Stykkishólmur auf der Halbinsel Snæfellsnes kann man mit einer Fähre auf die größte der sogenannten westlichen Inseln im Breiðafjörður fahren, die als einzige auch im Winter bewohnt ist: Flatey. Von See kommend, mag Flatey erst einmal ziemlich flach und reizlos wirken, vielleicht auch, weil die heutige Landungsbrücke gar nicht mehr im alten Dorf ist, sodass einen bei der Ankunft nur eine alte, halb verfallene Fischfabrik empfängt. Doch wenn man im Dorf angekommen ist und sich alles entschleunigt – man kann nicht mit dem Auto auf die Insel hinausfahren – öffnet sich nach und nach eine faszinierende Welt. Ein Schiffswrack gibt es hier, einen Vogelfelsen und eine alte Bibliothek, eine Kirche und den dazugehörigen Friedhof, wobei die Hauptattraktion wohl das Dorf an sich ist, denn wer darin herumspaziert, fühlt sich zurückversetzt in das neunzehnte Jahrhundert. Dies ist »eine wunderbare Insel, auf der alle menschlichen Bauten den Geist des Vergangenen atmen und die Natur das Antlitz ewiger Schönheit trägt«, schrieb Halldór Laxness 1937 in einem Essay.

Man denkt auf Flatey nicht zufällig an das neunzehnte Jahrhundert, denn das war die Blütezeit dieses Dorfes. Wobei Flatey seit der Besiedlung Islands durchgehend bewohnt gewesen ist und es sich hier eigentlich immer gut leben ließ: Die Insel selbst war sowohl für Ackerbau als auch für Viehzucht geeignet und lag dazu noch mitten in der Speisekammer Islands, dem Breiðafjörður, mit seinen Fischvorkommen, den vielen Vögeln und Robben. Im dreizehnten Jahrhundert wurde Flatey auf der Seite der Sturlungen in die Bürgerkriegswirren hineingezogen, die zu dieser Zeit immer weiter um sich griffen, zeitweise gehörte sie sogar Órækja, einem Sohn von Snorri Sturluson. Doch in Flatey herrschte nicht nur materieller Wohlstand, es gab auch ein reges Kulturleben, und eine Zeit lang wurde hier sogar eines der wertvollsten Bücher der isländischen Geschichte aufbewahrt, das nach der Insel benannte *Flateyjarbók*.

»Der Bauer Jón auf Flatey … besaß ein großes dickes Buch aus Pergament, das mit alter Mönchsschrift von den norwegischen Königen erzählt und von vielem anderen, hier wurde es gemeinhin *Flateyjarbók* genannt«, heißt es in einer alten Quelle. Das *Flateyjarbók* entstand Ende des vierzehnten Jahrhunderts und ist die umfangreichste Pergamenthandschrift der Isländer. Sie enthält einige Sagas von Snorri Sturluson über die norwegischen Könige, aber auch *Isländersagas*, die sonst nirgendwo überliefert wurden, darunter die *Saga von den Grönländern*, in der auch von Fahrten nach Amerika berichtet wird. Diesen Schatz schenkte der Bauer Jón auf Flatey im Jahr 1647 dem Bischof Brynjólfur Sveinsson, der die Handschrift ungefähr zehn Jahre später dem dänischen König schenkte, wonach sie 300 Jahre einer der wertvollsten Besitze in der Königlichen Bibliothek von Kopenhagen war, bevor die Dänen sie den Isländern 1971 zusammen mit anderen Handschriften zurückgaben und damit endgültig die Unabhängigkeit Islands besiegelten, das so lange eine dänische Kolonie gewesen war. Die Worte, mit denen der dänische Kulturminister seinem isländischen Amtskollegen diese bedeutende Handschrift überreichte, sind bis heute unvergessen: »Bitteschön, das *Flateyjarbók*.«

Als Island im siebzehnten und achtzehnten Jahrhundert nur mit der dänischen Krone Handel treiben durfte und wirtschaftlich weitgehend isoliert war, müssen auf Flatey vergleichsweise ärmliche Verhältnisse geherrscht haben, trotz der fruchtbaren Böden und der guten Lage. Doch als die Insulaner Ende des achtzehnten Jahrhunderts erneut das Recht bekamen, Handel zu treiben, ging es schnell wieder aufwärts, und das neunzehnte Jahrhundert brachte der Insel einen richtigen Boom, die Einwohnerinnen und Einwohner trieben Handel, fischten, jagten Robben und Vögel, es gab eine Kirche, eine Schule – und die allermeisten der schönen alten Häuser, die noch heute stehen, wurden gebaut. Die feste Einwohnerzahl betrug im neunzehnten Jahrhundert auf dieser kleinen Insel immerhin 150, doch viele andere hielten sich vorübergehend dort auf, darunter Kaufleute, die sich gern bildeten und gern lasen. 1864 wurde ein kleines Haus gebaut, das noch heute hinter der Kirche steht und liebevoll in Stand gehalten wird: die älteste Bibliothek von ganz Island. Damals wohnte auf Flatey auch einer der bedeutendsten Geschichtsschreiber Alter Schule: Gísli Konráðsson schrieb hier und übersetzte unzählige Werke, verfasste Annalen, sammelte Volkssagen und Sagas. Er schrieb u. a. über den Mord von Sjöundá (siehe *Rauðisandur*), wobei ihm da einige Fehler unterliefen. Gísli Konráðsson vermachte den Leuten von Flatey seine Bibliothek unter der Bedingung, dass sie ihm den Lebensunterhalt finanzierten. Er lebte danach noch 25 Jahre, sodass man sagen kann, dass er der erste professionelle Schriftsteller im neuzeitlichen Island war. Wobei man auch erwähnen muss, dass Gísli Konráðsson jahrzehntelang Bauer war, bevor er nach Flatey zog.

Ein halbes Jahrhundert nach Gíslis Tod kam ein Mann nach Flatey, der im Laufe seines Lebens der berühmteste professionelle Schriftsteller von ganz Island werden sollte, Halldór Laxness. Zum ersten Mal mit neunzehn Jahren, zum zweiten Mal mit zweiundzwanzig besuchte er die Insel, begeisterte sich für die hellen Nächte im Juni, die Schönheit, die Ruhe, die Zauber der Natur, die ihm die perfekte Kulisse für ein Liebesabenteuer lieferten – besonders bei seinem zweiten Besuch. Danach schrieb er in einem Brief an einen Freund: »Ich habe hier ein Abenteuer gelebt, das mich mit großer Freude erfüllt hat und gleichzeitig mit tiefer Trauer. Gott sei mit denen, die lieben. Das Schicksal der Menschen ist dramatisch und besonders das Schicksal der Frauen. In mir stecken die Schicksale von Männern und Frauen, von ganzen Völkern, über ganze Jahrhunderte. Neulich bin ich auf einen Hügel gegangen und streckte mich und wollte nur noch sterben, weil in mir so viele Schicksale zusammenkommen.« Wie bei den meisten guten Schriftstellern findet sich in den vielen Schicksalsgeschichten, die Laxness in seinem Leben noch schreiben wird, immer ein

Stück seines eigenen Seelenlebens. Ebenfalls auf Flatey gab Halldór Laxness sein einziges öffentliches Konzert, er sang die *Winterreise* von Schubert. Und begleitete sich selbst. Irgendwie regt diese Insel die Kreativität an: In den Zwanzigerjahren lebte auf Flatey ein Arzt namens Sigvaldi Kaldalóns und komponierte hier viele der beliebtesten isländischen Lieder.

Im Laufe des zwanzigsten Jahrhunderts ging es auf Flatey immer weniger lebhaft zu. Die Insel hatte ihre Stellung als zentrales Glied in der Wertschöpfungskette des Breiðafjörður verloren, Landflucht setzte ein, die Kaufleute zogen woanders hin, der Versuch, eine Fischverarbeitung im großen Stil anzusiedeln, schlug fehl. Doch mit Beginn der Siebzigerjahre kamen auf einmal wieder Leute nach Flatey, zuerst nur, um den Sommer dort zu verbringen, dann ließen sich einige dort nieder, setzen die alten Häuser instand, stellten das schöne Ortsbild wieder her. Unter ihnen waren Künstlerinnen und Künstler, Schriftsteller, linke Aktivisten und Denkmalschützer, deren Familien zum Teil von Flatey stammten, andere wollten einfach nur ihre Ruhe und liebten die Nähe zur Natur, die dieser Ort ihnen bot, oder sie träumten von einer anderen Art des menschlichen Zusammenlebens.

Zu ihnen gehörte Guðmundur Páll Ólafsson (1941–2012), der auf eine solch interessante Art über die isländische Natur schrieb wie kaum ein anderer, und außerdem der größte Renaissance-Mensch und Alleskönner war, den ich jemals gekannt habe. Als junger Mann lernte er Tauchen und Kunstmalerei, studierte Biologie, später bildetete er sich dann in Meeresbiologie und Fotografie fort, war aber auch ein sehr geschickter Handwerker und Jäger. Er lebte und arbeitete zwölf Jahre lang auf Flatey, in den Siebziger- und Achtzigerjahren, zusammen mit seiner Frau Ingunn. Sie kauften ein altes Kaufmannshaus mitten im Dorf namens Vorsali, renovierten es und bauten ein Nebengebäude im Laufe der Zeit zu einem einmaligen Atelier um. Renaissance-Menschen werden in unserer Zeit der großen Spezialisierung oft skeptisch beäugt, gelten als Querulanten, die sich mit allem beschäftigen, aber in nichts richtig gut sind. Guðmundur Páll Ólafsson jedoch machte alles gut, was er anfing. Der beste Beweis dafür sind seine fünf Bücher über die isländische Natur. Im ersten Buch geht es um die isländische Vogelwelt: Er schrieb den Text, zeichnete die Schaubilder und machte die Fotos; manchmal lag er tagelang in einem Zelt, um ein gutes Foto von einem seltenen Vogel zu machen oder verbrachte lange Zeit damit, Vogelstimmen aufzunehmen oder in einer Form von Lautschrift zu notieren. Seine Bücher waren eigentlich schon damals Multimedia, nur dass es den Begriff noch nicht gab.

Doch Guðmundur Páll Ólafsson schrieb nicht nur das wichtigste Buch über die isländische Vogelwelt. Er schrieb auch über die Einzigartigkeit der isländischen Natur, über die Küste, über das Hochland, über das Wasser und über vieles andere mehr. Er setzte sich als Aktivist für den Naturschutz ein und war auch damit, wie in den Büchern, seiner Zeit voraus, dachten doch damals in Island noch alle, ihre Zukunft würde darin liegen, überall auf dem Land Fabriken zu bauen. Doch Guðmundur Páll Ólafsson war damals schon bewusst, dass in der größten zusammenhängenden Wildnis von ganz Europa, dem isländischen Hochland, ein viel größerer Wert lag. Dazu schrieb er: »Um die Natur zu verstehen, muss man auf das Große Ganze achten. Unser Land in einem noch größeren Zusammenhang sehen, zusammen mit der ganzen Welt, der lebenden Mutter Erde. Ohne dieses Bewusstsein bringen wir die Dinge nicht zusammen. Jeder Angriff auf das Land, das Meer, ist ein Angriff auf die ganze Erde, auf die Existenz des Menschen ingesamt. Ein Angriff auf das Wunder Natur, auf die Musik der Erde, die in Bergen und Flüssen erklingt, im Wispern der Quellen und im Donnern der Wasserfälle, in Flügelschlag und Vogelruf, wenn Fische erwachen und der Wind mit dem Schilf ein Duett singt; im Summen der Fliegen. Wenn dieser Gesang verstummt und die Wandergänse für immer fort sind, endet auch die in der Einöde geborene, zu unserem Schicksal gewordene Sinfonie der isländischen Natur und des isländischen Volkes.«

Dass diese Gedanken in Flatey aufgeschrieben worden sind, überrascht nicht, herrscht doch hier eine besondere Verbindung zwischen Naturschönheit und kulturellem Erbe. In den letzten Jahren war das Dorf immer wieder Drehort für Kinofilme, die in früheren Zeiten spielen. Auch *Nonni und Manni* (siehe *Hörgárdalur*), die ZDF-Weihnachtsserie von 1988, wurde hier gedreht. Das ist nicht überraschend – nicht viele alte isländische Dörfer sind so gut erhalten wie dieses hier. In einem dieser Filme haben Guðmundur Páll Ólafsson und ich als Statisten mitgespielt. Vor dem Dreh sollten wir zu einer bestimmten Zeit bei dem Kostümbildner erscheinen, um Kleidung aus dem neunzehnten Jahrhundert zu bekommen. Doch die Zeit vergeht auf Flatey anders als in einer Stadt, wir hatten einige Sachen zu besprechen und kamen viel zu spät. Da war nur noch ein Kostüm übrig, in das ich mich mit Mühe und Not hineinzwängte, dann warf der Kostümbildner Guðmundur einen fröhlichen Blick zu und sagte: »Sie brauchen ja gar kein Kostüm. Das, was Sie tragen, hatten die Menschen auch schon vor hundert Jahren an.« Guðmundur Páll Ólafsson war seiner Zeit voraus und gleichzeitig ein Mensch aus einer vergangenen Epoche.

RAUÐISANDUR

SCHAUPLATZ EINES DOPPELMORDES

Würde er weiter südlich in Europa liegen, wäre der Rauðisandur einer der beliebtesten Badestrände überhaupt. Gelber und vielerorts roter Sand, so weit das Auge reicht, in einer weitläufigen, nach Süden gelegenen Bucht, die zu allen anderen Seiten von Bergen abgeschirmt ist – was will man mehr? Der Strand ist mehr als zehn Kilometer lang, der rote Grundton kommt von einer Unzahl von zerriebenen Muschelschalen und doch wechselt der Sand mit dem Tageslicht wieder und wieder die Farbe, changiert, fasziniert die Betrachter auf immer neue Weise. Für isländische Verhältnisse ist ein solcher Strand ziemlich ungewöhnlich. An der Küste sind hier meist hohe Klippen oder Geröll, die wenigen Sandstrände, die es gibt, sind fast alle schwarz. Diese Bucht an der Südküste der Westfjorde war bis Mitte des zwanzigsten Jahrhunderts sehr isoliert und nur zu Fuß oder mit dem Pferd über Bergwege zu erreichen. Jetzt gibt es zumindest eine Schotterpiste dorthin, die zwar kurvig ist und steil, aber eigentlich ganz annehmbar, und es gibt sogar ein französisches Restaurant.

Die Bucht ist relativ flach, sodass selbst der kalte Nordatlantik an einem warmen Sommertag Temperaturen erreicht, bei denen man ein wenig im Wasser herumplanschen kann, was auch viele zumindest ausprobieren. Wenn man sich ein bisschen weiter hinauswagt, muss man nur nach links schauen und kann die Ruine des Hofes Sjöundá sehen, den ein bestimmtes Ereignis weit über die Grenzen des Landkreises hinaus bekannt gemacht hat. Die Ruine steht auf einem Hügel. Dort ist nur noch ein schmaler Streifen Land zwischen den Bergen und dem Meer, jenseits von Sjöundá gibt es bald nicht einmal mehr den – da bricht der Nordatlantik sich direkt an den steilen Felsen.

Auf diesem kleinen Bauernhof am Ende der Welt ereignete sich am Anfang des neunzehnten Jahrhunderts einer der spektakulärsten isländischen Mordfälle. Sjöundá war ein Doppelhof, so ähnlich wie Merkigil. In der einen Hälfte wohnten Bjarni Bjarnason und seine Frau Guðrún Egilsdóttir mit ihren drei Kindern, 1801 zog das Ehepaar Jón Þorgrímsson und Steinunn Sveinsdóttir mit ihren fünf Kindern in die andere Hälfte ein. Zwischen Bjarni und Steinunn musste es Liebe auf den ersten Blick gewesen sein, falls sie nicht sogar schon vorher heimlich ein Paar waren – auf jeden Fall verging nicht viel Zeit, und die beiden waren so unzertrennlich, dass an ein harmonisches Zusammenleben auf Sjöundá nicht mehr zu denken war. Im Frühjahr 1802 verschwand Jón. Er sei von einer Klippe in die Bucht gestürzt, behauptete seine Frau. Als nur wenige Monate später auch noch Guðrún starb, wurden die Leute aus der Umgebung misstrauisch, doch Beweise für ein Verbrechen fanden sich nicht. Oder, vielmehr, zuerst nicht, dann wurde im September die Leiche von Jón an Land gespült, an der man trotz ihres schlechten Zustands noch Hinweise darauf fand, dass er an Verletzungen gestorben war, die Menschen ihm zugefügt hatten.

Doch in einem Land, in dem die Staatsgewalt erstens sehr weit weg und zweitens nicht besonders handlungsfähig ist, kann es mit der

Strafverfolgung lange dauern. Bjarni wurde erst im November festgenommen und Steinunn, die schwanger war, erst einmal nur zum Verhör geladen. Schließlich kam heraus, dass Bjarni Jón mit einem Stab erschlagen hatte und daraufhin zusammen mit Steinunn versucht hatte, Guðrún zu vergiften. Als das misslang, hatten sie Guðrún einfach erstickt. Am Ende des Gerichtsprozesses legten beide Angeklagten ein Geständnis ab, wobei Bjarni immer sagte, er habe Jón aus Notwehr getötet und Steinunn lange Zeit behauptet hatte, vollkommen unschuldig zu sein.

Sie wurden zum Tode verurteilt, doch das Gesetz sah vor, dass dieses Todesurteil erst vollstreckt werden konnte, sobald es vom dänischen König bestätigt war, und bevor das geschah, hatte Steinunn ihr Kind bekommen und Bjarni war aus der Haft geflohen. Man fing ihn wieder ein und überführte beide nach Reykjavík in das einzige echte Gefängnis, das es in Island gab: Múrinn hieß es damals, »Die Mauer«, heute sitzt in diesem Gebäude am Lækjartorg die isländische Ministerpräsidentin. Dort waren damals bis zu vierzig Gefangene inhaftiert, die meisten davon Frauen, die versucht hatten, Kinder loszuwerden, die sie außerehelich bekommen hatten, was einiges über die damalige Zeit aussagt, in der Scheidungen kaum möglich waren und eine Liebesaffäre eine ganz normale Frau das Leben kosten konnte (siehe *Þingvellir*).

Bjarni konnte abermals fliehen und wurde abermals gefasst, dann kam die Bestätigung des Todesurteils. Doch es gab in ganz Island keinen Henker mehr, und es fand sich auch niemand, der die Aufgabe, quasi nebenberuflich, übernehmen wollte. Schließlich fand sich ein norwegischer Schuhmacher, der es gemacht hätte, aber der verlangte so viel Geld, dass die hiesige Obrigkeit sich nicht traute, sein Angebot anzunehmen und stattdessen den Kolonialherren in Kopenhagen schrieb, sie mögen entweder einen Henker aus Dänemark schicken oder das Gangsterpärchen begnadigen. In der Zwischenzeit starb Steinunn plötzlich im Gefängnis, woraufhin sich hartnäckig Gerüchte hielten, sie wäre ermordet worden, oder einer der Wärter hätte ihr auf eigenen Wunsch Gift gebracht, damit sie nicht länger auf ihre Hinrichtung warten musste. Als verurteilte Mörderin konnte Steinunn nicht auf dem Friedhof begraben werden und wurde auf dem Skólavörðuholt verscharrt, nicht weit von dort, wo heute die Hallgrímskirkja steht, die größte Kirche Islands. Reisende warfen noch lange Zeit einen Stein in ihre Richtung, wenn sie an der Stelle vorbeikamen, wo Steinunn verscharrt war. Die Dänen befahlen bald darauf, dass Bjarni nach Kristianssand in Norwegen überstellt werden sollte, das damals auch zum Dänischen Königreich gehörte. Dort wurde ihm erst eine Hand abgehackt, dann wurde er enthauptet, die Hand und der Kopf wurden aufgespießt, sein Körper wurde gerädert und öffentlich ausgestellt. Ein junger isländischer Pastor musste ihn auf dieser Reise begleiten, die viele Wochen dauerte, da es keine direkten Schiffsverbindungen zwischen Norwegen und Island gab und sie letztendlich auf Kosten des Königs ein großes

Blick vom Meer auf Rauðisandur.
Rechts die Klippen bei Sjöundá.

Segelschiff chartern mussten, das bestimmt um einiges teurer gewesen war als der Lohn für den norwegischen Schuhmacher. Man erzählte sich, dass der junge Pastor sich nie von dieser Reise erholt hatte und zeitlebens nicht in der Lage gewesen war, darüber zu sprechen.

Wer heute an einem schönen Sommertag auf dem Rauðisandur steht, kann sich nur schwer vorstellen, was damals hier passiert ist, doch in Island erinnert man sich auch deswegen noch so gut daran, weil Gunnar Gunnarsson eines seiner besten Bücher über diese Ereignisse geschrieben hat: *Schwarze Vögel* aus dem Jahr 1929. Gunnar Gunnarsson, der in Dänemark lebte und auf Dänisch schrieb, nutzte für die Arbeit an seinem Buch die Prozessakten, die in Kopenhagen im Archiv lagen und fügte einen Erzähler hinzu, einen Priester, den er zum Gerichtsschreiber machte. Das Resultat ist eine beeindruckend finstere Geschichte über Liebe und Mord, Strafe, Schuld und Gewissensqual – vielleicht der beste Krimi, den ein isländischer Schriftsteller je geschrieben hat. Das Kapitel über den Prozess endet so: »So ging die Nacht herum, diese Nacht, die ein einziger Abgrund des Elends war, durch dessen blutdüstere Finsternis Hoffnung und Glaube nur schwach schimmerten wie ferne Sterne, eisige und glühende Himmelskörper, zu denen sich unsere blinden Träume und schwachsichtigen Augen verzweifelt hinsuchten.«[2]

Vielleicht muss man also im Januar bei einem Unwetter hier stehen und Sjöundá betrachten und kann dann diese Emotionen nachvollziehen.

Vorne die Ruinen von Sjöundá,
im Hintergrund Rauðisandur.

Damalige Quellen berichten zumindest, dass der Winter 1801/02 in den Westfjorden der härteste Winter seit Menschengedenken gewesen sei.

In Dänemark wurde *Schwarze Vögel* zum Buch des Jahres gewählt. Tom Kristensen, der einflussreichste dänische Literaturkritiker, hielt das Buch für einen der besten Romane, der jemals auf Dänisch geschrieben worden war und sagte dem Autor eine glanzvolle Karriere in ganz Europa voraus. Das ist umso bemerkenswerter, wenn man weiß, dass Gunnar Gunnarson zu diesem Zeitpunkt bereits seit einigen Jahren eine Liebesbeziehung mit Tom Kristensens Frau Ruth hatte, der die Sauferei ihres Mannes zunehmend auf die Nerven ging. In dem Jahr, in dem *Schwarze Vögel* erschien, bekamen Ruth und Gunnar einen Sohn – man kann sich denken, was Franzisca davon hielt, Gunnars starke, resolute Ehefrau. Franzisca bestand darauf, so erzählt man sich, dass die Geliebte ihres Mannes das Kind bei ihnen auf dem heimischen Küchentisch zur Welt brachte. Vielleicht ist das einer der Gründe dafür, dass Gunnar mit so großer Leidenschaft über diese totgeweihte Liebesbeziehung auf dem Doppelhof Sjöundá schreiben konnte. Tatsache ist, dass *Schwarze Vögel* in viele andere Sprachen übersetzt wurde und Gunnar Gunnarsson in den Dreißigerjahren in Deutschland zu einem sehr populären Autor machte, doch das ist eine andere Geschichte (siehe *Skriðuklaustur*).

Man könnte noch erwähnen, dass der Sohn von Steinunn und Bjarni den Namen Jón bekam, zu Pflegeeltern aufs Land gegeben wurde und dort zu einem gut aussehenden, freundlichen Mann heranwuchs, viele Kinder bekam und ein hohes Alter erreichte. Auch mindestens zwei der Töchter, die Steinunn mit Jón hatte, wurden erwachsen und hatten viele Nachkommen. 2012 kamen einige von ihnen in Reykjavík auf dem Friedhof Hólavallagarður zusammen, weihten eine Gedenktafel ein und ließen einen Grabstein setzen, der an Steinunn erinnert, denn auf diesen Friedhof wurden ihre Gebeine 1915 überführt, nachdem sie bei Bauarbeiten auf dem Skólavörðuholt zum Vorschein kamen. Eine einfache Kiste mit Gebeinen, die von allen Seiten fotografiert und von Ärzten untersucht wurde, bevor man sie ohne weitere Zeremonie auf den alten Friedhof von Reykjavík brachte. Und wieder sollten fast einhundert Jahre vergehen, bevor ein Grabstein aufgestellt wurde, im Gedenken an Steinunn Sveinsdóttir von Sjöundá am Rauðisandur.

ÁLFTAFJÖRÐUR BEI ÍSAFJÖRÐUR

WO DIE ISLÄNDER BASKISCH LERNTEN

Baskisch gilt bei vielen als älteste lebende Sprache Europas und ist mit keiner anderen Sprache verwandt. Zur Geschichte des Baskischen finden sich in den isländischen Westfjorden drei interessante Quellen, drei handgeschriebene Wortlisten, die unabhängig voneinander im siebzehnten Jahrhundert entstanden sind. Es handelt sich hierbei um die ersten, wenn man so will, Wörterbücher, die die Isländer für eine lebende Sprache erstellt haben, da hätte man vielleicht eher mit Isländisch-Dänisch gerechnet oder Isländisch-Englisch. Aber Isländisch-Baskisch?

Die Westfjorde sind der abgelegenste isländische Landesteil, ein von tiefen Fjorden zerschnittenes Hochland, den Menschen bleibt oft nur ein kleiner Streifen bewohnbares Land zwischen den Bergen und dem Meer. Viele Höfe sind schlecht zu erreichen und die meisten inzwischen nicht mehr bewohnt, doch einige Fischerdörfer gibt es noch immer, denn von hier ist es nicht weit zu den ergiebigsten isländischen Fanggebieten. Der Weg von einem Ort zum anderen ist beschwerlich und führt fast immer ins Hochland, über Bergpässe hinweg, wie Jón Kalman Stefánsson es in seinen Büchern auf so unvergessliche Weise beschreibt. Das ist eine großartige, aber oft auch sehr harte, kalte Natur, und man wundert sich über die Zähigkeit der Menschen, die dort gelebt haben. Doch eines sind die Westfjorde sicher nicht: Der Ort in Europa, an dem es im siebzehnten Jahrhundert ganz normal und selbstverständlich war, Wortlisten für eine Sprache am anderen Ende des Kontinents zu schreiben, die mit keiner anderen Sprache verwandt ist.

Zwei dieser Wortlisten sind erhalten, Quellen belegen eindeutig die Existenz einer dritten, und vor Kurzem hat man sogar noch eine vierte Liste gefunden, die allerdings jüngeren Datums ist. Diese Listen sind nicht lang, die längste umfasst knapp 600 Wörter und einige Beispielsätze, wie in Sprachführern, die Touristen früher mit ins Ausland genommen haben. Manchmal wurde das auch Pidgin-Baskisch genannt oder »Mischsprache«, weil auch spanische und englische Wörter in diesen Listen auftauchen. Aber der Grundstock ist das Baskische, so viel ist sicher.

Nicht ganz sicher ist hingegen, ob die Autoren dieser Wortlisten auch gewusst haben, dass es sich um das Baskische handelte. Vielleicht haben sie auch gedacht, es wäre Spanisch oder Französisch, schließlich trägt eine Liste die Überschrift »Vocabula Gallica«. Eine jüngere Abschrift einer der Listen hat allerdings die Überschrift »Vocabula Biscaia«. Doch wie dem auch sei: Dass an einem der entlegensten Orte Europas diese Arbeit geleistet wurde, damit Isländer und Basken miteinander sprechen und Handel treiben konnten, ist eine große kulturelle Errungenschaft.

Baskische Walfänger kamen damals öfter nach Island. Das waren erfahrene Seeleute, sowohl aus dem spanischen als auch aus dem französischen Teil des Baskenlandes, die wahrscheinlich als Erste einen Wal direkt aus dem Schiff harpunieren konnten. Als sie im Golf von Biskaya immer weniger Wale fanden, fuhren sie weiter nach Norden, erst in die Fanggebiete vor Neufundland und Spitzbergen, wurden dort jedoch bald von den Engländern vertrieben und gingen seit Beginn des siebzehnten Jahrhunderts in den Gewässern um Island auf Walfang. Manchmal waren Dutzende baskische Walfangboote gleichzeitig vor den Westfjorden unterwegs, da war es natürlich verlockend für die Einheimischen, mit ihnen Handel zu treiben, obwohl das streng genommen verboten war, weil der dänische König seit 1602 ein Handelsmonopol mit Island für sich beanspruchte. Doch im siebzehnten Jahrhundert hielten sich noch nicht so viele Leute an dieses Verbot. Die Versuchung war groß und die dänische Obrigkeit weit weg – da drückten die Gemeindevorsteher vor Ort oft ein Auge zu.

Der Austausch zwischen den Isländern und den Basken verlief in den allermeisten Fällen friedlich und gut, es gibt allerdings eine Ausnahme, die zu den größten Katastrophen der isländischen Geschichte gehört. Das Wetter im Seegebiet vor den Westfjorden ist oft unberechenbar, und im Herbst 1615 erlitten drei baskische Walfangboote Schiffbruch. Etwa achtzig Basken schafften es in der Nähe von Ísafjörður an Land, erschöpft und ohne Vorräte. Sie teilten sich auf, um sich Winterquartiere aufzubauen. Der damalige Landrat der Westfjorde jedoch behauptete, die Basken würden rauben und stehlen, ohne dass es dafür irgendwelche Beweise gab. Er sammelte so viele Männer um sich, bis er ein kleines primitives Heer zusammen hatte, in dem allerdings niemand Erfahrung mit Waffen besaß. Dann zog er los, griff die baskischen Schiffbrüchigen an, wo er sie fand und ermordete viele von ihnen. Andere konnten sich verstecken, überlebten irgendwie den Winter und flohen im folgenden Frühjahr; niemand weiß, was aus ihnen wurde. Über diese furchtbaren Ereignisse, die den Namen »Spaniertötung« bekamen, schrieb im siebzehnten Jahrhundert einer der bedeutendsten isländischen Naturforscher, Jón Guðmundsson der Gelehrte, einen beklemmenden Bericht, in dem der damalige Landrat überhaupt nicht gut wegkommt.

Weitere Schreckensgeschichten haben die Begegnungen zwischen Basken und Isländern glücklicherweise nicht hervorgebracht, und auch ein Blick in die Wortlisten von damals legt nahe, dass sie gut miteinander auskamen. Doch wer schrieb diese ersten Wörterbücher der Isländer? Man kann es nicht sicher sagen, doch eins ist klar: Das müssen gelehrte Menschen gewesen sein, wahrscheinlich Geistliche und – oder – weit gereiste Männer. Der Linguist Helgi Guðmundsson hat gute Argumente dafür gefunden, dass eine dieser Listen im Winter 1663/64 aufgeschrieben worden ist und zwar von Jón Ólafsson, den man auch den »Indienfahrer« nennt. Jón wohnte zu dieser Zeit auf einem Hof im Eyrardalur am Álftafjörður, unweit von Svarthamar, wo er 1593 geboren worden war. In unmittelbarer Nähe, auf Eyri im Seyðisfjörður, wohnte ein Gemeindevorsteher namens Magnús, der in jenem Winter einen baskischen Schiffbrüchigen aufgenommen hatte. Es könnte also gut sein, dass diese Wortliste das Resultat einer Begegnung zwischen Jón dem Indienfahrer und einem schiffbrüchigen Basken war.

Der Álftafjörður ist ein kleiner Nebenfjord des Ísafjarðardjúp. Hier liegt, überragt von einem imposanten Berg, das Fischerdorf Súðavík, das 1995 von einer Lawine getroffen wurde, die viele Todesopfer gefordert hatte. Von hier führten einmal Bergpisten in andere Fjorde, inzwischen jedoch gibt es eine gut ausgebaute Landstraße, auf der man von Ísafjörður aus an den Fjorden entlangfahren kann, sodass hier nicht mehr viele Reisende anhalten. Obwohl Jón der Indienfahrer große Teile seines Lebens in dieser Gegend verbracht hat (er ist allerdings auch einen Winter bei *Rauðisandur* gewesen), ist er doch einer der weitest gereisten Isländer des siebzehnten Jahrhunderts und hat darüber eine spannende Autobiografie geschrieben, das *Reisebuch von Jón, dem Indienfahrer, aufgeschrieben von ihm selbst*. Er schrieb dieses Buch 1661, in gedruckter Form erschien es allerdings erst 1908. Jón hatte schon als Kind Basken kennengelernt, die in den Álftafjörður gekommen waren. Im Jahr 1615 verließ er, mit Anfang zwanzig, auf einem englischen Schiff seine Heimat und ging zum dänischen Militär. 1618 nahm er an einer dänischen Walfangexpedition nach Spitzbergen teil, an der auch wiederum bis zu fünfzig baskische Walfänger beteiligt waren, um den Dänen beizubringen, wie man harpuniert. Darunter war ein Dolmetscher für Baskisch-Englisch, der auch in Island gewesen war, als Teil der Gruppe, auf die Jón als Kind im Álftafjörður traf.

Jón war ein sprachbegabter Mensch. Er brauchte, nach eigenen Angaben, nur sieben Wochen Lernzeit, um so Englisch zu sprechen wie ein Muttersprachler, und in sein Buch lässt er gern russische, deutsche und hottentottische Einsprengsel einfließen, so nannte er damals die Kjoisansprachen des südlichen Afrikas. Sein Portugiesisch hingegen habe er leider vergessen. Besonders interessant ist, dass sich in seinem Buch auch eine Wortliste findet: Tamil-Isländisch. Tamil lernte Jón der Indienfahrer in der dänischen Kolonie Tranquebar (heute Tharangambadi) im Südosten von Indien, wohin er mit einem dänischen Handelsschiff gelangte. Er konnte also Wortlisten erstellen, obwohl er nie eine formelle Bildung genossen hatte. Seine Autobiografie mag stellenweise etwas selbstverliebt und schwer nachvollziehbar sein, und doch ist es beeindruckend, wie er mit frappierend genauen Beobachtungen und großem Unterhaltungswert von seinen abenteuerlichen Reisen schreibt. Und ein anderer Aspekt machte dieses Buch von Jón dem Indienfahrer im damaligen dänischen Königreich geradezu einzigartig: Autobiografien und Reiseberichte waren zuvor bereits in Dänemark und auch in Island geschrieben worden, doch dass ein ganz normaler Mann aus dem Fußvolk des dänischen Heers unter Christian dem Vierten über seine Erlebnisse ein Buch schrieb – das hatte es noch nie gegeben. Die einfachen Soldaten konnten meist weder lesen noch schreiben, und dann kommt da dieser Abenteurer aus dem Álftafjörður, der in einer Buchkultur aufgewachsen ist und es vollkommen selbstverständlich findet, sich in geschriebener Sprache auszudrücken. Da ist man schon versucht zu denken, dass Jón der Indienfahrer nach seiner Heimkehr auch noch eine einmalige Quelle über die baskische Sprache verfasst hat, diese beachtliche Wortliste, im Álftafjörður, in den isländischen Westfjorden.

ÞINGEYRAR

DIE LITERATURWERKSTATT IM KLOSTER

Der Hof Þingeyrar steht auf einer Landzunge, die weit in die Bucht Húnaflói hineinragt. Das Terrain ist hier für isländische Verhältnisse ungewöhnlich flach: Wiesen, Marschen, große Kieshalden, lange Sandstrände. Die Kirche, die auf einem niedrigen Hügel in der Nähe des Hofes steht, ist auch aus großer Entfernung noch zu sehen und prägt das Erscheinungsbild des ganzen Landstrichs. Sie gehört zu den hübscheren isländischen Kirchen, erbaut durch die Initiative des einstigen Besitzers von Þingeyrar, Ásgeir Einarsson, in zwei Bauabschnitten zwischen 1864 und 1877, und zwar aus Stein, der im Winter über weite Wege mit Schlitten hergebracht werden musste, denn im Land um Þingeyrar gibt es keine anständigen Steine. Zwei Steinmetze aus Reykjavík waren lange Zeit dort im Norden untergebracht, um die Steine zurechtzuhauen. Einer von ihnen war Sverrir Runólfsson, der erste Isländer, der in Dänemark zum Steinmetz ausgebildet worden war – in der zweiten Hälfte des neunzehnten Jahrhunderts passierten in Island so viele Dinge zum ersten Mal.

Auch der Innenraum der Kirche ist schön. Ein Altar aus Alabaster fällt besonders ins Auge, man nimmt an, er sei im fünfzehnten Jahrhundert im englischen Nottingham entstanden. Dieser Altar ist wahrscheinlich auch schon in der Kirche des Klosters von Þingeyrar gewesen.

Das Þingeyraklaustur war ein Kloster für Benediktinermönche und wurde von allen isländischen Klöstern am längsten betrieben, mehr als vierhundert Jahre lang. Bischof Jón Ögmundsson hat angeblich im Jahr 1112 gelobt, an diesem Ort ein Kloster zu gründen, um Gott damit so milde zu stimmen, dass er auf einen harten Winter und ein schweres Frühjahr bessere Zeiten folgen ließ. Doch diese Geschichte stimmt wahrscheinlich nicht, wie so viele Geschichten, die von diesem Bischof überliefert sind. Historisch verbrieft ist, dass das Kloster 1133 gegründet und bis zur Reformation 1551 betrieben wurde. Die Gebäude des Klosters sind längst verschwunden, doch die Archäologin Steinunn Kristjánsdóttir, die seit vielen Jahren die Geschichte der Klöster in Island erforscht, fand Überreste der Klosterkirche unweit des Bauernhofes von Þingeyrar. Alles weist darauf hin, dass sie groß gewesen ist.

Isländische Historiker haben lange Zeit daran gezweifelt, dass Klöster einen wesentlichen Einfluss auf die hiesige Geschichte hatten. Dazu hätten sie zu wenig Macht gehabt, seien zu isoliert und nur von wenigen Menschen bewohnt gewesen. Letzteres stimmt wahrscheinlich sogar, und doch hat die Forschung von Steinunn Kristjánsdóttir und einigen anderen (siehe Skriðuklaustur) gezeigt, dass die Bedeutung der Klöster lange Zeit unterschätzt worden ist. Man geht davon aus, dass es in Island zehn Klöster gegeben hat, darunter zwei Nonnenklöster. Doch wenn man die Klöster mitzählt, die nicht lange existiert haben, sind es wohl bis zu vierzehn gewesen, und manche von ihnen waren sehr wohlhabend. So besaß das Kloster von Þingeyrar Anfang des sechzehnten Jahrhunderts einhundert Ländereien, von denen sechzig bewirtschaftet wurden. Viele Klöster nahmen gemeinnützige Aufgaben wahr, betrieben Armenhäuser und Spitäler, kümmerten sich um alte Menschen – und sie stellten Bekleidung her und Bücher, waren kulturelle Zentren. Ihre Ländereien erhielten die Klöster oft durch sogenannte Proventverträge: Ältere Menschen zogen ins Kloster, wurden dort versorgt und gepflegt und zahlten dafür – nicht selten mit einem Teil ihres Landbesitzes.

Das Kloster von Þingeyrar wurde kurz nach Beginn der isländischen Schriftkultur gegründet, und nur ein halbes Jahrhundert später lebten hier gleich drei Mönche, deren Namen man bis heute für ihre großen Leistungen kennt: Gunnlaugur Leifsson, Oddur Snorrason und der Abt Karl Jónsson. Sie schrieben auf Isländisch und Latein, wobei wir von den lateinischen Büchern heute nur noch isländische Übersetzungen aus dem dreizehnten Jahrhundert haben, die Originale sind verloren. Man geht davon aus, dass Oddur Snorrason die Geschichte des norwegischen Königs Olaf Tryggvason auf Latein verfasst hat, in der Olaf als eine Art Apostel dargestellt wird, der den christlichen Glauben in Nordeuropa verbreitet. Dieser Text wurde später zu einer wichtigen Quelle für Snorri Sturluson und seine Geschichte der Könige Norwegens (siehe Reykholt). Auch Gunnlaugur Leifsson schrieb, ebenfalls auf Latein, über Olaf Tryggvason und verschriftlichte außerdem die Geschichte des eben erwähnten Bischofs Jón Ögmundsson. Diese Bücher entstanden natürlich, um die Stellung des katholischen Glaubens in Island zu festigen, zu diesem Zweck wurden hier im zwölften, dreizehnten und vierzehnten Jahrhundert auch viele europäische Heiligenlegenden übersetzt. Auch die *Stjórn*, eine der prächtigsten mittelalterlichen Handschriften Islands, in der sich Übersetzungen des Alten Testaments und Auslegungen ausländischer Gelehrter finden, ist vielleicht auf Þingeyrar geschrieben und illuminiert worden.

Das bedeutendste unter den im Kloster Þingeyrar entstandenen Büchern ist allerdings die auf Isländisch verfasste Saga über den norwegischen König Sverre Sigurdsson. Diese Saga, oder zumindest ihr erster Teil, wurde nach Ansicht der Forschung von Abt Karl Jónsson verfasst. Es handelt sich um ein politisches Buch, das auf Wunsch von König Sverre höchstselbst entstand. Abt Karl hatte die Arbeit sogar an dessen Hof begonnen. Im Vorwort der Saga heißt es: »Hier wird von König Sverre erzählt, dem Sohn von König Sigurd, dessen Vater Harald hieß. Der Anfang dieses Buches ist geschrieben in Anlehnung an das, was Abt Karl Jónsson geschrieben hat, als er bei König Sverre saß und König Sverre ihm sagte, was zu schreiben war.«

Das ist gleich aus mehreren Gründen bemerkenswert. Zum einen handelt es sich hier nicht um eine Heiligenlegende, sondern um weltliche Geschichtsschreibung auf Altnordisch und das auf ausdrücklichen Wunsch eines Königs. Auch hier sollte durch ein Buch eine Machtposition gefestigt werden: Sverre war ein unehelicher Sohn von König Sigurd. Er wuchs auf den Färöer-Inseln auf und kam um 1180 in Norwegen auf den Thron, doch seine Regentschaft war durch nicht enden wollende Machtkämpfe und Aufstände innerhalb des Landes geprägt, hinzu kamen Konflikte mit der Kirche, die sogar dazu führten, dass der Papst ihn exkommunizierte. Dass ein Abt aus Island herbeizitiert wurde, um einige Jahre am Hof von Sverre zu verweilen und seine Lebensgeschichte aufzuschreiben, wirkt sonderbar. Ein Grund hierfür könnte allerdings sein, dass König Sverre beim norwegischen Klerus nicht besonders beliebt war, worauf der Literaturwissenschaftler Sverrir Tómasson hinweist. Hinzu kommt, dass sich im zwölften und dreizehnten Jahrhundert bereits herumgesprochen hatte, dass die Isländer ebenso gute Gelehrte wie Dichter waren, wie sogar Saxo Grammaticus um circa 1200 in seiner groß angelegten Geschichte der Dänen bemerkt: »Ich will mich nicht in Schweigen hüllen über die Kunstfertigkeit der Isländer. Die Erde ihres Vaterlandes gibt kaum etwas her und zwingt sie, sich im Leben mit wenig zu begnügen, aber sie haben es sich zur Gewohnheit gemacht, Kenntnisse über die Taten anderer zu sammeln und dies allen kundzutun und finden so Ausgleich für ihre weltliche Armut in den Reichtümern des Geistes.«

Die *Saga von Sverre* ist gut geschrieben, mit vielen gelehrten Stilmitteln, nicht zuletzt in den Reden, die König Sverre hält, zum Beispiel als eine Gruppe von Rebellen, die sogenannten *Birkebeiner*, ihn bittet, ihr Anführer zu werden, woraufhin Sverre antwortet: »Euer Vorschlag wird uns wohl weder großen Nutzen bringen, noch werden ihm große Taten folgen. Ihr seid mittellose Männer, auch ich habe wenig und wir kennen uns kaum. Wenn euch meine Befehle nicht passen, werdet ihr schnell sagen, dass ihr nicht sicher wisst, ob ihr diesem Herren dient. Ich bin an einem Ort geboren, an dem man für solche großen Taten wenig übrig hat, und mir scheint, wir haben für unser Bündnis wenig gemeinsam außer Armut und großen Ärger.«

Was für eine unglaubliche Vorstellung, dass Ende des zwölften Jahrhunderts im Kloster von Þingeyrar Mönche saßen, die auf Latein und Isländisch solch großartige Geschichten schrieben und sich in den verschiedensten literarischen Genres ausprobierten. Gunnlaugur Leifsson übersetzte auch die sogenannte *Prophezeiung des Merlin* – es handelt sich hier um den Zauberer Merlin am Hof von König Artus – geschrieben von einem der beliebtesten Autoren der damaligen Zeit, Geoffrey von Monmouth. Später fügte Geoffroy diese Prophezeiung in seine *Geschichte der Könige Britanniens* ein, die auch ins Isländische übersetzt wurde. Die *Prophezeiung des Merlin* ist auf Latein verfasst, Gunnlaugur Leifsson benutzt bei seiner Übersetzung ins Isländische das *Fornyrðislag*, ein altnordisches Versmaß, das auch in der *Lieder-Edda* verwendet wird und lässt dadurch starke Bilder entstehen:

»Rüstung bricht
Eisen beißt
Spieße bluten
In der Luft«

Die Buchproduktion im Kloster von Þingeyrar hat nicht nur ideologischen, sondern ebenso wirtschaftlichen Interessen gedient, denn die Bücher wurden auch verkauft. Manche Literaturwissenschaftler und Philologen haben vermutet, dass in einem so wichtigen Zentrum der literarischen Produktion auch Isländersagas entstanden sein mussten, zum Beispiel die *Saga von den Leuten aus dem Vatnsdal,* die in dieser Gegend spielt … Aber Belege dafür gibt es nicht.

Die schlimmste Katastrophe in der Geschichte des Klosters war ein Pestausbruch im Jahr 1402. Der Abt und alle Mönche fielen dem Schwarzen Tod zum Opfer – bis auf einen. Doch das änderte nichts daran, dass das Kloster den Menschen heilig war, sie pilgerten weiter dorthin und schlossen Proventverträge ab. Das Kloster verfügte ja auch noch über die bereits erwähnten 100 Ländereien, ganz abgesehen davon, dass man auf Þingeyrar eine profitable Landwirtschaft betrieb. Doch 1551, ein Jahr nachdem der katholische Bischof Jón Arason in den isländischen Reformationswirren enthauptet worden war, wurde auch das Kloster aufgelöst. Die Ländereien fielen an verschiedene Statthalter des Königs, und anstelle der kulturellen und gemeinnützigen Aktivitäten kümmerte man sich jetzt nur noch um die Bewirtschaftung, wie Steinunn Kristjánsdóttir gezeigt hat. Der berühmteste dieser königlichen Statthalter war der Däne Lauritz Gottrup, der die Landwirtschaft auf Þingeyrar gegen Ende des siebzehnten Jahrhunderts revolutionierte, eine große Kirche errichten ließ und alle Gebäude im Stile eines dänischen Gutshofes umbaute, in dessen Mitte bald ein prächtiges Herrenhaus stand, das sogar fließend Wasser hatte und teilweise beheizbar war. Der umtriebige Gottrup ließ einen Webstuhl und Spinnräder nach Island bringen, baute auf Þingeyrar Kohl an und ging mit seiner Frau in die Annalen ein, als sie den Isländerinnen und Isländern beibringen wollten, Gemüse zu essen, was diese sehr befremdete. Doch Gottrup war ein hartherziger Despot und hatte allen Berichten zufolge seine Leute erbarmungslos geknechtet; nach seinem Tod sind alle seine Gebäude langsam verfallen.

Ein Besuch auf Þingeyrar lohnt sich nicht nur wegen der Kirche, die so markant in der flachen Landschaft steht. Die Berge sind hier so fern, dass nur wenig an normale isländische Bauernhöfe erinnert und die ganze Gegend durch ihre Weitläufigkeit auch etwas Weltläufiges bekommt – einen für hiesige Verhältnisse ungewöhnlich vornehmen, fast feudalen Charakter. Dazu passt auch, dass Ásgeir Einarsson den Bau der Kirche größtenteils aus eigener Tasche bezahlt hat. Eine vornehme, weltläufige Stimmung lag auch in der Luft, als meine Frau und ich diesen Ort zum bisher letzten Mal besuchten. Damals gehörte das Land Valgerður Valsdóttir und Ingimundur Sigfússon, der viele Jahre isländischer Botschafter in Deutschland gewesen war. Die Kultur und Geschichte dieses Ortes lag den beiden sehr am Herzen, sie engagierten sich für den Erhalt der Kirche und unterstützten die Ausgrabungen und die Suche nach den Überresten des einstigen Klosters.

Bei Þrístapar in der Nähe von Þingeyrar. Auf dem Stein steht:
An diesem Ort fand am 12. Januar 1830 die letzte Hinrichtung in Island statt.

Beim Verlassen von Þingeyrar wird den Reisenden wieder einmal der Facettenreichtum der isländischen Geschichte bewusst. Unweit der Ringstraße Nummer 1 erinnert vor einer markanten Hügelkette ein Gedenkstein an die sogenannten *Þrístapar*. Hier fand 1830 die letzte Hinrichtung auf isländischem Boden statt, als Agnes Magnúsdóttir und Friðrik Sigurðsson enthauptet wurden, die hier im Bezirk auf Illugastaðir einen Mordbrand verübt hatten, bei dem der Bauer Natan Ketilsson und sein Gast Pétur Jónsson ums Leben kamen. Natan war lange Zeit der Geliebte der Dichterin Rósa Guðmundsdóttir gewesen (siehe *Hörgárdalur*). Doch das ist eine andere Geschichte.

BEINAHÓLL AUF KJÖLUR

WIE STARBEN DIE BRÜDER VON REYNISTAÐIR?

Island ist eigentlich nur an den Küsten besiedelt, die manchmal nicht mehr sind als ein schmaler Rand um die größte Wildnis Europas. Wenn die Isländerinnen und Isländer sich fortbewegten, taten sie das in den allermeisten Fällen auch entlang der Küstenlinie, zu Wasser oder an Land. Von außerhalb war Island ohnehin immer schwer zu erreichen und im Winter meist gar nicht. Deswegen feierten die Isländerinnen und Isländer ja auch mit so großer Begeisterung die Ankunft der ersten Schiffe im Frühjahr – ein Ereignis, das tief im kollektiven Gedächtnis verankert ist.

Aber es hat auch immer Wege über das Hochland gegeben, von Nord nach Süd und umgekehrt, von denen die wichtigsten, der Kjalvegur über die Hochebene Kjölur und der Weg über den Sprengisandur, im Winter oft nur schwer oder gar nicht passierbar waren.

Der Kjalvegur verläuft zwischen zwei Gletschern hindurch, dem Langjökull und dem Hofsjökull, überquert Geröllhalden und Lavafelder, führt durch Flüsse hindurch. Aus dem Norden ist er auf verschiedenen Wegen erreichbar, je nach dem, ob man aus dem Eyjafjörður kommt, aus dem Skagafjörður oder aus dem Blöndudalur. Die größten Hindernisse auf dem Kjalvegur waren, abgesehen von den Wetterverhältnissen im Hochland, früher die Flüsse Blanda im Norden und Hvítá im Süden gewesen. Durch die Hvítá gab es Furten und zeitweise sogar eine Art Fährbetrieb mit Booten, doch eine Brücke über die Hvítá wurde am Kjölur erst 1935 gebaut. Heutzutage ist der Kjalvegur so ausgebaut, dass man ihn im Sommer mit den meisten Autos befahren kann.

Im Mittelalter war der Kjalvegur ein viel genutzter Reiseweg. Die Nordisländer benutzten ihn zum Beispiel, wenn sie zum Althing ritten. Hinter der Schutzhütte des Isländischen Wandervereins bei Hvítárnes weist die Ruine eines Bauernhofs sogar darauf hin, dass hier früher einmal Leute gesiedelt haben, was man in so großer Entferung von der Küste in Island äußerst selten sieht. Leider ist ein Bauernhof dort oben an den Ufern des Hvítárvatn nirgendwo urkundlich erwähnt, doch die Ruinen sprechen für sich und eine Untersuchung dort gefundener Aschereste ergab, dass dieser Hof nach dem großen Ausbruch der Hekla von 1104 aufgegeben worden ist. Zu dieser Zeit waren die Gletscher kleiner und man konnte die Hvítá wahrscheinlich umgehen, indem man den See in Richtung Westen umrundete, doch dieser Weg ist nun schon seit vielen Jahrhunderten durch einen Gletscherbruch versperrt, der bis in den See hineinreicht.

Der Kjalvegur kommt in der isländischen Literatur oft vor. Der berühmteste Outlaw des Landes, Grettir Ásmundarson, von dessen Leben eine der umfangreichsten und beliebtesten *Isländersagas* handelt, findet einen Sommer lang auf Kjölur Unterschlupf und wird eine Art Wegelagerer »und keiner, der hier in der einen oder anderen Richtung über das Hochland zog, konnte sich sicher sein, dass Grettir ihm nicht seine Sachen abnahm, denn anders konnte er sich kaum versorgen«, heißt es in der *Saga von Grettir Ásmundarson*.

Erst als er an jemanden gerät, gegen den er mit all seiner Kraft nichts ausrichten kann, sucht er sich wieder einen Unterschlupf in besiedeltem Gebiet. Dass er allerdings in der Höhle gewohnt hat, die auf Kjölur nach ihm benannt ist, ist unwahrscheinlich, schließlich hatte der starke Grettir Angst im Dunkeln.

In der *Saga von den Sturlungen*, dem großen Bericht über die Kämpfe des dreizehnten Jahrhunderts, sind auch einige Reisen auf dem Kjalvegur erwähnt. So sei zum Beispiel Kolbeinn der Junge, Anführer der Nordisländer im Kampf gegen die Sturlungen, im Jahr 1234 mit fünfhundert Männern über den Kjalvegur zum Althing geritten, um Snorri Sturluson einen ordentlichen Schrecken einzujagen, was ihm auch gelang. Die Anführer aus Nord- und Südisland trafen sich auch auf dem Kjölur, als sie überlegten, was sie gegen diesen jungen Anführer namens Sturla Sighvatsson aus Westisland tun sollten, der mächtiger und mächtiger wurde. Und im August 1238 zogen schließlich Kolbeinn der Junge und Gissur Þorvaldsson, sein Verbündeter aus dem Süden, mit einem Heer von mehr als tausend Kriegern in Richtung Norden und konnten ihren Feinden aus der Sturlungenfamilie im Skagafjörður buchstäblich in den Rücken fallen. Niemand hatte damit gerechnet, dass sie über den Kjölur reiten würden, die Sturlungen hatten schon gedacht, sie müssten selbst nach Süden ziehen, damit es endlich zu einem Kampf mit ihren Feinden käme, dann jedoch wurden sie in einem ebenso kurzen wie verlustreichen Kampf besiegt, der als Schlacht von Örlygsstaðir in die isländische Geschichte einging und Sturla Sighvatsson das Leben kostete. Eine Schlacht, in der so viele Männer gekämpft hatten, gab es in Island nie wieder. Die *Saga von den Sturlungen* nennt allein fünfzig Leute mit Namen, die dort gefallen sind. Drei Jahre später beraten sich Kolbeinn der Junge und Gissur Þorvaldsson abermals auf dem Kjölur und fassen hier den Plan, Snorri Sturluson zu töten.

Was für ein Anblick muss das gewesen sein, als hunderte von Männern gleichzeitig auf dem Kjalvegur ritten! So viele sind seitdem nie wieder gemeinsam dort unterwegs gewesen, und mit dem abkühlenden Klima des Spätmittelalters wurde der Weg beschwerlicher und somit seltener genutzt. Doch Geschichten entstanden weiterhin über ihn, insbesondere im achtzehnten Jahrhundert. Auch der berühmteste Gesetzlose aus späterer Zeit hat sich auf Kjölur in der Nähe von Hveravellir aufgehalten: Berg-Eyvindur, zusammen mit seiner Frau Halla und einem berüchtigten Dieb namens Arnes. Eine der größten heißen Quellen in diesem Gebiet ist sogar nach ihm benannt, obwohl man nicht viel über seinen dortigen Aufenthalt weiß.

Berg-Eyvindur, 1714 geboren, floh mit Halla ins Hochland, nachdem er des Diebstahls beschuldigt worden war, und sie hielten es mehr als zwanzig Jahre dort aus. Es gibt wohl keine Stelle auf dem Hochland, auf der ein bisschen etwas wächst und keine heiße Quelle, von der man sich nicht sagt, Berg-Eyvindur und Halla wären dort gewesen. Schießlich ließen sie sich auf einem entlegegen Hof im Jökulfjörður in den Westfjorden nieder und wurden dort gemeinsam alt.

Geschichten von Berg-Eyvindur vermischen sich mit den Geschichten von anderen Gesetzlosen, die in den isländischen Volkssagen generell eine wichtige Rolle spielen. Märchenhafte Schilderungen von fruchtbaren Tälern hoch in den Bergen, die von kräutersammelnden Mägden oder Hirtenjungen entdeckt werden, nachdem diese sich im Nebel verlaufen haben – das waren die Utopien der kleinen Leute zu einer Zeit, in der man auf Gedeih und Verderb an seinen Geburtsort gebunden war und in großer Armut lebte. Daher wundert es nicht, dass man sich über Berg-Eyvindur, den es mit Sicherheit gegeben hat und der es durch seine große Klugheit und Zähigkeit schaffte, länger in der Wildnis zu überleben als jeder andere, so viele Geschichten erzählt. Und dass er von vielen Isländerinnen und Isländern bewundert wurde, obwohl die wohlhabenden Bauern ihn verachtet hatten wie einen dahergelaufenen Viehdieb. Seine Frau Halla wurde einige Mal gefasst, konnte jedoch jedes Mal fliehen, und sie fanden sich wieder.

Jóhann Sigurjónsson schrieb über die beiden sein populärstes Theaterstück, *Berg-Eyvindur*, das 1911 in Kopenhagen uraufgeführt wurde und sogar in New York gespielt wurde (Eyvind of the Hills, 1916). In dieser Tragödie ist allerdings Halla die faszinierendste Figur, die alles für die bedingungslose Liebe und vollkommene Freiheit opfert, ganz im Geiste des damals beliebten Symbolismus. 1918 wurde das Theaterstück von dem schwedischen Regisseur Victor Sjöström verfilmt. Auf Hveravellir ist ein Denkmal für die beiden errichtet worden, eine Arbeit des Bildhauers Magnús Tómasson mit dem Titel »Gefangene der Freiheit«, die zwei Herzen aus Stein hinter Gitterstäben zeigt. Es wurde 1998 von Nachkommen von Berg-Eyvindur enthüllt.

Im Jahr 1780 ereignete sich auf Kjölur eine Katastrophe. Ein reicher Bauer aus dem nordisländischen Reynistaður im Skagafjörður schickte einige Leute auf dem Kjalvegur nach Süden, um Schafe zu kaufen – seine Schafe hatte er alle schlachten müssen, weil sie die Räude hatten. Diese gefährliche Krankheit ist 1760 zum ersten Mal in Island aufgetreten und wurde erst besiegt, nachdem mehr als die Hälfte aller Schafe im Land geschlachtet worden waren, was zu einem ziemlichen Mangel an Fleisch und Milch führte. Um die Schafzucht auf Reynistaður zu erhalten, musste man also nach Südisland reiten, dort Schafe kaufen und sie dann in den Norden treiben. Jón Austmann, die rechte Hand des Bauern von Reynistaður und ein sehr erfahrener Mann, führte die Gruppe an und nahm unter anderem zwei Söhne des Bauern mit, Bjarni, der damals wohl vierzehn Jahre alt war, und den elfjährigen Einar. Deswegen spricht man eigentlich immer vom Schicksal der Brüder von Reynistaður. Sie kauften im Süden Schafe und machten sich Ende Oktober auf den Heimweg in Richtung Norden, wieder über den Kjalvegur, mit über 200 Schafen. Doch sie kamen nie an. Viele zogen los, um sie zu suchen – darunter übrigens auch der Bruder von Berg-Eyvindur – doch erst im nächsten Frühling entdeckten sie Zelte in der Nähe des alten Kjalvegur am Fuße des Kjalfell, der seitdem Beinahóll heißt. Der Verwesungsgeruch gab ihnen schnell die letzte Gewissheit. In den Zelten lagen vier tote Männer, die beiden Brüder und ihre zwei Begleiter – Jón Austmann fehlte. Später fand sich sein Pferd wesentlich weiter im Norden mit durchschnittener Kehle, das Zaumzeug lag in umittelbarer Nähe. Wahrscheinlich war das Pferd an dieser Stelle ins Eis eingebrochen und Jón Austmann hatte es töten müssen. Ein anderes ihrer Pferde fand aus dem Hochland hinaus, auch zwanzig Schafe fand man lebend. Und erst sehr viel später fand man eine Hand, die in einem Handschuh mit Jóns Initialen steckte. Wahrscheinlich hatten sie die Herde aufgeteilt, Jón war mit einem Teil der Schafe vorausgezogen und hätte es fast bis ganz in den Norden geschafft.

Niemand weiß, woran die Leute in den Zelten gestorben sind. Das Wetter war gut gewesen, als sie loszogen, doch dann setzte heftiger Schneefall ein, der sie wohl dazu gezwungen hatte, Zuflucht in den Zelten zu suchen, wo sie dann eingeschneit wurden. Als am wahrscheinlichsten gilt, dass sie nicht für Luftlöcher gesorgt hatten und unter der dicken Schneedecke erstickt waren. Auch viele von den Schafen verendeten in diesem Schnee, ihre Knochen sah man noch lange auf diesem Hügel liegen, der daher seinen neuen Namen hat: Beinahóll, Knochenhügel. Doch es gibt noch ein viel größeres Rätsel: Eine Woche, nachdem die Toten gefunden wurden, kam ein weiterer Trupp zu den Zelten, um die Gebeine der vier Toten zu bergen, doch da waren die Leichen der beiden Brüder verschwunden. Man vermutete sofort, dass jemand die sterblichen Überreste der Brüder gestohlen hatte, da sie ziemlich sicher eine Menge Geld bei sich trugen, und dass die Diebe danach die Leichen versteckt hatten. Doch so sehr man auch suchte, von den beiden Jungen fehlte jede Spur. Das Verschwinden ihrer Leichen führte zu einigen Gerichtsverfahren und ziemlichen Spannungen im Landkreis, aber verurteilt wurde niemand. Mehr als sechzig Jahre später fand man ihre Gebeine. Sie waren in einiger Entfernung von den Zelten in einer Kiesebene verscharrt worden, unterhalb des Knochenhügels, doch Wind und Wetter hatten sie wieder zum Vorschein gebracht. Das Rätsel um den Tod der Männer und das Verschwinden der zwei Leichen wurde nie gelöst, was wohl auch ein Grund dafür ist, dass immer wieder darüber geschrieben und gedichtet wird. Außerdem hat die Tragödie bei den Nachkommen des Bauern von Reynistaður einigen Aberglauben befördert. Bis heute darf in der Familie niemand Bjarni heißen, niemand auf einem rötlichen Pferd reiten und kein Mann grüne Kleider tragen, denn Bjarni hatte etwas Grünes getragen, als er starb, so nahm man – fälschlicherweise – an. »Vergangen sind bald fünfzig Jahr / doch Kjölur findet keine Ruh / seit der Schnee besiegelte / der Brüder bittres Ende«, so heißt es in dem Gedicht *Zurückgelegte Wege* von Jón Helgason.

Unter den vielen Dichtern, die über die Tragödie der Brüder von Reynistaður geschrieben haben, ist besonders Hannes Pétursson hervorzuheben, der selbst aus dem Skagafjörður stammt.

Beinahóll, »Hügel der Gebeine«, im Hintergrund der Gletscher Hofsjökull

Sein Gedicht *Jón Austmann reitet von den Brüdern von Reynistaður fort*, schließt so:

> Er ritt über die Lava und es dröhnte,
> als das Pferd stehen blieb in großer Tiefe
> dunkler Fluss, sagte er froh: oh Mensch,
> oh Leben,
> ritt weiter nach Norden; die Zügel fest gefasst
> in der Hand, die tot sich fand und allein,
> in der Schlucht, in der die Blanda fließt.

Vor gut 25 Jahren fuhren der Schriftsteller Einar Kárason und ich nach Beinahóll. Wir nahmen einen Ableger vom Kjölur und fuhren, bis der Weg sich im Lavagestein verlor. Das letzte Stück gingen wir zu Fuß, weiter bis zu dem Hügel – da sahen wir überall weiße Schafsknochen! Wir konnten nicht anders, als uns hinzusetzen und an das Schicksal derer zu denken, die dort vor gut 200 Jahren unterwegs waren, dann kamen uns unsere Vorfahren in den Sinn und die Umstände, unter denen sie gelebt hatten. Es dauerte nicht lange, da erfuhren wir, dass die Knochen erst kurz zuvor von einem Filmteam auf dem Hügel verstreut worden waren. Die Geschichte begegnet uns in den verschiedensten Formen, jedoch selten mit Beweisen, die Rätsel der Vergangenheit bleiben oft ungelöst (siehe auch: *Askja*). Menschen verschwinden in der Natur, nur das Bühnenbild bleibt vielleicht zurück. Doch die Wirkung ist dieselbe.

MERKIGIL

DIE BADEWANNE IN DER SCHLUCHT

»Der Weg war völlig zugeschneit, und unter dem Schnee war gefrorener Matsch. Manchmal war der Weg von Geröll verschüttet, und immer war er schmal, kaum genug Platz, um einen Fuß neben den anderen zu setzen. Und er verlief nie lange gerade, wand sich hierhin, dorthin, machte Kurven, um die man kaum herum kam, doch Monika sah nur an sich hinunter, nur auf ihre Füße und bloß nicht in die Schlucht. Da bog der Weg plötzlich nach Süden ab, führte als schmaler rutschiger Pfad tief in die Schlucht hinein. Sie hörte Windstöße, die dröhnend in die Schlucht fuhren und sich abwechselten mit Momenten der Stille, als ob da unten ein Ungeheuer läge und schwer atmete. Dann sah sie am Grund der Schlucht einen glitzernd strömenden Strang und hörte, wie es rauschte und gluckste.«

So beschrieb Monika Helgadóttir dem Schriftsteller Guðmundur G. Hagalín, wie es war, als sie vor etwa einhundert Jahren zum ersten Mal an den Ort ging, der für mehr als ein halbes Jahrhundert ihr Zuhause werden sollte, Merkigil. Merkigil ist ein Hof im Austurdalur, einem langen, tief in die Landschaft geschnittenen Tal, das so zerklüftet und dramatisch ist wie das Tal von *Reykholt* lieblich und flach. Die Jökulsá donnert hier durch eine Schlucht. Dieser Fluss, den man sehr lange Zeit weder überqueren noch befahren konnte, ist heute ein beliebter Ort für Rafting, wobei es sicherlich nicht von Nachteil ist, dass einige dieser Boote von Nepalesen gesteuert werden, die sich mit reißenden Gebirgsflüssen bestens auskennen. Von dieser großen Schlucht gehen einige kleinere ab, die nicht weniger zerklüftet und steil sind, und eine davon heißt Merkigil, ebenso wie der dortige Bauernhof. Wer von der Hauptstraße im Skagafjörður zu dem Hof von Merkigil wollte, musste sich auf einen Weg wagen, der an einem steilen, immer wieder von tückischen Klippen unterbrochenen Berghang entlang immer weiter in die Schlucht Merkigil hineinführte. Dieser Weg war wirklich so schmal, dass man kaum einen Fuß neben den anderen setzen konnte. Erst tief in der Schlucht konnte man den Seitenfluss der Jökulsá überqueren, der durch sie hindurchfloss, denn eine Brücke gab es nicht. Dann musste man auf der anderen Seite der Schlucht fast den ganzen Weg wieder zurückgehen, bis man zu dem Hof gelangen konnte. Schwere Dinge, die auf diesem schmalen Weg nicht zu transportieren waren, mussten aus dem Austurdalur auf das Hochland geschafft werden und dann wieder hinunter in den Eyjafjörður, doch das ging eigentlich nur im Sommer. Wieso haben Leute es auf sich genommen, dort zu wohnen?

Im Austurdalur wächst gutes Gras, die Böden sind fruchtbar, zumindest für die Verhältnisse der Zeit, in der Monika dorthin gezogen war. Zuvor hatte sie sich auf sechs verschiedenen Höfen als Magd oder Haushälterin verdingt. Auf der anderen Seite der Schlucht gab es einige Höfe, doch auch wenn man einen Nachbarn besuchen wollte, dessen Hof fast in Rufweite lag, dauerte das eine kleine Ewigkeit.

Ganz am Ende des Austurdalur, elf Kilometer von Merkigil, steht eine kleine Kirche, die nach dem Hof Ábær benannt ist, der zu Monikas Zeiten noch bewirtschaftet wurde. Dort wird auch heute noch einmal im Jahr ein Gottesdienst gefeiert. Als Monika in diese Gegend zog, war die Kirche ganz neu gebaut, und zwar nach einem Entwurf von Guðjón Samúelsson, dem ersten vollständig ausgebildeten Architekten Islands, der später auch das Nationaltheater und die Hallgrímskirkja in Reykjavík entwarf. Das Holz zum Bau der Kirche wurde über den schmalen Weg durch die Merkigil herbeigeschafft, andere Baumaterialien von Männern auf Schlitten aus dem Eyjafjörður über das Hochland gezogen. Diese einmalige Kraftanstrengung der örtlichen Bauern hat Halldór Laxness zu dem Kapitel über die Bauern aus dem »Eystridalur« in seinem Roman *Atomstation* angeregt.

Einer der bekanntesten Dichter des neunzehnten Jahrhunderts hat eine Zeit lang hier im Austurdalur auf dem Hof Nýjabær gewohnt, Hjálmar Jónsson, in Island besser bekannt als Bólu-Hjálmar (1796–1875). Bólu-Hjálmar hatte eigentlich sein ganzes Leben lang mit allen Streit gehabt, ganz besonders mit seinen Nachbarn, was sich auch in seiner Dichtung niedergeschlagen hat, die ein alles andere als romantisches Bild vom Landleben zeigt. Gísli Sigurðsson schreibt in einem Artikel über Bólu-Hjálmar und seine Landwirtschaft im Austurdalur: »Das Problem war, dass Hjálmar eigentlich nur von seinem Land wegkam, wenn er bei seinen Nachbarn [auf Merkigil] über den Hofplatz ging. Und das versuchten sie ihm so schwer zu machen wie möglich. Als Hjálmar aus Nýjabær fortziehen wollte, lauerte Jón, der Bauer von Merkigil, ihm auf und zog eine Holzleiste von Hjálmars Lastenpferd herunter, von der er behauptete, es wäre seine. In der Prügelei, die hierauf folgte, schlug Hjálmar der Bauersfrau Ingibjörg mit besagter Holzleiste auf den Arm, weil er dachte, sie wollte ihrem Mann zur Hilfe kommen. Als sich erwies, dass das gar nicht der Fall gewesen war, schenkte Hjálmar ihr als Ausgleich für ihre Verletzung eine prächtige, mit Schnitzereien verzierte Kiste, die sich heute im isländischen Nationalmuseum befindet. Das zeigt, dass Hjálmar ebenso künsterlisch begabt wie handwerklich geschickt war.« Das ist typisch für Bólu-Hjálmar: Unzulänglichkeiten in der Lebensführung glich er aus mit seiner Kunst, mit Gedichten und Schnitzereien.

Durch das ganze Austurdalur zu fahren, ist atemberaubend schön, obwohl die Straße nicht besonders gut ist. Noch atemberaubender ist es jedoch, an die Menschen zu denken, die dort früher gelebt haben, und dass die Zeit, zu der sie hier von morgens bis abends ihr Land bestellt hatten, noch gar nicht so lange her ist. Der Schriftsteller Guðmundur G. Hagalín, der seine letzten Jahre in der Nähe von Reykholt verbrachte, hatte das Leben von Monika 1954 in seinem Buch *Die Frau in dem Tal mit den sieben Töchtern* beschrieben. Monika war damals kaum fünfzig Jahre alt, wurde aber bereits landauf, landab für ihr Durchhaltevermögen und ihre Tüchtigkeit bewundert.

Als sie im Jahr 1925 hier ankam, war Merkigil noch ein Doppelhof gewesen. Eigentlich wollte sie nach Reykjavík gehen, hatte sich aber überreden

Oben
Der Hof Merkigil, inzwischen nicht mehr bewohnt,
aber oft genutzt von Reisenden,
nicht zuletzt von Gruppen auf Reittouren.

Rechte Seite
Jökulsá, der Gletscherfluss, in Austurdalur bei Skagafjörður

lassen, vorher noch einen Winter den Leuten zur Hand zu gehen, die die eine Hälfte von Merkigil bewohnten. Dann lernte sie einen jungen Mann aus der anderen Hälfte kennen. Sie wurden ein Paar und übernahmen bald den ganzen Hof. Monika und Jóhannes, so hieß ihr Mann, bekamen sieben Töchter und einen Sohn, bevor Jóhannes im Jahr 1947 viel zu früh starb. Um sich vorzustellen, wie das Leben dort war, muss man eigentlich nur überlegen, wie man damals eine Hebamme nach Merkigil bekam.

Nach dem Tod von Jóhannes war Monika kurz davor, den Hof aufzugeben und in ein Dorf oder in die Stadt zu ziehen, doch dann beschloss sie zu bleiben und Merkigil mit der Hilfe ihrer Töchter weiter zu bewirtschaften. Nachdem die Entscheidung gefallen war, wollte Monika ein anständiges Haus bauen. Doch es fehlte zu dieser Zeit eigentlich an allem, auch in Island war so kurz nach dem Krieg vieles rationiert. Monika fuhr nach Reykjavík, sprach dort mit Beamten und Bankiers, bemühte sich um die nötigen Baugenehmigungen und eine Erlaubnis zum Betonieren, und hatte schließlich auch Erfolg, wenngleich sicherlich nicht ohne die damals nötigen Beziehungen und die damals übliche Kungelei. Dann musste sie, was noch schwerer war, die Baumaterialien auftreiben, darunter einen Betonmischer, den man nicht nur auf einem Pferd nach Merkigil transportieren, sondern dort auch mit einem Pferd antreiben konnte. Um all diese Dinge musste entweder Monika selbst sich kümmern oder eine ihrer älteren Töchter, ihr einziger Sohn war damals noch viel zu klein. Und es sollte ja ein anständiges Haus sein, fachmännisch gebaut und mit modernem Komfort – Monika kaufte sogar eine Badewanne und wahrlich keine kleine. Auch diese Badewanne musste auf dem schmalen Weg durch die Schlucht gebracht werden. Das übernahmen die vier ältesten Töchter, trugen sie mit Tragriehmen den ganzen Weg, so langsam und vorsichtig, dass sie ohne jeden Kratzer auf dem Hof ankam. So ist es Monika und ihren Töchtern zu verdanken, dass noch heute auf Merkigil ein solides, aus Beton gebautes Haus steht. Nur die Badewanne ist vor Kurzem durch eine einfache Dusche ersetzt worden.

Es ist interessant zu beobachten, wie der Fortschritt einen Landstrich langsam verändert, während die Landflucht gleichzeitig dafür sorgt, dass immer weniger Leute dort wohnen. 1942 bekam Merkigil einen Telefonanschluss, dreißig Jahre nachdem ein Telegrafenkabel von Schottland über die Färöer-Inseln nach Island gelegt worden war. 1961 wurde etwas weiter innen im Austurdalur endlich eine Brücke über die Jökulsá gebaut und eine Autopiste nach Merkigil gelegt. Monika ließ den Weg sogar noch zur Ábær-Kirche verlängern, die ihr so wichtig war, dass sie nach den Gottesdiensten oft auf Merkigil zum Kaffee einlud, auch als der Hof Ábær schon gar nicht mehr bewohnt war: Nun konnten endlich Besucher nach Merkigil kommen, ohne ewig durch eine Schlucht kraxeln zu müssen, die für jeden nicht ganz schwindelfreien Menschen der reinste Alptraum war. Ab 1974 gab es dann elektrischen Strom.

Doch da waren die Töchter schon längst eine nach der anderen weggezogen, trotz Telefon, Brücke, Zentralheizung, Badewanne und Strom. Monika blieb allein zurück. 1974 holte sie einen Arbeiter namens Helgi Jónsson zu sich, der später den Hof übernahm, sodass sie ihm am Schluss den Haushalt führte und damit genau das wurde, weswegen sie vor einem halben Jahrhundert hergekommen war. 1988 starb sie. Helgi blieb allein auf Merkigil wohnen und kümmerte sich um die Kirche von Ábær, deren einziges Gemeindemitglied er inzwischen war, und auch um alles andere, was Monika am Herzen gelegen hatte, bis er im Januar 1997 bei einem Sturz in die Schlucht ums Leben kam. Nun wohnt auf dieser Seite des Austurdalur niemand mehr.

Das Haus von Merkigil ist gut erhalten und wird heute als Unterkunft für Touristen benutzt, nicht zuletzt für Gruppen, die Reit-Touren durch das Austurdalur und über den berühmten schmalen Weg machen. Das passt gut in diese Gegend, in der Pferde so lange überlebenswichtig waren, weil es keine andere Möglichkeit gab, Menschen und Waren zu transportieren. Und für die große Affinität zu Pferden und zum Reiten ist der Skagafjörður auch heute noch bekannt – der Lebenskampf von damals ist der Freizeitspaß von heute.

Der Skagafjörður ist auch heute noch sehr ländlich. Bei meinem letzten Besuch vergaß ich einen Wollpullover auf Merkigil, wo gerade eine Gruppe von Reitern eine Pause eingelegt hatte, um sich eine warme Suppe zu kochen. Dass ich ihn vergessen hatte, bemerkte ich leider erst, als wir schon längst auf dem Weg zurück nach Reykjavík waren. Meine Frau hatte mir diesen Pullover selbst gestrickt! Und dennoch erschien uns die Vorstellung nicht besonders verlockend, den ganzen, auch mit dem Auto ziemlich beschwerlichen, Weg zurück nach Merkigil zu fahren, um dort dann vielleicht den Pullover wiederzufinden, vielleicht auch nicht. Also rief ich einen Kollegen an, der aus dem Skagafjörður stammte und fragte, ob er nicht jemanden kenne, der dort gelegentlich vorbei komme und nach dem Pullover Ausschau halten könne. Da werde ihm jemand einfallen, antwortete er mit sehr ruhiger Stimme. Zwei Tage später rief er mich zurück. Der Pullover habe sich angefunden, einer der Reiter habe ihn mitgenommen. Der Pullover hat also im Rucksack eines Verwandten meines Kollegen die Reise durch die Schlucht auf dem schmalen Weg gemacht – ich hätte mich das nicht getraut.

SIGLUFJÖRÐUR

FISCHFANG UND MORD

Am alten Hafen von Siglufjörður

Von allen Kleinstädten Islands ist Siglufjörður die Nördlichste. Der Fjord, an dem Siglufjörður liegt, ist von hohen Bergen umgeben, die fast direkt aus dem Meer aufragen, sodass es hier nur wenig bebaubares Land gibt, abgesehen von einer kleinen Landzunge am Ende des Fjords, auf der die Häuser des Städtchens stehen. Es wohnen sowieso nicht viele Menschen hier, ungefähr 1200, doch aufgrund des guten Hafens und der Nähe zu den ertragreichen Fanggebieten im Norden Islands hat der Ort eine ganz besondere Bedeutung für die isländische Wirtschaftsgeschichte des zwanzigsten Jahrhunderts – so besonders, dass man ihn bis heute oft das isländische Klondyke nennt. Wobei es in Siglufjörður nicht um Gold ging, sondern um Hering – das Silber des Meeres. Mitte des zwanzigsten Jahrhunderts wohnten hier fast 4000 Menschen. Im Sommer, wenn am meisten zu tun war, wuchs die Bevölkerung auf 10 000–15 000 Leute an, und der Fang, der hier angelandet wurde, sorgte für ein Fünftel aller isländischen Deviseneinnahmen. Zur Fangzeit kamen nicht nur unzählige Wanderarbeiter hierher, sondern auch die windigsten Spekulanten – alle versuchten ihr Glück zu machen mit dem Fang, der Verarbeitung und dem Verkauf von Hering.

Der Hauptort der Gegend war ursprünglich auf der anderen Seite des Fjordes, in der Nähe der Mündung. Von dort stachen früher die Fischerboote in See, doch im Laufe des neunzehnten Jahrhunderts zogen immer mehr Leute auf die Landzunge am Ende des Fjords, wo sich heute Siglufjörður befindet, und trieben dort Handel.

Als die Isländerinnen und Isländer noch unter Armut litten, übersahen sie oft Chancen, die direkt vor ihrer Nase lagen und taten lieber das, was sie schon immer getan hatten. Im Fall von Siglufjörður war das der Haifischfang. Hallgrímur Helgason beschreibt das in seinem Roman *60 Kilo Sonnenschein*. Hier sieht die örtliche Bevölkerung tatenlos zu, wie norwegische Walfänger so viele Wale fangen, dass sie die toten Tiere erst einmal im Fjord liegen lassen müssen, wo sie im Wasser kühl bleiben. Und er beschreibt, wie die Isländer einfach nicht auf die Idee kommen, Hering zu fangen, obwohl es so viel davon gibt, dass sich immer wieder riesige Schwärme in den Fjord verirren und dort verenden.

Erst als die Norweger 1903 beschließen, den Hering direkt in Siglufjörður anzulanden und einzusalzen, ein Lagerhaus bauen und einen Platz einrichten, auf dem man den Hering ausnehmen und einsalzen kann, wird auch den Einheimischen klar, welche Wertschöpfung durch den Hering möglich ist. Und schon bald ist der Ort nicht mehr wiederzuerkennen.

Diese Verwandlung von Siglufjörður beschreibt Hallgrímur Helgason in seinem Roman. Seit vielen Jahren ist Hallgrímur nicht nur einer der wichtigsten isländischen Romanciers, sondern auch einer der international bekanntesten, seine Bücher sind in viele Sprachen übersetzt. Lange Zeit galt er als Vertreter des neuen, urbanen, zynischen Islands, das er in seinem atemlosen Zeitgeist-Roman *101 Reykjavík* so treffend beschreibt.

Und auch *60 Kilo Sonnenschein* ist auf seine Art ein typischer Helgason-Roman – wortgewaltig, flippig, verspielt, voller Ironie und skurriler Charaktere –, aber der Roman ist eben auch ein episches Portrait der sich verändernden Gesellschaft von Segulfjörður, wie Siglufjörður im Buch leicht abgewandelt heißt – gespiegelt in den Erlebnissen eines Jungen, der vom Schnee verschüttet wird und wie durch ein Wunder überlebt. Der Roman spielt um 1900, zu einer Zeit, als die Norweger den Fischfang in Island revolutionierten und damit, wie manche es ausdrückten, das Land zum zweiten Mal besiedelten. Der Eindruck, den sie dabei von den Isländern bekamen, war wie folgt, zumindest in Hallgrímur Helgasons Roman: »Die Norweger standen fassungslos an Deck und wunderten sich über dieses Volk, das nichts, aber auch gar nichts konnte, das Haien lediglich die Leber rausschnitt und den Rest wegwarf, das noch immer nicht gelernt hatte, Wale zu fangen, und nicht einmal Hering; obwohl es seit tausend Jahren an diesem Meer lebte, wartete es untätig am Ufer, ob wohl der eine oder andere Wal gnädigerweise bei ihnen strandete. Für den Fall hatten sie unglaublich komplizierte Regeln ausgetüftelt, wer welchen Anteil erhalten sollte. Sie hatten sich also Gesetze für die Verteilung der Beute gegeben, warteten aber hungerseelenruhig, bis sie bei ihnen angeschwemmt wurde, anstatt ihr selbst nachzustellen.«[3]

Nachdem die Isländer dann doch gelernt hatten, ihrer Beute nachzustellen, veränderte Siglufjörður sich rasant. Alles drehte sich darum, Hering zu fangen und zu verarbeiten, die Einwohnerzahl stieg. Um es mit den Worten von Hallgrímur Helgason zu sagen: »Die Zukunft war da.« Zum Höhepunkt der Fangzeit gab es sogar Fischerboot-Staus im Fjord, über zweihundert kamen an manchen Tagen, tausende Menschen salzten den Hering ein. Sowohl die Fangmenge als auch der Heringspreis schwankten stark, doch in einer guten Saison war die Stadt voller junger Leute, die ununterbrochen arbeiteten und sich zwischendurch amüsierten, mit allem, was dazu gehörte. Die jungen Frauen arbeiteten an Land, die jungen Männer fuhren zur See – und auch an Liedern, die das romantische Potential dieser Konstellation besangen, fehlte es nicht. Wobei es hier nicht immer nur romantisch zuging, wie das Beispiel einer Tanzveranstaltung zeigt, die am 26. Juli 1959 im Hótel Höfn stattfand. Fast 150 Boote waren zu der Zeit im Hafen gewesen, mit sicherlich fast 2000 Mann Besatzung, hinzu kamen alle, die an Land arbeiteten. Der Tanzsaal des Hotels war neu renoviert, aber nur für 300 Leute gedacht, jetzt waren wahrscheinlich 600 darin und über tausend waren draußen und wollten rein. Als die Leute die ersten Fensterscheiben einschlugen, um auf diesem Weg auf die Tanzfläche zu gelangen, während andere es durch den Keller versuchten, kam die Polizei, die für damalige Verhältnisse personell sogar recht gut ausgestattet war, bestand sie doch immerhin aus zwölf Polizisten, von denen jeweils sechs Dienst hatten. Als die Polizisten merkten, dass sie die Situation nicht unter Kontrolle bekamen, setzten sie Tränengas ein, und das hätte wohl eigentlich auch nichts Schlimmes angerichtet, wenn es nicht durch die Klimaanlage in den Tanzsaal gelangt wäre. Drinnen brach Panik aus. Leute drängten zu den Türen, wollten raus, andere wollten rein, alles ging zu Bruch, die Polizisten hatten längst die Kontrolle verloren, bekamen Schläge und flohen bald selbst, so schnell ihre Füße sie trugen, während der Saal völlig zerlegt wurde und einige randalierend durch den Ort zogen. Dass niemand ernsthaft zu Schaden kam, war ein großer Glücksfall. »Der Tag danach / Ruhe / macht sich breit / einige schlafen fest / im Gras«, lautet eine Erinnerung von Albert Einarsson an diese Zeit. Er war damals zehn Jahre alt, sein Vater betrieb die örtliche Tankstelle, und der junge Albert schaufelte nach dem großen Ball riesige Mengen von Glasscherben, die überall in der Stadt herumlagen, auf Schubkarren.

Siglufjörður war immer ein abgelegener Ort gewesen, war das Städchen doch – von ein paar abenteuerlichen Bergwegen abgesehen – nur auf dem Seeweg erreichbar. Die erste Piste, auf der man mit einem Auto hierher fahren konnte, wurde 1946 gebaut, doch der Pass, über den sie führte, lag in 630 Metern Höhe, sodass sie nur im Sommer für zwei oder drei Monate befahrbar war, und selbst dann musste man sie oft von Schnee räumen. Mein Vater arbeitete hier 1961 als Amtsarzt, und obwohl ich nur fünf Jahre alt gewesen war, erinnere ich mich noch genau daran, wie weit entfernt von allem dieser Ort auf mich gewirkt hatte, als wir mit dem Schiff dort ankamen, um ihn zu besuchen. Im Sommer fuhren wir dann mit dem alten Willys Jeep meiner Großeltern über den Bergpass, was für mich ein ziemliches Abenteuer war, und im Winter bauten wir Kinder Iglus und hatten nie Probleme, genug Baumaterial zu finden.

1967 wurde endlich ein Tunnel gebaut, der die Anbindung von Siglufjörður nach Westen verbesserte und alle Transporte enorm erleichterte. Doch im Jahr darauf verschwand der Hering. Schlechte Jahre hatte es zwischendurch immer wieder gegeben, in manchen Jahren ließ man sogar Hering mit Frachtschiffen anliefern, um ihn hier zu verarbeiten, doch das ging vorbei, und der Hering war bald wieder da. Doch nun war er aus dem Fanggebiet vor Siglufjörður verschwunden und kam nicht zurück. Alle Versuche, andere Arbeitsplätze in Siglufjörður zu schaffen, konnten den Niedergang des Ortes nicht aufhalten. Zwei Drittel der Bevölkerung zog weg. Dort, wo all die Jahre Hering eingesalzen wurde, wuchs jetzt Gras, die Fabriken standen leer. Die Immobilienpreise waren im freien Fall, was man vielen Häusern bald auch ansah. Eine Wende haben eigentlich erst die letzten zehn oder fünfzehn Jahre gebracht, in denen Siglufjörður eine regelrechte Renaissance feierte. Es wohnen zwar jetzt nicht wesentlich mehr Leute dort, aber es gibt ganz neue Arbeitsmöglichkeiten, zum Beispiel durch bedeutende Investitionen im Bereich der Biotechnologie und auch im Bereich der Kultur. So hat der bildende Künstler Örlygur Kristfinnsson mit dem *Museum der Heringszeit* hier eines der interessantesten kulturhistorischen Museen des ganzen Landes auf die Beine gestellt und damit vielen alten Gebäuden und Hafenanlagen neues Leben eingehaucht. Der Musiker

Gunnsteinn Ólafsson organisiert jeden Sommer ein großes Folk-Festival und es gibt, passend dazu, ein *Icelandic Folk Music Center*, das dem Andenken an Bjarni Þorsteinsson (1861–1938) gewidmet ist. Bjarni Þorsteinsson wurde 1888 Pastor von Siglufjörður und blieb es fast ein halbes Jahrhundert, doch seine größte Leistung war es, isländische Volkslieder zu sammeln, herauszugeben und dadurch enorme kulturelle Werte vor der Vergessenheit zu bewahren (in dem Roman von Hallgrímur Helgason heißt er Séra Árni). So ist es zu einem wesentlichen Teil die Kultur, die Siglufjörður zu neuem Aufschwung verholfen hat. 2011 wurde sogar ein *Haus der isländischen Poesie* eröffnet, dessen Gäste sich eine Vielzahl von Gedichtbänden ansehen und zahlreiche Veranstaltungen besuchen können.

In der Übergangszeit zwischen Niedergang und Wiederaufschwung von Siglufjörður spielen einige der Romane von Ragnar Jónasson, einem der international erfolgreichsten und meistgelesenen isländischen Thriller-Autoren. Ragnar Jónasson stammt aus Siglufjörður und macht seinen Heimatort immer wieder zum Schauplatz seiner Bücher – es ist ja auch verlockend, an einem solchen Ort ein schlimmes Verbrechen stattfinden zu lassen, das die Idylle zerstört und die dunklen Geheimnisse der Einwohner ans Licht bringt. In seinem Thriller *Schneetod* gehen dem Polizisten Ari folgende Gedanken durch den Kopf: »Es hatte eigentlich nie einen Grund gegeben, sich von einem unerwarteten Besuch aus der Ruhe bringen zu lassen, nicht in Siglufjörður. Einen friedlicheren Ort konnte man sich kaum vorstellen. Vor den Naturgewalten konnte man sich hier manchmal fürchten, aber doch nicht vor seinen Mitmenschen. Aber nun hat jemand einen der beiden Polizisten am Ort aus nächster Nähe erschossen. Und der andere bin ich.«

Ragnar Jónasson ist ein moderner Autor, und doch spürt man in seinen Büchern die Alte Schule von Agatha Christie, deren Romane Ragnar Jónasson zu Beginn seiner literarischen Karriere ins Isländische übersetzt hat. Siglufjörður ist ein guter Schauplatz für »who done it«-Plots. Es ist klein, isoliert, und die Winter sind dunkel und lang. Nicht ohne Grund wurde hier die international erfolgreiche TV-Serie *Trapped – Gefangen in Island* gedreht. An solchen Orten haben »Zugezogene« es manchmal schwer. Bei so wenigen Bewohnern verbreiten Gerüchte sich schnell – ein Umstand, den Ragnar Jónasson in seinen Büchern perfekt zu nutzen weiß. Doch das soll nicht bedeuten, dass er seinen alten Heimatort nicht liebt. Die letzten Zeilen aus *Schneetod* sind einem Essay von Ragnar Jónassons in Siglufjörður geborenen Großvater entnommen: »In den nachtlosen Sonnenmonaten schmücken sich die Berge und Täler in den nuancenreichsten Farben, und die Meeresoberfläche scheint abends und morgens aus Platin zu sein. Was kann es Schöneres geben als einen solchen frühen windstillen Sommermorgen, an dem die würdevollen Gipfel und grünen Berghänge köpfüber stehen in einem spiegelglatten Fjord?

Dann ist das Leid des Winters für immer vergessen.«

In diesen Häusern am alten Hafen ist das
wunderschöne Museum der Heringzeit untergebracht.

HÖRGÁRDALUR

WO MAN ÜBER DIE LIEBE DICHTET

Wenn man auf der Ringstraße in Richtung Akureyri fährt und die zwischen dem Skagafjörður und dem Eyjafjörður gelegene Hochebene Öxnadalsheiði überquert hat, kommt man ins Öxnadalur. Dort sieht man schon bald linker Hand den Hraundrangi, der nicht nur der markanteste Gipfel in der Bergkette Drangafjall ist, sondern auch eines der berühmtesten Motive der isländischen Literatur: Auf dem Hof Hrauni am Fuße des Drangafjall ist nämlich Jónas Hallgrímsson geboren, den die Isländerinnen und Isländer vielleicht so sehr lieben wie keinen anderen Dichter (siehe *Bessastaðir*). Sein bekanntestes Gedicht, *Ende der Reise*, beginnt mit den Worten: »Nachtwolken / über Hraundrangi / verhüllen den Liebesstern«.

Wenig später breitet sich vor dem Reisenden das Hörgárdalur aus, das nicht ganz so imposant ist wie das Öxnadalur, aber dafür fruchtbarer. Wenn man nun nicht in Richtung Meer, sondern weiter ins Landesinnere fährt, erheben sich bald immer höhere Berge und immer mehr Seitentäler gehen vom Hörgárdalur ab, die meisten von ihnen sind nach den Flüssen benannt, die durch sie hindurch aus dem Hochland in Richtung Meer fließen.

Eines dieser Täler endet an einem Gletscher. Es heißt Myrkárdalur. Myrká heißt dabei nicht nur der Fluss, der hier fließt, sondern auch der Standort einer Kirche, der schon im Mittelalter im Landnámabók erwähnt ist. Der Name, der auf Deutsch so etwas bedeutet wie »dunkler Fluss«, kommt passenderweise bereits im Titel der berühmtesten isländischen Geistergeschichte vor: *Der Diakon vom dunklen Fluss*. Hier geht es um einen namenlosen Diakon, der seiner Geliebten Guðrún verspricht, sie an Weihnachten von ihrem Hof abzuholen und sie zu einer Weihnachtsfeier nach Myrká mitzunehmen. Dann wird er beim Überqueren der Hörgá von Eisschollen erfasst und ertrinkt, wovon Guðrún nichts erfährt und sich daher auch nichts Böses dabei denkt, als es am Heiligen Abend an ihrem Hof an der Tür klopft und draußen ein Mann auf einem Pferd sitzt. Guðrún nimmt einfach an, ihr Geliebter wäre gekommen und lässt sich von ihm mitnehmen. Auf ihrem Weg jedoch, scheint der Mond in einem Moment besonders hell, und Guðrún sieht unter dem Hut des Mannes, mit dem sie reitet, nichts als nackten Schädelknochen. Daraufhin spricht dieser die bekanntesten Wörter, die es in den isländischen Volkssagen gibt. Viele Isländerinnen und Isländer können sie heute noch auswendig aufsagen: »Der Mond erbleichet / der Tod, er reitet / siehst du nicht meinen weißen Schädel, Garún, Garún?« Guðrún kann sich schließlich retten, indem sie die Kirchenglocken von Myrká läutet, sodass der Geist sie nicht mit sich ziehen kann und allein in sein bereits ausgehobenes Grab stürzt.

Die Volkssage will es so, dass Guðrún von dem Hof Bægisá stammt. Dort wurde im Jahr 1788 ein Mann namens Jón Þorláksson in das Amt des Pfarrers eingeführt und übte es bis zu seinem Tod im Jahr 1819 aus. Zuvor hatte er ein ziemlich bewegtes Leben geführt, zwei Pfarrstellen aufgrund von Frauengeschichten verloren und arbeitete zwischendurch bei der ersten Druckerei Islands, die weltliche Texte druckte. Das hatte offenbar sein Interesse an der schöngeistigen Literatur geweckt, denn dort veröffentlichte er sein erstes Buch mit selbstverfassten Gedichten und Übersetzungen von Gedichten des heute fast vergessenen Norwegers Christian Brauman Tullin.

Auf Bægisá leistete Jón Þorláksson der isländischen Literaturgeschichte wertvolle Dienste, er übersetzte *Vom Menschen* von Alexander Pope, Friedrich Klopstocks *Der Messias* und nicht zuletzt *Das verlorene Paradies* von John Milton, mit diesen berühmten Zeilen aus dem viertem Gesang: »Süß des Morgens / Hauch sich hebt / beim frühsten Vogelsang.«

John Milton dichtete im Blankvers – Jón Þorláksson hingegen, der sich allerdings auch größtenteils auf dänische und deutsche Übersetzungen verlassen hatte, da er nicht besonders gut Englisch konnte, benutzte das bereits erwähnte Fornyrðislag, und es gelang ihm gut. Diese Übersetzung beeinflusste den am Anfang dieses Kapitels erwähnten Jónas Hallgrímsson sehr, dessen Vater übrigens Hilfspfarrer bei Jón Þorláksson war – damit der mehr Zeit für seine Übersetzungen hatte. Jónas Hallgrímsson wird später selbst viele Gedichte im Fornyrðislag schreiben, das ihm so lieb gewesen ist wie keine andere Versform. So verlaufen die literarischen Traditionslinien im Hörgárdalur.

Sieben Jahre nachdem Jón Þorláksson Pfarrer auf Bægisá wurde, kam auf dem ebenfalls im Hörgárdalur gelegenen Hof Ásgerðarstaðir Rósa Guðmundsdóttir zur Welt, die bis heute für ihre leidenschaftliche Liebeslyrik bekannt ist. Sie wuchs auf dem Hof Fornhagi in einem Haushalt heran, in dem viel gelesen wurde und zeigte schon früh dichterische Neigungen. Und bald kursierten auch schon Geschichten über das Liebesleben dieser ebenso attraktiven wie begabten jungen Frau. Noch immer sehr jung, heiratete sie einen Mann namens Ólafur und verdingte sich mit ihm auf dem Hof des Amtsrichters Páll Melsteð, dessen Liebhaberin sie wohl früher einmal gewesen war. Dann zog das Ehepaar ins Víðidalur und von dort nach Vatnsendi in Vesturhóp, und das ist der Ort, den man gemeinhin mit ihr in Verbindung bringt. Dort war ein Knecht namens Natan Ketilsson, mit dem Rósa auch eine Affäre hatte und wahrscheinlich sogar Kinder. Natan zog später nach Illugastaðir im selben Bezirk und trennte sich, worunter Rósa unglaublich litt und ihm Briefe mit Liebesgedichten schickte. Natan musste ein ziemlich schlimmer Kerl gewesen sein; er nahm junge Mädchen bei sich auf und eine von ihnen, Agnes, überredete ihren ebenfalls jungen Freund Friðrik, Natan zu ermorden. Friðrik tat es, tötete noch einen Freund von Natan, der gerade zu Besuch war, und zündete dann den Hof an. Dafür wurden Agnes und Friðrik 1830 geköpft – die letzte Hinrichtung in Island (siehe *Þingeyrar*).

Natans Tod traf Rósa sehr. Irgendwann trennte sie sich von ihrem Mann, heiratete erneut und zog oft um. Sie arbeitete viel als Hebamme, erst ohne es gelernt zu haben, dann ließ sie sich mit ungefähr vierzig Jahren von dem örtlichen Amts-

arzt zur Geburtshelferin ausbilden und genoss bald einen guten Ruf. Rósa Guðmundsdóttir starb 1855 im Alter von sechzig Jahren. Viele Schriftstellerinnen und Schriftsteller haben Rósas Leben in ihren Werken thematisiert, doch auch ihre Dichtung selbst lebt weiter, wenngleich ihr lyrisches Werk nicht umfangreich ist: zwei Briefe in Gedichtform und hier und da einige Verse, doch das Wenige, was von Rósa Guðmundsdóttir erhalten ist, gehört zu der besten Liebeslyrik, die je in Island gedichtet wurde. Dass Rósa Guðmundsdóttir noch heute Bekanntheit genießt, ist auch dem Komponisten Jón Ásgeirsson zu verdanken, der einige von Rósas Versen um eigene Texte ergänzte und daraus ein Volkslied machte, das bis heute oft aufgeführt und aufgenommen wird.

Doch zu Rósas Lebzeiten erschien keines ihrer Werke in gedruckter Form – der erste Gedichtband einer Isländerin wurde erst 1876 veröffentlicht, das Buch *Stúlka* von Júlíana Jónsdóttir. Es ist nicht einmal sicher, dass alle Verse, die man Rósa Guðmundsdóttir zuschreibt, wirklich von ihr sind. Hier gibt es wenig zuverlässige Quellen. Doch eine Frau, die so dichten konnte, wird in der isländischen Literatur nie vergessen sein: »Mein Auge und Dein Auge / diese schönen Steine. / Deins ist meins und meins ist deins / du weißt, was ich meine.« Um es mit den Worten der Literaturwissenschaftlerin Helga Kress zu sagen: »Eine der wenigen isländischen Dichterinnen, deren Liebeslyrik längst zum Klassiker geworden ist.«

Zu der Zeit, als die junge Rósa Guðmundsdóttir und der spätere Amtsrichter Páll Melsteð wohl eine Affäre gehabt hatten, war Páll der Sekretär des Amtsrichters von Möðruvellir gewesen, dem seit der Landnahmezeit bekannten Hauptort des Hörgárdalur, an dem sich auch die Kirche befand. Der Ort Möðruvellir kommt oft in der *Saga von den Sturlungen* vor. 1296, am Ende des unruhigen dreizehnten Jahrhunderts, wurde dort ein Kloster des Augustinerordens gegründet, ein großes Kloster mit Schule und vielen Ländereien, das nach der Reformation aufgelöst wurde, wie die anderen auch. Daraufhin wurde Möðruvellir zum Sitz der Statthalter des Königs und somit eine Art Hauptstadt für ganz Nordisland, bis Akureyri diese Rolle überham.

Auf Möðruvellir ist Hannes Hafstein geboren (1861–1922), der auch zu den bekannteren isländischen Lyrikern gehört und außerdem der erste isländische Minister wurde, als das Land 1904 einen wichtigen Schritt in Richtung Unabhängigkeit von Dänemark tat und begann, sich selbst zu verwalten. Vier Jahre vor Hannes Hafstein wurde auf Möðruvellir der Mann geboren, der in den Zwischenkriegsjahren im Ausland von allen isländischen Schriftstellern am meisten gelesen wurde, und aus dessen Büchern ganze Generationen von Deutschen ihr Wissen über Island bezogen haben: Jón Sveinsson, genannt auch: Nonni.

Nonnis Vater war Schreiber bei Hannes Hafsteins Vater gewesen, doch als Nonni noch ein Kind war, zogen seine Eltern von Möðruvellir nach Akureyri, wo sein Vater früh starb und seine Mutter unversorgt zurückließ. Wenig später bekam Nonnis Mutter von einem französischen

Adeligen das Angebot, Nonni eine Ausbildung zu finanzieren und nahm an, sodass Nonni im Alter von zwölf Jahren Island verließ, zum katholischen Glauben konvertierte und Jesuit wurde. 1913 gab er das erste Buch in einer Reihe von zwölf Büchern heraus, die zum Teil auf Erlebnissen aus seiner Kindheit in Nordisland basieren: *Nonni*. Diese Bücher, die er auf Deutsch schrieb, erzielten im Laufe der Jahrzehnte eine Auflage von über sechs Millionen Exemplaren, wovon hauptsächlich der Jesuitenorden finanziell profitierte, nicht Nonni selbst. Außerdem reiste er um die Welt und hielt Vorträge über seinen geliebten Eyjafjörður, den er allerdings nach seinem Abschied als Kind nur noch zwei Mal wiedersah; er starb 1944 in einem Luftschutzbunker in Köln.

Der Nachbarhof von Möðruvellir heißt Hlaðir. Nach ihm benannte sich eine isländische Dichterin, die im selben Jahr auf die Welt kam wie Nonni: Ólöf Sigurðardóttir frá Hlöðum (1857–1933). Ihre Kindheit hatte sie allerdings auf Vatnsnes im Húnavatnssýsla verbracht und beschreibt das dortige Leben in einem bemerkenswerten Essay, der 1906 veröffentlicht wurde und uns daran erinnert, dass nicht alle isländischen Bauernhöfe buchaffine Kulturzentren waren: »Ich wurde 1857 auf Vatnsnes im Húnavatnssýsla geboren. Das erste, was ich erinnere, ist die winzige Hütte, die meine Eltern am Ende eines kleinen Tals bewohnten. In dieser Gegend war kaum Kultur zu erwarten, und wir wohnten noch abgelegener als andere, sodass uns auch der schwächste Abglanz eines kulturellen Lebens nicht erreichen konnte. Meine Mutter war zwei Mal verheiratet und bekam sechzehn Kinder, von denen ich das zweitjüngste war [...]. Alles verlief bei uns zu Hause in festen Bahnen. Keine Abwechslung, keine Neuerung kam uns in all den Jahren über die Schwelle [...]. Wir wohnten in einer Hütte aus Torf, wie sie einfacher nicht hätte sein können. Unser Wohnraum war klein und niedrig, auch drinnen fast nichts als Torf, der Boden war die nackte Erde, nur unsere Betten konnten wir mit ein paar dünnen Holzbrettern bedecken. Die Betten selbst waren auch aufgeschichteter Torf, mit ein paar weiteren Holzbrettern als Bettgestell. Es gab keinen Tisch, keine anderen Sitzgelegenheiten als die Betten.« Später fügt Ólöf hinzu: »Den Winter über hatten wir Kinder meist nichts zu tun. Ich weinte oft leise, vor lauter Langeweile und Sehnsucht danach, endlich etwas ›Nutzloses‹ lernen zu dürfen, so nannte man das damals.«

Diese Sehnsucht machte aus Ólöf Sigurðardóttir eine echte Pionierin in der isländischen Literatur. Sie war die Erste, die in ihrem Schreiben Frauenrechte zum Thema machte. Sie sehnte sich nach einer anderen, schöneren Welt, ging früh von zu Hause fort und machte eine Ausbildung zur Hebamme – die einzige Ausbildung, die Frauen damals in Island machen durften. Ihr wurde eine weiterführende Ausbildung in Kopenhagen finanziert, dann arbeitete sie einige Jahre als Hebamme in Reykjavík. Die Arbeit fiel ihr schwer, denn sie war nicht besonders gesund, hatte Rückenprobleme aufgrund einer Tuberkulose, doch ihr Geist lebte für die Poesie, wie man an vielen ihrer Briefe sieht. 1887 heiratete sie, wahrscheinlich aus finanziellen Gründen, den Zimmermann Halldór Guðmundsson, ging mit ihm zurück nach Nordisland, ließ sich auf Hlaðir nieder und gab im selben Jahr ihren ersten Gedichtband heraus, den sie *Einige kleine Gedichte* nannte.

Ólöf muss eine charismatische Frau gewesen sein, schlank, gewandt, mit großen ausdrucksvollen Augen und ebenso leidenschaftlich wie geistreich. Sie hatte ein starkes Bedürfnis nach Unabhängigkeit, sodass sie und ihr Mann auf Hlaðir ihren Besitz – vom Vieh bis zu den Finanzen – rechtlich voneinander getrennt hielten, was damals auf dem Land, gelinde gesagt, ungewöhnlich war. Doch noch stärker war ihr Bedürfnis nach Liebe. Liebe um jeden Preis, wie ein Briefwechsel deutlich macht, den sie mit einem anderen isländischen Dichter führte, Þorsteinn Erlingsson. Im Spannungsfeld zwischen diesen Gegensätzen, dem unabhängigen Leben und der liebevollen Hingabe, steht ihr literarisches Werk, das von der Form her eher traditionell ist, aber aufrichtig und voller Leidenschaft. In einem autobiografischen Gedicht schreibt sie:

»Ich wollte Freunde / und Sonne und Licht / Ich wollte sicher ruhen / Und glauben an mich / Doch sprengte ich Ketten, Fessel und Zaum / Brach aus in die Welt, in den unendlich Raum / Einfach hinein, Hauptsache weg / und der Erinnerung an die Heimat, hohl und tot.«

Ólöf Sigurðardóttir gab später noch einen zweiten Gedichtband heraus, dem sie den gleichen bescheidenen Titel gab wie dem Ersten: *Einige kleine Gedichte*. Sie starb 1933 in Reykjavík.

Unsere Reise durch das Hörgárdalur, die uns von dem verhüllten Liebesstern über Hraundrangi zum dunklen Fluss Myrká, zu Rósa Guðmundsdóttir und Ólöf Sigurðardóttir geführt hat, soll dort enden, wo der Fluss Hörgá ins Meer mündet. Es passt nicht schlecht, dass sich ausgerechnet hier die wichtigsten Überreste eines isländischen Handelsplatzes aus dem Mittelalter befinden. Vom zwölften Jahrhundert bis kurz vor 1400 war hier ein Landungsplatz für Handelsschiffe gewesen, wurden Waren geladen und gelöscht, es gab sogar Zoll und eine Art Grenzkontrolle, wie die archäologische Forschung Anfang des einundzwanzigsten Jahrhunderts herausgefunden hat. Wir waren dort einmal mit unserem Sohn gewesen, der damals noch jung war und unbedingt Archäologe werden wollte. Dann sah er diese grasbewachsenen Erdhügel, erfuhr, dass sich isländische Archäologen die längste Zeit ihres Lebens mit genau solchen Hügeln beschäftigen mussten und suchte sich lieber einen anderen Traumberuf. Sogar die interessantesten isländischen archäologischen Artefakte sprechen ohne unsere Fantasie nicht zu uns. Unsere Kulturgeschichte verstehen wir nur mit den Flügeln unserer Vorstellungskraft.

FLATEYJARDALUR

KULTUR IN ISOLATION UND ARMUT

Das größte Dorf am Ostufer des Eyjafjörður heißt Grenivík. Von dort aus kann man, zumindest wenn man einen Jeep hat, über die sogenannte Leirdalsheiði zu den kleinen Fjorden Þorgeirsfjörður und Hvalvatnsfjörður fahren. Man kann allerdings auch von Grenivík in das Fnjóskadalur hineinfahren und stößt da auf eine andere, etwas längere Piste, die parallel zur Leirdalsheiðinni ebenfalls nach Norden führt und zwar auf die Flateyjardalsheiði und ins Flateyjardalur. Die meiste Zeit des Jahres ist auf diesen Pisten so viel Matsch oder Schnee, dass sie unpassierbar sind, doch zwei oder drei Sommermonate lang können Reisende auf ihnen eine der abgelegensten Gegenden von Nordisland erkunden. In früheren Jahrhunderten haben hier viele Leute kleine Höfe bewirtschaftet, oft unter schwierigen Bedingungen und in großer Armut. Heute wohnt hier niemand mehr, wobei manche Häuser trotzdem recht gut erhalten sind.

Das Flateyjardalur ist ein dreißig Kilometer langes und vielerorts auch recht breites Tal. An seinen höchsten Punkten liegt es ungefähr zweihundert Meter über dem Meeresspiegel, die Berge jedoch, die es zu beiden Seiten säumen, ragen bis zu tausend Metern in die Höhe. Gegen Ende, kurz bevor man das Meer erreicht, öffnet sich das Tal, bietet ein wunderbares Panorama, und die Insel Flatey kommt in Sicht, nach der das Tal benannt ist und die ihrem Namen (auf Deutsch etwa: »die flache Insel«) alle Ehre macht. Auf Flatey in der Bucht Skjálfandi haben über 800 Jahre lang Menschen gewohnt, Fisch gefangen und Vieh gehalten, doch seit 1967 ist die Insel verlassen. Die letzten Bewohner des Flateyjardalur sind schon vierzehn Jahre zuvor fortgezogen: die Leute von Brettingsstaðir, einem Doppelhof, dessen unterer Teil einen schönen Blick auf das Meer bietet. Von Brettingsstaðir, wo wahrscheinlich auch seit der Landnahmezeit gesiedelt worden ist, stammen unter anderem die (miteinander verwandten) Schriftsteller Thor Vilhjálmsson und Stefán Jónsson, und beide haben in ihren Lebenserinnerungen davon berichtet, in *Stimmen im Garten* und in *Einen Berg verändern*. Auch Valgarður Egilsson hat ein viel beachtetes Buch mit Erinnerungen an das Leben in dieser Gegend geschrieben.

Auf Flatey wurde ihr Kollege Theódór Friðriksson geboren (1876–1948), zog aber bald mit seinen Eltern in das Flateyjardalur und dann weiter in Richtung Hvalvatnsfjörður, sodass er diese ganze Landzunge zwischen dem Eyjafjörður und der Skjálfandi-Bucht bestens kannte. Kaum ein isländischer Schriftsteller, wenn überhaupt, hat das entbehrungsreiche Leben der normalen Landbevölkerung in der zweiten Hälfte des neunzehnten Jahrhunderts besser beschrieben als Theódór Friðriksson in seiner Autobiografie *Am Werk* (1941). Theódór hat auch drei Romane geschrieben, die allerdings keinen Eingang in die Literaturgeschichte gefunden haben – aus seinen zeitgeschichtlichen Schilderungen, zum Beispiel über die Arbeit der Haifischfänger, wird hingegen heute noch zitiert.

Theódór Friðriksson war noch sehr jung, als sein Vater den wenigen Besitz der Familie verkaufte und beschloss, nach Ameríka zu gehen, was damals viele Isländerinnen und Isländer taten, besonders aus dem Norden und aus dem Osten des Landes. Doch dann schaffte die Familie es irgendwie nicht, blieb mittellos zurück und musste sich mühsam auf Flatey und später im Flateyjardalur mit Landwirtschaft durchschlagen. Theódór heiratete jung und verbrachte das erste Jahr seiner Ehe auf Gil, dem Hof seiner Eltern. Hier waren die Bedingungen noch schlechter als im Flateyjardalur. »Mir geht es nicht aus dem Sinn«, schrieb Theódór, »wie meine alten Eltern sich totgearbeitet haben, nur um in der Einöde in einer Hütte zu leben.« In einem Winter fiel dort so viel Schnee, dass Theódór, nachdem er auf See gewesen war und sich auf Skiern in der Dunkelheit durch einen Schneesturm nach Hause kämpfte, den Hof nicht fand: »Da war es so dunkel geworden und der Schneesturm so stark, dass ich kaum die Spitzen meiner Skier sah und schon fürchtete, hier in einer Schneewehe ein Nachtlager aufschlagen zu müssen. Der Schnee verärgerte mich, und mir kam der Gedanke, dass er vielleicht den ganzen Hof unter sich begraben hatte. Ich musste auf dem richtigen Weg sein und fand doch unsere elende Behausung nicht. Da stocherte ich mit meinem Stab im Schnee herum, um mir eine Kuhle zu machen, in der ich mich niederlassen konnte. Und stieß zu meiner großen Überraschung auf den nördlichen Hausgiebel unseres Hofes, dort, wo unsere Kochstelle war. Tja, mein Lieber, sagte ich mir, das hätte auch schief gehen können.« Er fand seinen Hof erst, als er auf ihm stand.

Theódór und seine Frau Sigurlaug zogen von einem Ort zum nächsten, am berührendsten jedoch sind seine Schilderungen aus der Zeit, als sie in Mosfell im Skagafjörður waren, wo ihre Lebensumstände am ehesten erinnerten »an die Verbannung von Berg-Eyvindur und seiner Frau Hala, so armselig wie Sigurlaug und ich durch den Winter vegetierten« (siehe *Beinahóll auf Kjölur*). Theódór fuhr die meiste Zeit zur See und kam viel herum, verbrachte zum Beispiel einige Monate auf den Westmännerinseln, kam aber auch nach West- und Südisland. Und neben diesem ganzen permanenten Existenzkampf schrieb er und schrieb und schrieb. Seine Dichtung, seine Sachtexte und Alltagsbeschreibungen sind ergreifende Zeugnisse eines rauen Lebens und der damaligen Arbeitsbedigungen, die fast an Sklaverei erinnerten. Theódór Friðriksson war ehrlich in seinen Beschreibungen und schonte weder sich noch andere; von vielen Leuten, die er auf See und unterwegs kennenlernte, schuf er Bilder, die im Gedächtnis bleiben, und er war genau in seinen Ortsbeschreibungen – vielleicht für die Geduld moderner Leserinnen und Leser manchmal etwas zu genau. Seine Autobiografie endet damit, dass er in einer Seemannsunterkunft herumsitzt und durch Zufall im Radio hört, das Althing – wie sich das isländische Parlament bis heute nennt – habe beschlossen, ihm bis ans Lebensende ein Ehrengehalt als Schriftsteller zu zahlen: »Ich zuckte zusammen, als hätte in mir etwas Feuer gefangen.«

Blick Richtung Osten aus der Mündung des Flateyjardalur.
Hinter dem Berg sind die Buchten Náttfaravíkur, gegenüber sieht man Tjörnes.

Der Schwerstarbeiter beschloss, den Tag zu feiern: »Ich verbrachte den Abend damit, mich am ganzen Körper zu waschen. Dann machte ich etwas Gymnastik und einige Atemübungen am Fenster, das war gut gegen meine Gicht. Viel schlafen konnte ich nicht in dieser Nacht. Als die Sonne am Morgen aufging, freute ich mich darüber wie ein Kind.«

Es gab noch mehr Leute auf dieser abgelegenen Landzunge, die sich mit Dichtung und Literatur beschäftigten, allen widrigen Umständen zum Trotz. Wenn man an der Westseite von Grenivík aus an den Bergen entlangfährt, kommt man nach Látraströnd. Die Straße – oder besser die Fahrspur einer Planierraupe – endet bald in steilem Gelände und man findet nur schwer und nur zu Fuß zu den Höfen, die dort am Meer stehen. Einer dieser Höfe heißt Látur. Nach ihm ist eine weitere der ersten namentlich bekannten isländischen Dichterinnen benannt, Látra-Björg. Frauen hatten zweifellos schon immer einen wichtigen Beitrag dazu geleistet, isländische Dichtkunst zu bewahren, Gedichte, Volksweisen und Verse überliefert und doch »dauerte es bis ins achtzehnte Jahrhundet, bis namentlich bekannte Frauen mit wirklicher Dichtung in Erscheinung traten«, schreibt die Literaturwissenschaftlerin Helga Kress und nennt Látra-Björg, Rósa Guðmundsdóttir (siehe *Hörgárdalur*) und Guðný von Klambrar; wobei zu ihren Lebzeiten von keiner von ihnen eine Zeile gedruckt worden ist.

Über Látra-Björg (Björg Einarsdóttir, 1716–1784) werden im Volksmund viele Geschichten erzählt. Sie lebte jahrelang auf Látur, heiratete nie, ruderte aufs Meer hinaus, fischte und tat auch sonst alles, was damals Männerarbeit hieß. Man nimmt an, dass ihr Werk größtenteils aus einzelnen Versen und Gelegenheitsgedichten besteht, wobei nicht ganz klar ist, ob sie alles gedichtet hat, was ihr zugeschrieben wird. Die den Menschen so weit überlegene Natur spielt in ihren Gedichten eine wichtige Rolle: Berge, Klippen, das Wetter, Riffe und Brandung. Viele fürchteten Látra-Björg aber auch aufgrund ihrer ebenso wortgewaltigen wie treffenden Spottgedichte, die niemanden verschonten, nicht einmal ihren Hausherren auf Látur. Látra-Björg beschönigt nichts, beschreibt das Leben auf Látur in seiner vollen Härte und verharmlost auch nicht die Kraft der Natur, wie man an ihrem bekanntesten Gedicht sehen kann, das mit den Worten »Schön ist's am Fjord« beginnt, aber folgendermaßen endet:

»Und wenn der Winter Einzug hält
und Mensch und Tiere sterben
weiß ich auf der ganzen Welt
kein schlimmer Land.«

Nach einer langen Zeit als Magd auf Látur zog Látra-Björg viel herum und starb als Landstreicherin im »Nebel-Elend« (siehe *Lakagígar*) – ihren Platz in der Gesellschaft des achtzehnten Jahrhunderts hatte sie nie gefunden. Ihr Leben diente Hermann Stefánsson als Grundlage für seinen Roman *Bergung*, der 2016 erschien.

Das Flateyjardalur und seine Umgebung war nie dicht besiedelt gewesen, und zu der Zeit, als die ersten von Autos befahrbaren Schotterpisten angelegt wurden, nahm die Bevölkerungszahl schon längst wieder ab. Im neunzehnten Jahrhundert, als noch viele schwer zugängliche, hoch gelegene Täler bewirtschaftet wurden, hatte es im Flateyjardalur bis zu sechs Bauernhöfe gegeben, und auf manchen von ihnen wohnten viele Leute. Páll G. Jónsson, Bauer und Landpostbote, schrieb 1944 ein interessantes Manuskript über das Flateyjardalur, das allerdings erst im Jahr 2000 verlegt wurde. Darin behauptet er steif und fest, er habe nie davon gehört, dass sich dort in der Gegend jemand gelangweilt habe. Schließlich habe es ja Gottesdienste gegeben. Und die Kirchgänge seien oft ziemlich vergnügliche Ausflüge gewesen. Und »im Winter amüsierte man sich halt mit der Arbeit, beim Füttern des Viehs und bei der Herstellung der Wolle«. Und dann hatten die Leute ja auch Bücher, wobei er sich besonders daran erinnerte, wie sehr man sich über die ersten isländischen Romane gefreut habe, die echte Unterhaltungsliteratur waren: *Junge und Mädchen* (1850) und *Mann und Frau* (1876), beide von Jón Thoroddsen.

Die Gegend am Fuße der Víknafjöll-Berge an der Ostküste der Halbinsel ist ebenso schlecht zu erreichen wie Látur, doch auch da hatte man jahrhundertelang gewirtschaftet und gewohnt, in den sogenannten Náttfaravíkur, kleinen Buchten, die an drei Seiten durch Berge vom Rest der Halbinsel abgeschnitten waren und die man auch am

Fjord entlang über den Strand nicht erreichen konnte, weil es immer wieder Stellen gab, wo die Felsen direkt bis zum Meer gingen. An einer dieser Buchten steht der Bauernhof Vargsnes, der bis 1933 bewohnt war; er lag recht hoch, direkt an einem Hang, der steil zum Strand hin abfiel. In den Zwanzigerjahren konnte man da noch hören, wie Sigríður, die Tochter des Bauern, Bach spielte. Im Alter von zehn Jahren. Auf einer Orgel. Ihr Vater, der dortige Bauer Sigurbjörn, war mit ihr einmal auf einem Hof gewesen, auf dem es eine kleine Orgel gab, hatte sofort ihr musikalisches Talent bemerkt und sich in den Kopf gesetzt, ihr ein solches Instrument zu schenken. Wie man das zu ihnen auf den Hof bekäme, war ihm egal. Er machte auch bald in Húsavík eine Orgel ausfindig, die in eine stabile Kiste gepackt und dann mit einem Boot nach Vargsnes gebracht wurde. Der Bauer hatte extra seine Brüder zur Hilfe herbeigeholt, doch sie bekamen die Kiste einfach nicht den schmalen, steilen, felsigen Pfad hinauf, der vom Strand den Hang hinauf zum Hof führte. Da sagte einer der Brüder, Kristján, sie sollten ihm die Kiste auf den Rücken binden. Der Schriftsteller Thor Vilhjálmsson beschreibt das so: »Und er kriecht los, zwischen zwei Felsen hindurch, den Hang hinauf. Die anderen hinterher, jeder hält die Kiste an einer Ecke, und immer wieder müssen sie sie drehen, die Seile etwas lösen, die Kiste auf seinem Rücken zurechtsetzen, während sie sich durch einen Felsspalt nach dem nächsten zwängen. So kommen sie langsam voran bis zu dem Punkt, wo der Pfad einen scharfen Knick macht, doch mit viel Umsicht und einer unmenschlichen Kraftanstrengung von Kristján kamen sie auch hier herum, dann konnte er unter seinem Orgelkasten aufstehen, und so brachten sie die Orgel heim.«

Sigríður zog später nach Látur, wo einst die Dichterin Látra-Björg gewesen war, und von da nach Flatey, wo sie die Organistin der dortigen Kirche wurde, bis die Insel aufgegeben wurde. Dann ging sie nach Húsavík, und nahm immer ihre Orgel mit, auf der sie auch zum Jahrtausendwechsel 2000 noch spielte. Es war ein sehr besonderer Moment für mich, mit Thor Vilhjálmsson etwas nördlich von Húsavík am Strand zu stehen und über die Bucht von Skjálfandi in Richtung dieser kleinen Buchten zu blicken und ihm zuzuhören, wie er diese Geschichte erzählte. Deswegen ist es mehr als angemessen, dieses Kapitel mit den Worten zu beenden, mit denen Thor Vilhjálmsson seine Erzählung über den Orgeltransport beendet hatte:

Isländische Kultur.

GARÐUR
BEI MÝVATN

EINE BAUERSFRAU MIT ERZÄHLPERSPEKTIVE

Der Hof Garður bei Mývatn.
Hier wohnte Jakobína Sigurðardóttir.

Mývatn ist eine der bekanntesten Naturschönheiten von Island. Der heutige See ist von Feldern erkalteter Lava umgeben, die sich bei einem enormen Vulkanausbruch gebildet haben, ungefähr zu der Zeit, als Alexander der Große Persien erobert hat. Um den See herum finden sich überall Anzeichen von vulkanischer Aktivität, Pseudokrater, Schlackenkegel, Aschenkegel und Berggipfel. Die Wissenschaft hat herausgefunden, dass es hier einen ganz anderen See gegeben hatte, bevor der neue See bei einem Vulkanausbruch entstanden ist. Der heutige See ist flach, nur vier Meter an den tiefsten Stellen und in ihm sind mindestens fünfzig Inseln; einige davon sind ebenfalls Pseudokrater, die entstehen, wenn glühende Lava mit Wasser in Berührung kommt, was zu heftigen Dampfexplosionen führen kann. Im und um den See finden sich viele, zum Teil seltene Arten, doch das Ökosystem ist ebenso komplex wie fragil und hat leider durch den Menschen einigen Schaden genommen. Aber das Bewusstsein, wie nötig es ist, diese einzigartige Natur zu schützen, wächst immer weiter – seit fast fünfzig Jahren gibt es hier bereits eine Natur-Forschungsstation.

Nicht zuletzt aufgrund der ergiebigen Fischvorkommen im See siedeln Menschen hier schon seit der Zeit der Landnahme. Nach dem dreizehnten Jahrhundert jedoch wurde nicht mehr viel von den Ufern des Mývatn berichtet, abgesehen von einem Vulkanausbruch, der sage und schreibe fünf Jahre lang dauerte, die sogenannten Mývatn-Feuer von 1724 bis 1729. Die nächsten Neuigkeiten hörte man eigentlich erst wieder in der zweiten Hälfte des neunzehnten Jahrhunderts. Von ergiebigen Fischvorkommen im See wurde auch dann berichtet, doch inzwischen hatte auch der Fortschritt in dem Gebiet um Mývatn Einzug gehalten. Mit großem Eifer bauten die Leute ihr Gemeinwesen aus, gründeten eine Handelsgenossenschaft, einen Lesezirkel, einen – eher kurzlebigen – Abstinenzlerzirkel und eine Sparkasse, um nur einige Beispiele zu nennen. Gerade an ausländischen Sachbüchern gab es ein großes Interesse, und mit dem Lesen lernten auch immer mehr der damals vierhundert Einwohner Fremdsprachen. Auch das Interesse an der schönen Literatur breitete sich aus. Einer der Vorkämpfer des isländischen Realismus, ja des Romans überhaupt, war Bauer am Mývatn: Jón Stefánsson, der unter dem Pseudonym Þorgils Gjallandi schrieb.

Am südlichen Ufer des Sees stehen viele Bauernhöfe. Einer davon, er liegt nicht weit von der Naturforschungsstation entfernt, heißt Garður. Dort verbrachte die Autorin Jakobína Sigurðardóttir (1918–1994) 45 Jahre ihres Lebens. Ihr schriftstellerisches Werk ist nicht besonders groß, und doch ist sie eine wichtige Stimme der isländischen Literatur. Sie schrieb Romane, Kurzgeschichten und Gedichte, die in einige Sprachen übersetzt wurden und war gleich zwei Mal für den Literaturpreis des Nordischen Rats nominiert, die wichtigste literarische Auszeichnung von ganz Skandinavien. Jakobína war radikale Sozialistin und Patriotin zugleich. Das war in der isländischen Linken während des Kalten Krieges keine

Seltenheit und lag sicherlich auch daran, dass damals nichts die Gemüter so sehr erhitzte wie die Frage, ob man für oder gegen die amerikanische Militärbasis bei Keflavík war, dieses Symbol imperialistischer Macht. Die Bücher von Jakobína Sigurðardóttir tragen ihrer politischen Anschauung Rechnung, sind aber deswegen nicht weniger tiefgründige literarische Werke von großer Originalität. Jakobína Sigurðardóttir hatte ein großes Formbewusstsein. Manche ihrer Werke sind Studien zum Thema Erzählperspektive oder über das Zusammenspiel unterschiedlicher Erzähl-Stimmen. So ist der Erzähler des Romans *Die Schlinge* (1968) ein Arbeiter, der eine große Fabrikhalle fegt und mit einem jüngeren Kollegen redet, dessen Antworten wir nicht erfahren, sodass man das Gefühl hat, einer Art halbem Dialog zuzuhören – als belausche man jemanden, der ein langes Telefongespräch führt, wie die Literaturwissenschaftlerin Dagný Kristjánsdóttir es ausdrückte. Auch in der Erzählung *In derselben Kabine* richtet Jakobína Sigurðardóttir ein besonderes Augenmerk auf die Erzählstimme: Da teilt sich die Erzählerin auf einer Schiffsreise eine Kabine mit einer Unbekannten und hört sich deren Lebensgeschichte an, hinter der sich eigentlich eine ganz andere Geschichte versteckt. In ihrem Roman *Der lebende See* steht das Thema der sterbenden Landgemeinden und der damit verbundene Niedergang der Bedeutung des ländlichen Raums im Mittelpunkt: Der Arbeiter Pétur Pétursson findet sich in den Wirren des Stadtlebens nicht zurecht und will zurück aufs Land, dorthin, wo er aufgewachsen ist, stellt jedoch schnell fest, dass es keinen Weg zurück gibt, keine Rückkehr in ein verlorenes Paradies. Es ist nicht zuletzt ihr beharrliches Ringen um die richtige Form, die richtige Erzählperspektive, die Jakobína Sigurðardóttir einen dauerhaften Platz in der Geschichte der modernen isländischen Literatur gesichert hat.

Die isländische Literatur ist lange Zeit von Männern geschrieben und von Frauen gelesen worden. Wer die isländische Literatur des Mittelalters geschrieben hat, können wir zwar nur in wenigen Fällen sicher sagen, aber daran, dass es hauptsächlich Männer waren, besteht kein Zweifel. Auch die sogenannten Nationaldichter des neunzehnten Jahrhunderts waren Männer. Torfhildur Hólm (1845–1918) war zwar eine Pionierin in ihrem Schreiben und die erste Person in ganz Island, die historische Romane geschrieben hat, und Guðrún frá Lundi (1887–1975) schrieb einige der wichtigsten Romane ihrer Zeit, und gehört noch immer zu den fünf Romanautorinnen und -autoren, die in den isländischen Büchereien am öftesten ausgeliehen werden – doch die Anerkennung des literarischen Establishments ließ lange auf sich warten. Bis in die Sechzigerjahre des letzten Jahrhunderts äußerten sich bekannte Literaturkritiker abfällig über »Weiberlektüre«.

Jakobína Sigurðardóttir hatte schon als Kind ihre Liebe zur Literatur und zum Schreiben entdeckt, musste aber viele Hindernisse überwinden, bis sie auch wirklich als Autorin arbeiten konnte: Vorurteile gegenüber Frauen und nicht zuletzt die endlos viele Arbeit, die das Landleben mit sich brachte. Das beschreibt eine von Jakobínas Töchtern, Sigríður Kristín Þorgrímsdóttir, sehr schön in einem Buch, das sie kürzlich über das Leben ihrer Mutter veröffentlicht hat. Da spricht sie ihre Mutter mit diesen Worten an: »Du, die du immer an Literatur dachtest, wenn du den Boden geschrubbt hast, wenn du die Forelle gekocht hast, wenn du essend in der Ecke gesessen hast, während die Familie sich am Esstisch vollstopfte, wenn du Wäsche gewaschen und die Kühe gemolken hast. Wenn du nachts nicht schlafen konntest und endlich die Ruhe fandest, um deine Gedanken aufzuschreiben.« Eine Zeit lang wohnten auf Garður zwei Familien mit insgesamt fünf kleinen Kindern und den Schwiegereltern auf siebzig Quadratmetern, da kann man sich vorstellen, wie viel Privatsphäre einem bleibt. Auch gesundheitliche Probleme plagten Jakobína ihr ganzes Leben lang, und sie war manchmal sehr schwermütig, fast depressiv.

Jakobína Sigurðardóttir zog im Jahr 1949 nach Garður – geboren und aufgewachsen war sie jedoch in einer der isoliertesten Gegenden der Westfjorde, in Hælavík auf Hornstrandir. An der Küste von Hornstrandir finden sich viele von ebenso hohen wie steilen Bergen umgebene Buchten. Man kann hier wunderbar Fische und Vögel fangen, aber für herkömmliche Landwirtschaft ist die Gegend nur wenig geeignet. Dennoch gab es hier in der ersten Hälfte des zwanzigsten Jahrhunderts fünfzig Höfe, die zusammen den Landkreis Sléttuhreppur bildeten. Das nächste »Dorf« war sieben Stunden von Hælavík entfernt und hieß Hesteyri. Das hatte zwar auch nicht mehr als einhundert Einwohner, doch dort gab es immerhin eine Schule, einen Arzt und einen Pfarrer. Als Jakobína Kind war, betrieben die Norweger in Hesteyri eine kleine Fabrik zur Heringsverarbeitung, die isländische Unternehmer später weiterführten – die späte isländische industrielle Revolution ging also auch an Hornstrandir nicht ganz spurlos vorüber. Und doch blieb es ein schwer zugängliches Gebiet. Um von einer Bucht zur anderen zu kommen, musste man über Passwege und Berge gehen, auf eines der Schiffe warten, die die dortige Küste abfuhren, oder man brauchte ein eigenes Motorboot – Autopisten wurden in dieser Gegend nie gebaut.

Wir befinden uns also auch hier im alten, ländlichen Island. Die Eltern von Jakobína Sigurðardóttir bekamen elf Kinder innerhalb von dreizehn Jahren und später noch einmal zwei, und man kann sich gut vorstellen, dass es für alle diese Kinder genug Arbeit auf dem Hof gab. Ein langer Schulbesuch stand deshalb nicht zur Wahl, so sehr sich die Kinder danach sehnten, etwas zu lernen. Jakobína hatte insgesamt ein Jahr und drei Monate die Schule besucht. Doch es gab Bücher im Haus, es wurde gelesen und geschrieben, und mit den Leuten von den Nachbarhöfen traf man sich zum Lesekreis, wie damals vielerorts üblich. »Sie wollen wissen, ob ich viel Mut dafür gebraucht habe, um als armes Bauernmädchen mit wenig Schulbildung diesen Berufsweg zu ergreifen?«, sagte Jakobína Sigurðardóttir sehr viel später einmal in einem Zeitungsinterview:

»Wenn man für etwas leidenschaftlich brennt, braucht man keinen Mut.« Seit Kindertagen schrieb sie Gedichte, Erzählungen und Theaterstücke, aber es war nicht leicht für sie, im Literaturbetrieb Fuß zu fassen – ihr erstes Buch erschien erst, als sie schon fast vierzig war und längst am Mývatn wohnte.

Nach dem Zweiten Weltkrieg wollten es immer weniger Menschen auf sich nehmen, auf Hornstrandir zu wohnen. Über vierhundert Menschen zogen weg, allein 120 im Jahr 1946, darunter auch die Familie Jakobína Sigurðardóttirs, die nach Reykjavík ging. Als 1952 die Heringsfabrik geschlossen wurde, entschieden die Einwohner von Hesteyri auf einer Versammlung, das Dorf aufzugeben, woraufhin die Hornstrandir sich endgültig entvölkerten. Zurück blieben Häuser, die noch eine lange Zeit recht anständig aussahen, in der menschenleeren Ruhe.

Je älter Jakobína Sigurðardóttir wurde, umso öfter dachte sie an diese Welt ihrer Kindheit und an ihre Familie zurück. Anfang des Sommers 1993 kam sie, bereits gezeichnet von ihrer Krebserkrankung, in die Büroräume des Verlags *Mál og menning*, um mir von einem Manuskript über Hælavík und ihre Kindheit zu erzählen, an dem sie arbeitete. Jakobína war nicht groß und immer schlank gewesen, doch nun war sie so abgemagert, dass ich mich nur noch an ihre Augen erinnern kann, an die Glut ihrer Zigarette und an die Entschlossenheit in ihrem Gesicht. Sie schrieb dieses Manuskript im Wettlauf mit dem Tod und beendete es auf ihrem Sterbebett. Es erschien kurz nachdem sie gestorben war, ein kleines großartiges Buch mit Erinnerungen an eine untergegangene Welt, mit dem Titel *In der Kindheit*. In diesem Buch versucht Jakobína Sigurðardóttir, sich selbst (und die Leserschaft) an den Bauernhof ihrer Kindheit zurückzuversetzen. Es ist also auch ein Buch darüber, an was man sich erinnert und was man davon aufschreiben kann, doch am allermeisten ist es ein Buch über ein Leben, das es nicht mehr gibt: »Ein Hof, auf dem Leute wohnen, lebt. Aus dem Schornstein steigt Rauch empor, wenn mittags im Kamin, im Herd, im Ofen ein Feuer brennt. Im Hof sind Menschen, die leben, junge, alte, Kinder, da ist Mühe, Schlaf, Trauer, Freude, Geburt, Tod, Leben. Und auch, wenn der Rauch nicht mehr aus dem Schornstein aufsteigt, auch wenn die, die hier zu Hause waren, fortziehen und alle ihre Sachen mitnehmen, wenn der Hof zu einem Schutthaufen zusammenstürzt, den niemand mehr erkennt, ist dieser Hof doch an seinem Platz zu seiner Zeit.«

ÁSBYRGI

DER HUFABDRUCK VON ODINS PFERD

Einen Ort wie Ásbyrgi gibt es in Island kein zweites Mal. Sicher, es finden sich hier viele Dinge, die es auch anderswo im Land gibt: Man kann hohe, dunkle Klippen mit den dazugehörigen Vögeln sehen, auf Waldlichtungen vollkommene Ruhe genießen, dem glucksenden Spiel von Gebirgsbächen zuhören oder sich an üppig grüner Vegetation erfreuen – doch irgendwie scheint hier alles größer zu sein, als man es gewohnt ist. Man wird das Gefühl einfach nicht los, dass jeden Moment etwas Großartiges passieren könnte. Vom Eingang bis zum Ende der Schlucht Ásbyrgi sind es dreieinhalb Kilometer. Sie ist ungefähr einen Kilometer breit, in ihrer Mitte ist Eyjan, ein Felsen von zweihundertfünfzig Metern Breite und einhundert Metern Höhe. Man nimmt an, dass Ásbyrgi durch einen Gletscherlauf der Jökulsá á Fjöllum entstanden ist. Um sich ungefähr vorzustellen, welche Ausmaße dieser Gletscherlauf gehabt haben muss, reicht ein Blick darauf, welche Wassermassen Sekunde für Sekunde den Dettifoss hinabstürzen, der etwas weiter oben am selben Fluss liegt. Dann hat es offenbar vor zehntausend Jahren noch einen Gletscherlauf gegeben und einen weiteren vor dreitausend Jahren. Das Gestein, aus dem die Felsen von Ásbyrgi sind, besteht aus ungefähr zwölftausend Jahre alter Lava, also ungefähr aus der Zeit, als die Eiszeit-Gletscher Island wieder freigaben.

Der Schriftsteller und Lyriker Sigurður Pálsson (1948–2017) ist unweit von hier auf dem Hof Skinnastaður geboren. In seinem *Buch der Kindheit* beschreibt er, wie er als Junge mit seiner Familie eine Wanderung nach Ásbyrgi macht, die seine Weltwahrnehmung von grundauf verändert: »Meine Existenz teilte sich auf in ein Vor-dieser-Wanderung und in ein Danach. Ich weiß noch genau, wie ich das Gefühl hatte, die Welt ganz neu zu sehen, als ich weiter und weiter in die Schlucht von Ásbyrgi hineinging, was unendlich lange dauerte. Die Aussicht, die Felswände, Pflanzen und Bäume, all diese Dinge sah ich nicht nur – ich erlebte sie. Erlebte, wie alle diese Eindrücke in mir zusammenflossen zu einer ungeheuren Anspannung, die stärker und stärker wurde mit jedem Schritt. Spürte die Heiligkeit des Ortes in drei Farben, schwarze Felsen, grüne Vegetation und hellblauer Himmel. Das heilige Ásbyrgi war der magischste Ort, an dem ich jemals gewesen bin, nicht nur hierzulande, sondern überhaupt. Erst in Delphi in Griechenland habe ich wieder etwas ähnlich Mystisches erlebt.«

Der Vergleich mit Delphi ist nicht aus der Luft gegriffen, schließlich ist auch Ásbyrgi eng an eine alte Religion gebunden, zumindest wenn man den isländischen Volkssagen folgt. Laut ihnen entstand Ásbyrgi, als Sleipnir, das achtbeinige Pferd von Odin, hier so hart auftrat, dass ein Abdruck von seinem Huf zurückblieb. Dieser Hufabdruck ist Ásbyrgi, und Eyjan ist der Hufballen. Der Dichter Einar Benediktsson (1864–1940, siehe *Herdísarvík*) hat hier einmal einiges an Land besessen, das zu dem Hof am Ende der Schlucht gehört, der damals Byrgi hieß und heute Ásbyrgi heißt. Er wollte sich damit die Nutzungsrechte für einige Wasserfälle in der Gegend sichern, aber er hielt sich durchaus auch hier auf und dichtete unter anderem das

Gedicht *Sommermorgen bei Ásbyrgi*, in dem sich diese Zeilen finden: »Odin ritt einst übers Meer / bis an Islands Strande / Sleipnir, sein Ross, sprengt in die Bucht / bricht die Erde mit Hufes Wucht / und stampft alsdann in das Land die Schlucht.«

Das ist ein kraftvolles Bild, ein Mythos, der die Entstehung dieses Naturwunders erklärt. »Mythen sind Geschichten von Göttern«, schreibt der holländische Wissenschaftler Jan de Vries (1890–1964) im Vorwort zu seinem Buch über die altgermanische Religionsgeschichte, und vielleicht ist die sogenannte nordische Mythologie wirklich nichts anderes als das: eine Sammlung von großartigen Geschichten über eine bunte Schar von Göttern. Zumindest zweifeln immer mehr Fachleute daran, dass die nordischen Völker eine Religion im engeren Sinne gehabt hatten, also ein in sich stimmiges System, das man zum Beispiel Asenglauben nennen könnte – in Anlehnung an den christlichen oder muslimischen Glauben. Natürlich wird es irgendeine Form von heidnischem Glauben gegeben haben, in dem Odin und Thor eine große Rolle spielten und der einflussreiche Dichtung hervorgebracht hat, nicht zuletzt die Darstellung des Weltuntergangs Ragnarök in der *Völuspá* und die Weisheiten in den *Hávamál* aus der *Lieder-Edda*. Doch die Quellen für diesen Glauben sind dünn gesäht, und die allermeisten kommen aus Island, wo sie im dreizehnten Jahrhundert von christlichen Autoren aufgeschrieben worden sind, darunter, allen voran, Snorri Sturluson (siehe *Reykholt*). Das, was er in seiner *Edda* erzählt, ist die einzige Quelle für vieles, was wir heute für nordische Mythologie halten – wer mag sicher sagen, ob nicht hier und da einen christlichen Autor ein bisschen die Lust am Fabulieren gepackt hat? Eine andere Quelle ist natürlich die *Lieder-Edda*, deren älteste erhaltene Fassung im späten dreizehnten Jahrhundert in Island entstand, fünfundvierzig unscheinbare Pergamentseiten, mit dem Titel *Codex Regius*. Manche der berühmtesten Teile der *Lieder-Edda* sind nur dort überliefert. Ohne diese beiden Bücher wüssten wir nur sehr wenig über den altgermanischen Glauben – beide zusammengenommen eröffnen uns jedoch einen einmaligen Fundus von Geschichten.

Viele dieser Geschichten haben wahrscheinlich auch schon zu den Mythen derjenigen gehört, die Island besiedelt haben. Es sind Geschichten, mit denen man sich die Welt erklären kann und den eigenen Platz darin. Und egal, ob sie zu einem großen geschlossenen mythologischen System gehören oder nicht: Seit die Brüder Grimm im neunzehnten Jahrhundert begannen, die *Lieder-Edda* zu übersetzen, haben diese alten Geschichten einen enormen Einfluss auf die Weltliteratur genommen. Ganz abgesehen davon, waren sie auch für Richard Wagner eine wichtige Quelle bei der Arbeit an einigen seiner Opern. Und viele menschenfeindliche Ideologen des zwanzigsten Jahrhunderts haben sich ebenfalls bei ihnen bedient – was natürlich nicht den altnordischen Autoren anzulasten ist. Jan de Vries kollaborierte in den besetzten Niederlanden ebenfalls mit den Nationalsozialisten. Dann kamen Comics und Kinofilme, weitere Opern und alle anderen Kunstformen, die man sich denken kann.

Alle erfolgreichen Mythen sind offen für verschiedene Deutungen. In der isländischen Literatur haben feministische Autorinnen dieses narrative Erbe radikal neu interpretiert. Svava Jakobsdóttir (1930–2004) war hierbei die große Pionierin mit ihrem Roman *Die Saga von Gunnlöð*, der 1990 erschien und auf Motiven aus den *Hávamál* der *Lieder-Edda* über die Göttin Gunnlöð basiert, die den Skalden-Met verwahrt. Dadurch, dass der Roman sowohl in der Gegenwart als auch zu vorchristlicher Zeit spielt, bietet er eine völlig neue Sicht auf die altnordische Mytholgie, die Snorri Sturluson nach Meinung von Svava Jakobsdóttir verfälscht hat.

Die Autorin Gerður Kristný (* 1970) verfolgt in ihrem Langgedicht *Bluthufe* ein ähnliches Ziel, allerdings mit ganz anderen Mitteln. Gerður Kristný ist wohl von allen isländischen Lyrikerinnen und Lyrikern am häuftigsten in andere Sprachen übersetzt worden – allein *Bluthufe*, für das sie im Jahr 2010 den isländischen Literaturpreis gewann, erschien in sechs andern Ländern. Gerður Kristný schreibt allerdings nicht nur Lyrik, sondern auch Romane, Biografien, dokumentarische und journalistische Texte. Und Kinderbücher, wie zum Beispiel ein Märchen über Odins Pferd Sleipnir, nach dem jetzt auch das Lese-Förderungsprogramm der Stadt Reykjavík als »UNESCO City of Literature« benannt ist. Auch *Bluthufe* basiert auf der nordischen Mythologie – ist aber ein ganz anderes Buch.

Eines der Lieder aus der *Lieder-Edda* ist das sogenannte *Skírnismál*: Freyr, Gott der Fruchtbarkeit, hat sich auf Odins Hochsitz gesetzt und genießt von dort den Blick auf die Welt. Als er jedoch das Riesenmädchen Gerður erblickt, ergreift ihn die Sehnsucht. Freyr schickt seinen Diener Skírnir zu ihr, mit dem Auftrag, in seinem Namen um ihre Hand anzuhalten und leiht ihm zu diesem Behufe sein Pferd und sein Schwert für die Reise. Skírnir macht sich auf in das Reich der Riesen, und sobald er Gerður findet, verspricht er ihr die schönsten und teuersten Geschenke, wenn sie Freyr zu heiraten bereit wäre. Doch als sie zögert, stößt Skírnir in diesem Edda-Lied, das größtenteils die Form eines Gesprächs hat, schnell die wüstesten Drohungen aus. Er droht ihren Vater zu ermorden, sie auszupeitschen und ihr einen schädlichen Runenzauber an den Hals zu wünschen, ihr den Kopf abzuschlagen ... die Liste ist lang. Schließlich gibt Gerður nach und willigt ein, Freyr nach neun Nächten in einem idyllischen Wäldchen zu treffen, »da wird der Sohn des Njörd / der Gerður Gutes gönnen«. Skírnir kehrt zu den Göttern zurück und berichtet Freyr, dem es überhaupt nicht Recht ist, so lange warten zu müssen. Damit endet das Gedicht, und wir erfahren nie, wie es weitergeht.

Traditionelle Interpretationen des *Skírnismál* sind davon ausgegangen, dass es hier um die »heilige Ehe« (*hieros gamos*) geht, eine Art Fruchtbarkeitskomödie, in der sich der Fruchtbarkeitsgott Freyr mit Gerður als Göttin der Erde vereint. Man ging davon aus, dass dieses Edda-Lied im Frühling als Teil eines religiösen Rituals gesungen oder rezitiert worden war. Die Drohungen von Skírnir, die einen ziemlich großen Teil dieses Liedes einnehmen, beschäftigten kaum einen von diesen (männlichen) Interpretatoren. Gerður Kristnýs

Herangehensweise ist anders. Sie nimmt die Perspektive einer Frau ein, die Drohungen und Gewalt ausgesetzt ist. Eine unheimliche Atmosphäre dominiert den ganzen Text, Assoziationen verweisen auf aktuell viel diskutierte Themen wie Gewalt gegen Frauen und Menschenhandel. Gleichzeitig ist ihr Langgedicht viel strenger in der Form und knapper im Stil, lässt aber dennoch die alten Versformen der eddischen Dichtung erkennen. So verbindet die Autorin auf geniale Weise die Gegenwart mit der Zeit der eddischen Dichtung. Sie erschafft eine Hauptfigur, mit der sich eine moderne Leserschaft identifizieren kann. Ihre Hauptfigur spricht das ganze Langgedicht – im Gegensatz zu der dialogischen Form des *Skírnismál*. Die Drohungen von Skírnir nehmen in der Vorstellung von Gerður plastische Formen an: »Das Schwert singt / über meinem Kopf / Vers über ein Mädchen / das aufmuckt / und stirbt / den Hals geschmückt mit einem Schnitt.«

Und dort, wo die Geschichte im *Skírnismál* der *Lieder-Edda* endet, geht sie bei Gerður Kristný weiter. Gerður kommt zu Freyr und Freyr vergewaltigt sie – die Drohungen, die sein Diener Skírnir ihr vorgetragen hat, werden wahr: »Der Tag wird zur Qual.« Die Beschreibung dieser Gewalttat ist umso stärker, weil sie sehr lakonisch ist. Und aus der Perspektive der Frau erzählt wird: »In der Tür / traf ich auf Freyr / er sah seinen toten Blick / in meinem Auge.« Danach geht er allein seiner Wege und hält sich von Gerður fern, die schwanger wird und einen Sohn auf die Welt bringt. Mit ihm im Arm setzt sie sich nun auf Odins Hochsitz, besieht sich die ganze Welt und wartet auf das Ende, darauf, dass ihre Familie ihr Verschwinden rächt. Sie drückt den Jungen an ihr Herz: »Da ist mein Land / gewandet in nächtliche Ruhe / getaucht in stahlkaltes Eis.«

Gerður Kristný nennt ihr Langgedicht *Bluthufe*. In der *Edda des Snorri Sturluson* heißt das Pferd von Freyr *Blutighufe*. *Bluthufe* ist das erste lyrische Werk von Gerður Kristný, in dem sie eine ganze Geschichte erzählt, danach hat sie das noch einmal in *Lobgesang* getan, das von einem Mord in unserer heutigen Zeit erzählt und mit *Requiem*, wo es um eine junge Frau geht, die sich das Leben nimmt. Alle diese Langgedichte erzählen Geschichten von sexualisierter Gewalt. *Bluthufe* ist nicht Sleipnir, doch der Abdruck seines Hufes hat die isländische Literatur wesentlich geprägt, es ist »ein Jahrhundertereignis in der isländischen Literaturgeschichte«, wie ein Kritiker es ausdrückte.

Es besteht kein Zweifel daran, dass alte Geschichten dafür empfängliche Autorinnen und Autoren auf ähnliche Weise beeindrucken können, wie es Sigurður Pálsson beeindruckt hatte, als er Ásbyrgi als Kind zum ersten Mal betrat. Einar Kárason schrieb in einem Nachruf über Sigurður, der sein Freund gewesen war: »Ich habe ihm einmal gesagt, dass ich manchmal denke, Ásbyrgi sei der schönste Ort von ganz Island. Und er sagte: ›Tja, ich bin ja nun direkt nebenan aufgewachsen und habe als Kind oft gehört, wie die Erwachsenen bei uns darüber geredet haben, wie schön es doch in Þingvellir sei. Doch als ich da dann endlich mal hin kam, dachte ich: Kinderkram!‹«

ASKJA

DER HAUCH DER EWIGKEIT

Zum ersten Mal den Öskjuvatn zu sehen, kann überwältigend sein. Der Weg dorthin führt fort von jeglichem bewohnten Gebiet auf einer Jeep-Piste ins Hochland. Man kommt an einem der bekanntesten isländischen Berge vorbei, dem Herðubreið, an dessen Fuß noch ein kleines bewachsenes Fleckchen ist; wenn man weiterfährt, findet sich bald nichts Grünes mehr, man ist in der Wüste. Von dort, wo die Jeep-Piste endet, muss man noch ein gutes Stück gehen, bis man den See erreicht. Bei ruhigem Wetter ist die Stille allumfassend. Keine Vögel, keine Fische, kein rauschender Baum, kein Leben, nirgends. Als ich den Öskjuvatn zum ersten Mal sah, kam er mir vor wie eine mahnende Erinnerung an die eigene Vergänglichkeit und ein Vorgeschmack auf die Ewigkeit zugleich. Allein diese ungeheure Caldera zu sehen, fünfzig Quadratkilometer groß und von gezackten Bergrücken und über 1500 Meter hohen Gipfeln umringt, ist ein Erlebnis. Und dann kommt in ihrer Mitte dieser elf Quadratkilometer große See zum Vorschein, der an seiner tiefsten Stelle über zweihundert Meter tief ist, aber keinen Zufluss hat, auch er ohne Leben, auf über eintausend Metern Höhe – der Öskjuvatn.

Ein Vorgeschmack auf die Ruhe der Ewigkeit? Wenn man genau hinsieht, findet man hier doch überall Anzeichen dafür, dass wir uns in einem vulkanisch hochaktiven Gebiet befinden, in dem alles immer in Bewegung ist und jederzeit die Erde beben oder ein Vulkan ausbrechen kann, wie an anderen isländischen Orten auch. Askja ist das isländische Wort für das, was in der internationalen Fachsprache Caldera heißt: ein Kessel, der entsteht, wenn sich durch einen Vulkanausbruch eine Magmakammer entleert und die Erdoberfläche einstürzt oder absinkt. Man nimmt an, dass die Caldera von Askja ungefähr sechstausend Jahre alt ist; sie ist etwas kleiner als die berühmte Caldera auf der griechischen Insel Santorin im Ägäischen Meer, wo vor 3500 Jahren eine der größten Eruptionen stattgefunden hat. Doch der See an sich, der mir so sehr wie ein Symbol ewiger Ruhe erschien, ist kaum mehr als hundert Jahre alt. Er bildete sich erst nach dem großen Ausbruch der Askja im Jahr 1875 und vergrößerte sich ab dann Jahr für Jahr, bis er um 1900 seine heutige Größe weitgehend erreicht hatte. Dass es sich hier, wie gesagt, um eines der vulkanisch aktivsten Gebiete von ganz Island handelte, hatte bis zu diesem Zeitpunkt keiner so richtig bemerkt. Die erste schriftliche Quelle über eine Expedition zu den Dyngjufjöll, dem Bergmassiv, in dem die Askja liegt, ist aus dem frühen neunzehnten Jahrhundert. Sie berichtet von Bauern aus der Gegend von Mývatn, die auf der Suche nach einem Gesetzlosen ins Hochland ziehen, weil sie dort Rauch aufsteigen sehen, der sie dann allerdings nicht zu einem vogelfreien Verbrecher führt, sondern in ein Geothermalgebiet. Die Vorstellung, dass im Landesinneren zwischen den Bergen liebliche Täler liegen, in denen Gesetzlose sich verstecken können, hat sich in Island sehr lange gehalten. Um die Zeit, zu der diese Bauern ihre Expedition unternahmen, hatten bereits einige Isländer auf den Hochebenen Einödhöfe gebaut und mussten sich nun am Rande der bewohnbaren Welt irgendwie durchschlagen – da war es nur logisch, dass sie davon träumten, dass sich ihnen irgendwann ein fruchtbares Tal auftun würde, während sie frierend ihrer Hirtentätigkeit nachgingen.

1838 kam dann endlich ein Naturforscher und Kartograph in dieses Gebiet, Björn Gunnlaugsson. Er zeichnete die erste Landkarte und setzte einen Namen darauf: Askja. Man kann also durchaus sagen, dass die isländische Landnahme eintausend Jahre gedauert hat. Die Bauern zogen nur selten weiter ins Landesinnere, als es für ihre Viehhaltung nötig war, und es gab nur wenige Wege über das Hochland, die eigentlich auch nur genutzt wurden, um ergiebige Fischgründe oder einen guten Hafen zu erreichen, oder weil die weltliche oder kirchliche Obrigkeit es so wollte. Obwohl das Gebiet an ihrem Fuß gut besiedelt war, wurde selbst die Hekla erst 1750 zum ersten Mal bestiegen, einige Jahre später dann der *Snæfellsjökull*, der zum zweiten Mal an dem Tag bestiegen wurde, als das Volk in Paris 1789 die Bastille stürmte – zu Zeiten der französischen Revolution kämpfte man in Island noch immer gegen die Natur. So war es auch eines der wichtigen Ziele der isländischen Aufklärung, erst einmal alle Teile des eigenen Landes kennenzulernen, und dennoch sollte es noch ein halbes Jahrhundert brauchen, bis das Wort Askja zum ersten Mal auf einer Landkarte stand.

Der erste schriftlich dokumentierte Vulkanausbruch in diesem Gebiet begann im Jahr 1874. Im Winter jenes Jahres hatte es dort offenbar einige Eruptionen gegeben, bevor an Ostern 1875 dann einer der größten Vulkanausbrüche seit Beginn der Geschichtsschreibung seinen Anfang nahm. Man nimmt an, dass die vulkanische Asche aus diesem Ausbruch mehr als 650 000 Quadratkilometer bedeckt hat und über das Meer hinweg sogar bis nach Skandinavien geflogen ist. Dass ein großer Teil der Asche auf das Meer hinausgetragen wurde, war ein Glücksfall, denn dort, wo sie im Osten Islands auf die Einödhöfe der Hochebenen fiel, machte sie das Leben unmöglich und brachte im letzten Viertel des neunzehnten Jahrhunderts noch mehr Isländerinnen und Isländer dazu, nach Amerika auszuwandern, als es ohnehin schon vorhatten. Ein Teil der Asche kam aus einem kleinen Krater am Rande des Öskjuvatn, der Víti genannt wird. Das Wasser in ihm ist immer noch so warm, dass man darin baden kann.

Im Jahr 1961 brach die Askja abermals aus. Große Lavamengen flossen, eine Rauchsäule stieg zehn Kliometer in den Himmel. Doch das war ein anderes Jahrhundert – nun sahen und hörten alle alles: Der Ausbruch, der sechs Wochen dauerte, wurde von der Erde und aus der Luft verfolgt und verewigt, Forschungsexpeditionen machten sich auf den Weg. Die Askja, die erst 1838 zu ihrem Namen gekommen war, war plötzlich in der ganzen Welt bekannt, überall erschienen Bilder von dieser Landschaft, die so schroff und unwirtlich wirkte, dass immer wieder Leute sagten, hier sehe es aus wie auf dem Mond. Und vier Jahre später schickte die amerikanische Raumfahrtbehörde NASA dann auch wirklich zehn Astronauten nach

Island. Sie errichteten unweit der Askja ihr Lager und stellten in der Nähe des Sees unter isländischer Anleitung geologische Überlegungen an: Wie mag dieser See entstanden sein, wie alt ist dieses Gestein? Zwei Jahre später kam eine ähnliche Gruppe, zu der auch der erste Mensch gehörte, der wiederum zwei Jahre später einen Fuß auf den Mond setzen sollte: Neil Armstrong.

Die wenig erforschte isländische Wildnis lag vor ihnen wie ein offenes Geologie-Lehrbuch. Das hatte ausländische Naturforscher allerdings auch schon früher angezogen. Im Jahr 1907 kam eine deutsche Forschungsexpedition zum Dyngjufjöll und nach Askja. Der Leiter der Expedition, Walther von Knebel, war ein 27-jähriger Geologe mit einem besonderen Interesse an Vulkanen, begleitet wurde er von dem Geographiestudenten Hans Spethmann und einem Maler namens Max Rudloff. Am 10. Juli, Spethmann erkundete gerade die Umgebung, verschwanden von Knebel und Rudloff ohne jede Spur. Man nimmt an, dass sie mit einem Boot auf den See hinausgefahren und dort ertrunken sind, doch gesehen hat das keiner. Hans Spethmann schickte folgendes Telegramm an Ina von Grumbkow, die junge Verlobte von Knebels: »Knebel und Rudloff ertrunken. Ich überlebte. Spethmann«.

Ina von Grumbkow konnte nicht glauben, dass zwei so erfahrene Expeditionsmenschen mitten im Sommer spurlos verschwinden können. Es erreichten sie Gerüchte, man habe die beiden Männer zwei Wochen nach ihrem Verschwinden gesehen, andere deuteten an, Spethmann habe etwas mit ihrem Verschwinden zu tun. Also fuhr sie im Frühsommer 1908 selbst nach Island, um der Sache nachzugehen, obwohl sie sich das im Jahr zuvor mit ihrem Verlobten nicht getraut hatte. Es begleitete sie ein anderer deutscher Geologe und Freund Walther von Knebels, Hans Reck, und der isländische Fremdenführer Sigurður Sumarliðason. Bei ihrer Abreise war Ina von Grumbkow fest davon überzeugt, dass das, was sie über das Verschwinden der beiden gehörte hatte, nicht stimmen konnte. Man musste doch irgendwelche Hinweise darauf finden, was passiert war. Doch als sie nach einer langen Reise schließlich am Öskjuvatn stand und in diese Wildnis blickte, wurde ihr klar, dass in diesen Bergen eine andere Wahrheit lag, als die, die sie in Deutschland geglaubt hatte, hier zu finden. Ein Jahr später schrieb sie ein Buch über ihre Reise, da heißt es im Vorwort: »Für uns, *die wir Island nicht kannten,* schien ein so spurloses Verschwinden unfaßbar. Wir wußten nichts von den unbetretbaren Ufern des fraglichen Sees, von der unergründlichen Tiefe desselben, von dem drohenden Steinschlag, der Tag und Nacht an den Wänden zum See niedergeht. Es fehlte uns jegliche praktische Kenntnis der meilenweit kaum passierbaren zentralen Teile der Insel. Wir hofften dagegen zuversichtlich, daß eine erneute Expedition, die sich auf längere Zeit zum Suchen nach den Verunglückten in die Askja begäbe, Aufklärung schaffen könne.« Den Abend, an dem sie den See erreichte, beschreibt sie so: »Lange Zeit saßen wir noch vor den Zelten, versunken in den Anblick dieses wunderbar schönen

Sees. Welch ein königliches Grab ward den beiden, wenn sie an seinem Grunde ruhen!« Und am Ende ihres Reiseberichts: »Das Rätsel, das wir in menschlicher Weise zu lösen suchten, ist ungelöst geblieben, und nach irdischem Schema findet die Frage nach dem ›Wie‹ und ›Warum‹ des 10. Juli 1907 keine Beantwortung. Wir müssen uns bescheiden, die Grenze des Verstehens erreicht, den Hauch der Ewigkeit gefühlt zu haben.«

Es ist interessant, wie diese Worte in dem widerhallen, was der Philosoph Páll Skúlason viel später (2005) über Askja schrieb: »Wenn man eine solche Welt kennenlernt, ist man am Ende eines Weges angekommen. Man ist in Berührung gekommen mit der Realität an sich. Der Geist öffnet sich vollkommener Schönheit und man sieht endlich, worum es im Leben geht.«

Ina von Grumbkow konnte das Rätsel dieser Todesfälle nicht lösen, doch nach dieser Reise konnte sie den Schicksalsschlag besser annehmen. Bevor sie und Hans Reck die Askja wieder verließen, schichteten sie einen Steinhaufen auf mit einem Kondolenzbuch für ihre von dem See genommenen Freunde; an der Westseite des Sees wurde später ein Denkmal errichtet. Über die Expedition von Ina von Grumbkow sind einige Bücher geschrieben worden, abgesehen von ihrem eigenen Reisebericht. Der deutsche Radiojournalist und Schriftsteller Frank Schroeder hat Ina von Grumbkows Reise von Berlin nach Island fast neunzig Jahre später nachvollzogen und ein Buch darüber geschrieben. Ungefähr zur selben Zeit ist auch der holländische Anthropologe und Schriftsteller Gerrit Jan Zwier auf ihren Spuren gereist und hat einen Tatsachenroman über Ina von Grumbkow und Walther von Knebel geschrieben: *Das Rätsel von Island*, 1996. Und letztlich hat der Isländer Skúli Thoroddsen einen Roman veröffentlicht, der auf denselben Ereignissen basiert und einfach *Ína* heißt.

Man könnte noch hinzufügen, dass Hans Spethmann ein bekannter Geologe wurde. Er schrieb viel über Dyngjufjöll, Askja und die Geologie von Island und gründete 1913 eine *Vereinigung der Islandfreunde* in Köln. Ina von Grumbkow und Hans Reck heirateten vier Jahre nach ihrer Reise nach Island, die insgesamt 1500 Kilometer lang war und sie an dreißig verschiedenen Orten ihre Zelte aufschlagen ließ. Sie wohnten lange Zeit in Afrika, wo Hans Reck 1937 starb. Hiernach zog Ina wieder nach Berlin, wo sie im Jahr 1942 ebenfalls verstarb – angeblich einsam und unglücklich. Wo ihr namenloses Grab ist, bleibt unbekannt. Für sie hat niemand ein Denkmal aufgestellt. Aber sie hat an der Askja den Hauch der Ewigkeit gefühlt.

SÆNAUTASEL

DER BAUERNHOF UNTER DEM EIS

Auf der Jökuldalsheiði ist eine alte Bauernkate namens Sænautasel rekonstruiert worden. Im Sommer öffnen hier ein Restaurant und ein Museum ihre Türen, ein Zwischstopp lohnt sich, zumal Sænautasel nicht weit von der Ringstraße entfernt ist. In dieser aus Torf und Gras erbauten Kate haben einhundert Jahre lang Leute gewohnt und das umliegende Land bewirtschaftet, sodass Sænautasel auf einmalige Weise eine Zeit dokumentiert, in der man in Island versuchte, auf den Hochebenen zu leben. Die Jökuldalsheiði liegt in fünf- bis sechshundert Metern Höhe auf einem weitläufigen Plateau, das von schönen Hügeln und Bergen umgeben ist. Der Boden ist recht fruchtbar, und an den Seen, von denen manche voller Forellen sind, finden sich viele Vögel. Der Hof Sænautasel steht direkt am Ufer des Sænautavatn – auf heutige Betrachter wirkte diese ganze Szenerie unglaublich idyllisch. Doch man darf sich nicht von dem Eindruck eines schönen Sommertages täuschen lassen. Das Leben hier war hart. Die Winter waren lang und brachten oft viel Schnee, der Frühling kam so spät, dass der tiefere Boden das ganze Jahr über gefroren blieb. Sænautasel wurde 1943 aufgegeben, doch fünfzig Jahre später wurde der Torfhof so wiederaufgebaut, wie er einmal gewesen war, und zwar so originalgetreu und authentisch, dass Leute, die im Winter hier vorbeifahren, sich kopfschüttelnd fragen müssen, was bloß in die Menschen gefahren war, die früher einmal beschlossen hatten, hier zu wohnen.

Im Mittelalter, als das Klima in Island wärmer war, hatten sich hier wohl einige Höfe befunden, doch später wahrscheinlich nur noch Hütten für die Hirten, die im Sommer aus dem Jökuldalur und von anderswo hier heraufkamen. Im Laufe des neunzehnten Jahrhunderts wuchs die Bevölkerung in Island, ohne dass die Leute in die Stadt abwandern konnten – Verstädterung wurde sogar durch Gesetze verhindert und durch eine Politik, die sich an der Agrargesellschaft orientierte. Junge besitzlose Landarbeiter, für die es auf den bestehenden Höfen keinen Platz gab, mussten sich also irgendwo einen Flecken Land suchen, der sie ernährte, und das brachte einige von ihnen auf die Hochebenen, wie zum Beispiel auf die Vopnafjarðarheiði und die Jökuldalsheiði. Seit 1840 versuchte man, sich auf Sænautasel mit Landwirtschaft durchzuschlagen – im Laufe des neunzehnten Jahrhunderts zählte man auf der Jökuldalsheiði bis zu sechzehn Höfe. Viele von ihnen wurden nach dem großen Ausbruch der Askja von 1875 aufgrund des Ascheregens aufgegeben. Allein im Jahr nach dem Ausbruch wanderten aus Ostisland 1300 Menschen nach Amerika aus, so knapp war das ohnehin schon immer knappe nutzbare Land geworden. In den ersten fünf Jahren nach dem Ausbruch wurde auch Sænautasel nicht bewirtschaftet, doch dann fand sich wieder jemand, der es versuchte. In den Zwanzigerjahren des letzten Jahrhunderts wurde noch immer auf sieben Höfen auf der Hochebene Landwirtschaft betrieben, doch in den Kriegsjahren, die eine Vielzahl von Jobs in Island entstehen ließen, für die man wirklich bezahlt wurde (siehe *Skriðuklaustur*) wohnte hier niemand mehr. Die, die als Letzte aufgaben, waren die Leute auf Sænautasel.

Über diesen Hof gibt es ein unvergessliches schriftliches Zeugnis von einem jungen Schriftsteller, der an einem Abend im November 1926 mit einigen Freunden auf einer Wanderung an Sænautasel vorbeikam. Im März 1927 schrieb er in einem Zeitungsartikel darüber: »Es war schwer, die Kate von der Scheedecke zu unterscheiden; meine Begleiter fanden sie nur, weil sie genau wussten, wo sie lag. Wir stiegen viele in den Schnee gehauene Stufen hinab, dann standen wir direkt vor der Tür des Hofes. Der enge Wohnraum war oben, darunter das Vieh und das Heu. Hier wohnten ein Mann und eine Frau mit ihrem Sohn und der Mutter des Bauern, einer gebrechlichen alten Frau. Der Bauer besaß einige Schafe – seine Kuh hingegen hatte er geschlachtet, damit genug Futter für die Schafe da war. Er sagte, es sei nicht zu so schlimm, wenn die Menschen keine Milch haben, Hauptsache die Schafe haben genug Heu. Die Bewohner wirkten alle kränklich, besonders der Junge und die alte Frau. Sie sagte, sie sei krank, stöhnte und heulte in einem Fort auf und sagte, sie wolle Milch.«

Der Autor dieses Textes war fünfundzwanzig Jahre alt. Sein Artikel *Winternacht auf der Jökuldalsheiði* war Teil einer Serie mit dem Titel *Schlaglichter des Landlebens*. Schöner Titel. Die wörtliche Bedeutung des isländischen Titels ist: Elektrifizierung der Landgemeinden. Der Autor, Halldór Laxness, war als Romancier noch nicht richtig wahrgenommen worden, doch er war in Island und auch in Europa viel herumgekommen und hatte mit provokanten Zeitungsartikeln Aufmerksamkeit erregt, die die Isländer aufriefen, sich endlich von ihrer bäuerlichen Vergangenheit zu lösen, und zwar so schnell wie möglich. Die urbane europäische Kultur sollte Island den Weg weisen! Und ein besseres Beispiel als diese Kate am Rande des Hochlands konnte man sich nun wirklich nicht wünschen, wenn man erzählen wollte, wie rückständig das Landleben war. Sænautasel wird zwar nicht namentlich genannt, doch die meisten Leute aus den Ostfjorden ahnten natürlich sofort, worum es ging. Halldór Laxness sammelte auf dieser Skitour auch gleich Material für einen Roman, über den er schon lange nachdachte: Die Geschichte eines isländischen Einödbauern, der verblendet an einer überkommenen Welt festhält und im Namen eines veralteten Unabhängigkeitsbegriffs einen aussichtslosen Kampf führt.

Halldór Laxness hatte in den Westfjorden schon einmal einen ähnlichen Einöd-Hof besucht, als er im Alter von neunzehn Jahren von *Flatey* im Breiðafjörður nach Svínanessel am Kvígindisfjörður kam. Die primitive Art von Landwirtschaft, die die Leute dort betrieben, und der Lebenskampf, den die einfache Landbevölkerung Tag für Tag führen musste – all das hatte er nie vergessen. Nach seiner Reise durch Ostisland, die ihn fünf Jahre später auch nach Sænautasel geführt hatte, ging er nach Los Angeles, um sein

Glück in Hollywood zu versuchen. In der Filmwelt konnte er zwar nicht Fuß fassen, aber dafür schrieb er die erste Fassung eines Romans über einen isländischen Einöd-Bauern mit dem Arbeitstitel *Die Heide* – auch ein Hinweis darauf, dass der Roman in den Ostfjorden spielen könnte. Doch Laxness war nicht zufrieden mit dem Resultat, die Geschichte war zu simpel. Einige Jahre – und Bücher – später, unternahm er jedoch einen neuen Versuch und schrieb sein berühmtestes Buch: *Sein eigener Herr.*

Sein eigener Herr erschien in zwei Teilen 1934 und 1935. Kein Buch von Halldór Laxness wurde in mehr Sprachen übersetzt. Der Roman trägt den ironischen Untertitel *Heldengeschichte* und erzählt von dem Bauern Bjartur, der allein einen Hof bewirtschaftet und auf gar keinen Fall auf jemanden angewiesen sein will. Sein wichtigstes Ziel im Leben ist absolute Unabhängigkeit. Eine große Rolle spielt seine Beziehung zu seiner Pflegetochter Ásta Sóllilja und natürlich der hoffnungslose Kampf, den er führt, um sich und seine Familie auf der Hochebene zu ernähren. Die literarischen Ziele, die sich der Autor beim Schreiben dieses Buches gesetzt hat, sind nicht weniger ambitioniert: Er arbeitet sich an dem Heldenbegriff der *Isländersagas* ab. Er spielt an auf *König Lear,* der am Schluss der Shakespeare-Tragödie ohne Land dasteht und mit seiner sterbenden Tochter im Arm durch die Gegend irrt. Er verweist auf *Don Quijote,* dessen Tragik es ist, dass seine Ideale einfach nicht in seine Zeit passen. Und er stellt sich gegen die Landromantik, die damals in der skandinavischen Literatur sehr verbreitet war und Knut Hamsun gerade erst für seinen Roman *Segen der Erde* den Nobelpreis beschert hatte. Halldór Laxness gelingt in *Sein eigener Herr* das, wovon viele Romanciers träumen: Er erschafft eine kleine Welt, die zum Symbol für das große Ganze wird. Das Leben in einer Torfkate auf einer isländischen Hochebene spiegelt die großen Themen der Zeit. Um das zu erreichen, musste Laxness sich intensiv in die örtlichen Gegebenheiten einarbeiten und genau wissen, wie damals dort Landwirtschaft betrieben wurde, denn die Geschichte spielt eindeutig in den ersten zwei Jahrzehnten des zwanzigsten Jahrhunderts. Doch Laxness brauchte auch eine Gewisse Distanz zu Ort und Thema, um einen analytischen Blick auf die damalige Gesellschaft werfen zu können. Ein isländischer Dichter der Romantik hatte sein schönstes Heimatgedicht in Kopenhagen geschrieben, Laxness schrieb den ersten Entwurf von *Sein eigener Herr* in Hollywood und einige der besten Kapitel in Barcelona – weiter weg von Sænautasel konnte man in Europa nun wirklich nicht sein. Und auch eine Reise in die Sowjetunion hat bestimmt seine ideologische Distanz gegenüber der Romantisierung von harter körperlicher Arbeit und jeder Form von Nationalismus erhöht.

Als ich eine Biografie über Halldór Laxness schrieb, waren seit der Erstveröffentlichung von *Sein eigener Herr* siebzig Jahre vergangen. Da kam ein Mann namens Skúli Guðmundsson zu mir, der auf Sænautasel geboren war und dort die ersten sieben Jahre seines Lebens verbracht hatte. Er erzählte mir, wie sehr sein Vater davon getroffen war, auf welche Art und Weise Laxness den Hof und die dort lebende Familie in *Sein eigener Herr* beschreibt. Auch an dem Zeitungsartikel von Laxness ließ er kein gutes Haar: Die Wohnstube sei viel größer gewesen als von Laxness angedeutet, die Landwirtschaft viel profitabler, das Essen abwechslungsreicher und die Leute seien viel weniger kränklich und blass gewesen als die da unten, tief in ihren Fjorden: »Laut diesem Dichter hat der Bauer einige Schafe gehabt und seine einzige Kuh geschlachtet, um genug Futter für die Schafe zu haben. Folgendes: Das war nicht die erste und nicht die letzte Kuh, die da geschlachtet wurde, ohne dass man noch Jahrzehnte drüber redet. Außerdem sei hier ein für alle Mal gesagt: Die Kuh war unfruchtbar, sie konnte kein Kalb bekommen, es gab also keinen Grund, sie den ganzen Winter durchzufüttern, denn Milch hatte es ja trotzdem gegeben, von den Ziegen. Die hat vielleicht nicht jedem geschmeckt, da muss man sich ja nur die Geschichte über diese alte Frau ansehen, das war meine Großmutter väterlicherseits, die war damals 76 Jahre alt, mehr gibt es dazu nicht zu sagen.« Es war nicht immer leicht für Leute, wenn aus ihnen Personen in den Büchern des isländischen Nationaldichters wurden. Skúli Guðmundsson hat darüber einen langen Aufsatz aus der Perspektive eines Bewohners von Sænautasel geschrieben, und doch war ihm klar, dass Laxness im Prinzip Recht hatte. Auch ein Brief von Skúlis Vater belegt eindrucksvoll, wie schwer es war, auf der Hochebene zu überleben. Er schreibt im Jahr 1930: »So einen harten Winter habe ich noch nie erlebt. Ich denke, dass die Erde erst tauen wird, wenn schon zehn Wochen vom Sommer verstrichen sind.« Und ein Jahr später berichtete er von einem kalten Frühjahr, in dem kaum etwas wuchs, weil die Erde wieder einmal nicht tauen wollte, abgesehen von ein paar Flecken, auf die besonders viel Sonne schien.

Halldór Laxness erzählte schon in dem Zeitungsartikel auf effektvoll übertriebene Art und Weise. In dem Roman spitzte er alles noch weiter zu, und je weiter er sich von historischen Wahrheiten entfernte, desto mehr trat er den Leuten auf Sænautasel zu nahe. Doch die Allgemeingültigkeit leidet darunter ebenso wenig wie die literarische Qualität dieses Werkes, das anhand einer scheiternden Landwirtschaft in der Einöde die großen gesellschaftlichen Veränderungen eines ganzen Landes erzählt. Und auch die Personenbeschreibungen sind unglaublich stark, wahrscheinlich auch aus dem Grund, weil sie keinem allzu strengen Realismus verpflichtet sind. Und sicherlich auch, weil die Romanfiguren in *Sein eigener Herr* an der Grenze zwischen Zivilisation und grausamer Natur leben. Halldór Laxness schrieb einige Jahre später: »Allzu ausgeprägte persönliche Eigenschaften sind in halbzivilisierten Ländern besser aufgehoben [...]. In Ländern, in denen die Zivilisation weit fortgeschritten ist – was nicht selten auf Kosten der Kultur geht – werden extreme Persönlichkeiten allzu schnell von der Allgemeinheit behandelt wie Irre und man fürchtet

Sænautasel: Der Hof wurde um 1990 restauriert und ist jetzt ein Museum.

sich vor ihnen. Die Zivilisation hat keinen Platz für das Grelle, das Fanatische in Wort und Tat, das dem Individuum in einer kleinen Gesellschaft sehr wichtig sein kann.« Vielleicht ist nie etwas Wahreres über die isländische Kunst des Geschichtenerzählens gesagt worden. Ihre Stärke liegt oft in den Personenbeschreibungen und in den besonderen Lebensumständen an der Grenze zwischen Wildnis und Zivilisation.

Halldór Laxness wusste, dass man nicht nur in Ostisland über das reale Vorbild für seinen Bjartur in *Sein eigener Herr* spekulierte. Viele Jahre später wurde er dazu befragt und sagte: »Ich kann für Bjartur keine andere Adresse angeben als meine eigene. Ich habe ihn nie kennengelernt, weder östlich des Gletschers noch westlich, nur in mir selbst.« Doch ohne den Besuch auf Sænautasel wäre die Geschichte über diesen Bauern nie so beeindruckend geworden. Dort hat sie ihren Bezug zur Wirklichkeit bekommen.

SKRIÐUKLAUSTUR

EIN DEUTSCHER HOF IN OSTISLAND

In Island findet das Leben an der Küste statt. In den Fjorden und Buchten. Von dieser Regel gibt es nur wenige Ausnahmen, wie zum Beispiel das Flachland im Süden oder einige Täler, wie das Fljótsdalur in Ostisland. Wenn man, am Ufer des Lagarfljót entlang, in dieses Tal hineinfährt, sieht man viele Bauernhöfe und auch den größten Wald von Island, Hallormsstaðarskógur. Haben die Reisenden ihn hinter sich gelassen, wartet auf sie eine ziemliche Überraschung, taucht doch plötzlich ein Gebäude vor ihnen auf, das aussieht wie aus einer anderen Welt. Das ist Skriðuklaustur. Es wurde 1939 aus den besten Baumaterialien erbaut: dicke Wände, verblendet mit einer Schicht Steinbrockenmauerwerk, dessen Steine von der Bessastaðaá, die hier in der Nähe fließt, rundgewaschen worden sind. So markiert schon die Fassade eindeutig, dass es sich bei diesem Gebäude um etwas ganz Besonderes handelt. Und das, obwohl es ein normales Wohnhaus ist. Eigentlich hätten da noch mehrere Wirtschaftsgebäude im selben Stil gebaut werden sollen, dann hätte Skriðuklaustur wahrscheinlich gewirkt wie ein echtes Herrenhaus.

Doch auch so ist es einzigartig genug unter den isländischen Bauernhäusern, sowohl vom Stil her als auch von seiner Größe. Dreißig Zimmer bei einer Fläche von über dreihundert Quadratmetern, erbaut im böhmischen Stil. Entworfen hat es der bekannte deutsche Architekt Fritz Höger, wobei Skriðuklaustur nicht gerade typisch ist für seinen Stil, den sogenannten Backstein-Expressionismus, in dem beispielsweise eines seiner bekanntesten Gebäude gebaut ist, das Chile-Haus in Hamburg, ein zehnstöckiges Bürohaus, das seinerzeit das größte von ganz Europa war. Diesen isländischen Bauernhof hingegen plante Fritz Höger für seinen Freund, den Schriftsteller Gunnar Gunnarsson, der Skriðuklaustur 1938 gekauft hatte und ein Jahr später von Dänemark dorthin zog.
Kein anderer isländischer Schriftsteller hätte zu dieser Zeit die finanziellen Mittel gehabt, um ein solches Haus bauen zu können – Gunnar Gunnarssons kommerzieller Erfolg war enorm. Da hatte er allerdings auch schon mehr als dreißig Jahre in Dänemark gelebt und schrieb seine Bücher auf Dänisch. Seinen Durchbruch erzielte er mit *Die Leute auf Borg*, das die Dänen 1920 mit großem Aufwand in Island verfilmten, woraufhin in den Zwanziger- und Dreißigerjahren viele Romane folgten, die sowohl bei den Leserinnen und Lesern als auch bei der Kritik beliebt waren. Schauplatz der Romane war dabei stets Island: So basiert sein Roman *Schwarze Vögel*, der 1929 in Dänemark von einigen Kritikern zum Buch des Jahres gewählt wurde, auf den Ereignissen bei *Rauðisandur*.

Besonders gut hat Gunnar Gunnarsson die Welt seiner Kindheit und Jugend in der fünfbändigen Buchserie *Kirche auf dem Berg* beschrieben. Er wurde in unmittelbarer Nachbarschaft von Skriðuklaustur geboren und wuchs dort auch auf, in einer Welt, die typisch war für das isländische Landleben des neunzehnten Jahrhunderts, in der nur selten Geld benutzt wurde und Bildung ein Luxusgut war. Seine Beschreibungen beeindruckten die dänische Leserschaft sehr. Diese Art zu leben war in Dänemark schon lange weitgehend verschwunden und von einer städtisch-bürgerlich geprägten Gesellschaft abgelöst worden. Doch Gunnar träumte davon, das isländische Landleben zu erhalten und wollte seinen alten Nachbarn und Freunden beibringen, wie man im Fljótsdalur Landwirtschaft im großen Stil betrieb, anstatt in Torfkaten vor sich hinzuvegetieren. Es war nicht zuletzt dieser Traum, der ihn zurück nach Island gehen ließ, trotz seines großen Erfolges in Dänemark. Mit der fünfbändigen Serie über sein Aufwachsen und mit den darauf folgenden historischen Romanen über die isländische Besiedlung hatte er sich quasi nach Hause geschrieben – nun wollte er selber als eine Art Siedler zurückkehren.

Unter anderem durch die deutsche Nordische Gesellschaft hatte Gunnar Gunnarsson in den Dreißigerjahren gute Verbindungen nach Deutschland, darunter auch zu führenden Nationalsozialisten. Deutschland war zu der Zeit sein wichtigster Markt gewesen, er machte jedes Jahr eine Lesereise dorthin und bekam dafür gute Honorare. Durch eine dieser Reisen kam auch sein Kontakt zu dem Architekten zustande, den er bei einem Dichterkreis in der Nordischen Gesellschaft in Lübeck kennenlernte: »Wir wollen Gunnar Gunnarsson in Island einen Horst bauen«, sagte Fritz Höger gegenüber der Zeitschrift der Nordischen Gesellschaft. Gunnar Gunnarsson hatte es sich nicht einmal nehmen lassen, noch im Januar 1940 zu einer Lesereise nach Deutschland aufzubrechen, wobei unklar bleibt, ob er das aus politischen oder aus finanziellen Gründen tat oder ob es eine Mischung aus beidem war. Er las an vielen Orten aus seinem Werk, auch in den besetzten Gebieten. Am 20. März hatten seine Freunde es arrangiert, dass er eine Audienz beim »Führer« höchstselbst bekam, Gunnar Gunnarsson ist der einzige Isländer, dem diese zweifelhafte Ehre zuteil wurde. Aus Berlin fuhr er nach Dänemark, äußerte sich dort in Interviews mit dänischen Zeitungen wohlwollend über Hitler, machte sich aber dann so schnell wie möglich auf den Weg nach Island und hatte gerade erst in Norwegen ein Schiff bestiegen, als die Deutschen am 9. April 1940 Dänemark besetzten und Norwegen angriffen.

Am 10. Mai desselben Jahres besetzten die Briten Island. Das veränderte für Gunnar Gunnarsson alles. Und zwar nicht nur, weil die Briten, die natürlich wussten, wie nah er den Deutschen stand, Skriðuklaustur durchsuchten und vermuteten, er würde von dort eine Funkstation betreiben. Genauso schwer wog die Tatsache, dass die britischen Soldaten, ebenso wie ihre amerikanischen Kameraden, die sie im Laufe des Krieges ablösten, durch ihre schiere Zahl das isländische Wirtschaftsleben in kürzester Zeit radikal veränderten. Zeitweise waren bis zu fünfzigtausend Soldaten in Island stationiert, die große Mengen an Devisen ins Land brachten und unzählige Jobs im Baugewerbe und im Dienstleistungsbereich schufen. Um es kurz zu sagen: In Island wurde plötzlich die Arbeitskraft teuer. Vorbei waren die Zeiten, zu denen viele Isländerinnen und Isländer auf dem Land schufteten und zufrieden waren, wenn sie dafür Unterkunft und Verpflegung und vielleicht einen kleinen Anteil am Viehbestand bekamen. Somit war die Grundlage für eine Landwirtschaft im großen Stil auf Skriðuklaustur ein für allemal zerstört, falls es sie überhaupt jemals gegeben hatte. Gunnar hatte großen Aufwand betrieben, musste aber kurz nach dem Krieg seine Niederlage eingestehen; er schenkte Skriðuklaustur dem isländischen Staat und zog mit seiner Frau Franzisca und der Familie nach Reykjavík.

Der isländische Staat hatte sich lange Zeit nur wenig um dieses großzügige Geschenk von Gunnar Gunnarsson gekümmert, doch das ist längst anders. Heute befindet sich in dem Haus ein schönes Café, es gibt wechselnde Ausstellungen über Gunnar Gunnarsson und die Geschichte des Ortes, und das Haus ist auch Sitz einer Stiftung, die sich mit Leben und Werk von Gunnar Gunnarsson beschäftigt. In einem Teil des Hauses befindet sich eine Gästewohnung für Schriftsteller und Wissenschaftler, in der ich einmal in einem Frühjahr einen Monat gewohnt habe, um mich in seine Werke und Archivmaterialien zu vertiefen. In der Woche um Ostern war ich allein dort im Haus und erlebte einen der Kälteeinbrüche, wie es sie hier auch relativ spät im Jahr manchmal gab. Alles versank im Schnee, was mich daran erinnerte, wie weit im Landesinneren Skriðuklaustur liegt. Als ich eines Morgens aufwachte, standen überall Rentiere um das Haus herum. Diese scheuen Tiere, die man sonst hauptsächlich in den Bergen von Ostisland sieht, waren vom Hochland heruntergekommen und hatten bei diesem prächtigen Hof Schutz vor dem schlechten Wetter gesucht.

Der Ort Skriðuklaustur ist allerdings viel älter als dieses imposante Gebäude. Wie der Name schon sagt, war hier vor der Reformation ein Kloster gewesen, ein Augustinerkloster, das erst relativ spät gegründet worden war, nämlich 1493 – die erste Neugründung eines Klosters in Island seit über zweihundert Jahren. Im fünfzehnten Jahrhundert hatte es in Island viele Katastrophen gegeben. Große Vulkanausbrüche, die Pest und andere Seuchen hatten das Land verheert, Eisgang erschwerte Fischerei und Handel, die Temperaturen sanken. Forschungsarbeiten und Ausgrabungen auf Skriðuklaustur, unter anderem auf dem ehemaligen Klosterfriedhof, weisen darauf hin, dass dort Kranke gepflegt und Alte beherbergt wurden, der Ort muss damals ein regelrechtes Spital für ganz Ostisland gewesen sein. Unter der Leitung der Archäologin Steinunn Kristjánsdóttir hat es hier im ersten Jahrzehnt des einundzwanzigsten Jahrhunderts so umfangreiche Ausgrabungsarbeiten gegeben, dass man nun die Ruinen des Klosters nicht weit unterhalb des Hofes besichtigen kann. »Ruinen« zwar auch hier wieder in der isländischen Bedeutung des Wortes, doch sie lassen immerhin den Grundriss des Klostergeländes erkennen. Die Gebäude selbst sind verschwunden, wie die allermeisten isländischen Gebäude aus dem Mittelalter, die hauptsächlich aus Holz und Torf bestanden. Als hätte der Mensch sich für einen Moment aus der Natur heraus erhoben, bevor sie wieder die Überhand gewann.

Die Gebäude des Klosters befinden sich auf einem 1500 Quadratmeter großen Areal, es war also sehr viel größer als die größten Bauernhöfe der damaligen Zeit. Damit ist allerdings nicht gesagt, dass das Kloster eine normale Landwirtschaft betrieben hat. Sicher ist hingegen, dass das Kloster schon bald nach der Gründung fast fünfzig Ländereien in Ostisland besessen hatte und damit für isländische Verhältnisse als wohlhabend galt. Es wohnten nicht viele Ordensbrüder hier, meist nur fünf oder sechs zur selben Zeit, sie mussten ausgebildete Priester sein, und eine solche Ausbildung war zu der damaligen Zeit nicht leicht zu bekommen; nur begüterte Familien konnten es sich leisten, ihre Söhne ins Priesterseminar zu schicken. Aber es arbeiteten natürlich auch viele andere Leute im Kloster, und hinzu kamen diejenigen, die im Rahmen eines Proventvertrags dem Kloster ihren Besitz überschrieben hatten und dafür lebenslang versorgt wurden. Und es wurden stets mehrere Dutzend Kranke geplegt, es verfügte über eine Art Schule und über eine gute Bücherei.

Doch es hielt sich eben nicht sehr lange an diesem Ort. Der dänische König trat im Jahr 1536 mit seinem Reich zum Protestantismus über und führte den lutherischen Glauben circa ein Jahrzehnt später auch in seiner Kolonie ein. Alle Kloster wurden enteignet. Auf Skriðuklaustur konnte das Kloster mit einer Ausnahmegenehmigung noch zehn Jahre weiter bestehen, dann wurde es 1554 aufgelöst. Hiermit gab es das Spital nicht mehr, und auch die anderen wichtigen gemeinnützigen Arbeiten ruhten, die das Kloster einst übernommen hatte. Die zum Kloster gehörige Kirche existierte noch eine Zeit lang weiter, doch im achtzehnten Jahrhundert wurde auch der Kirchenstandort aufgegeben, obwohl die Landwirtschaft im Hof oberhalb des Klosters immer florierte.

Skriðuklaustur ist ein gutes Beispiel dafür, wie die Weltgeschichte auch die entlegensten Gegenden von Europa beeinflusst. Die wichtigsten Gebäude an diesem Ort markieren beide eine Zeitenwende, sind beide am Ende von Epochen erbaut: dem Ende des katholischen Zeitalters in Island und dem Ende der Agrargesellschaft. Die Geschichte kann sich im Großen und im Kleinen bemerkbar machen, wie ich bei meiner Lektüre über Gunnar Gunnarsson herausfand: Am 29. April 1945 flog ein deutsches Spionageflugzeug über das Fljótsdalur, wie es schon einige Male zuvor der Fall gewesen war. Diese Flugzeuge kamen normalerweise aus dem von Deutschland besetzten Norwegen. Dieses Mal erzählte man sich allerdings in der Gegend um Skriðuklaustur, dass das Flugzeug dort etwas abgeworfen hätte, auch wenn niemand etwas gefunden hatte. Eine Woche später kamen amerikanische Soldaten nach Skriðuklaustur und durchsuchten das Haus bis in die letzte Ecke, was den Hausherren natürlich alles andere als freute, zumal sie nicht sagten,

Das Haus Skriðuklaustur, entworfen von Fritz Höger, ist jetzt ein Museum.

wonach sie eigentlich suchten. Letztendlich war es der Dolmetscher, der sich verplapperte: Sie suchten Adolf Hitler. Damals waren einige Tage vergangen, seit der Reichskanzler sich das Leben genommen hatte, doch die Amerikaner waren überzeugt davon, dass die Deutschen versucht hatten, Hitler aus Berlin auszufliegen und an einen sicheren Ort zu bringen. Und das hätte durchaus dieser große, im böhmischen Stil erbaute Bauernhof sein können, in einem isländischen Tal, weit weg vom Meer.

BORGARFJÖRÐUR EYSTRA

DER SCHÖNSTE FJORD VON ISLAND

Schönere Orte als den Borgarfjörður eystra gibt es in Island nicht viele. Vom Hauptort des Bezirks kommend, nimmt man eine Straße, die sich an den Hängen von Njarðvíkurskriður entlangschlägelt und aus der Njarðvík in den Borgarfjörður eystra führt. Früher verlief hier ein schmaler Pfad, auf dem fast immer irgendeine Gefahr lauerte, Eis zum Beispiel, Schnee oder Geröllawinen. Dort zogen Menschen und Pferde im Sommer wie im Winter entlang, von der Gischt des Meeres bespritzt, das direkt unter ihnen brandete. Auf dem Weg kommt man an der Naddagil vorbei, einer Schlucht, die nach dem Ungeheuer Naddi benannt worden war, das Reisenden auflauerte und sie, besonders im Dunkeln, auch gern umbrachte. Im sechzehnten Jahrhundert erschlug ein Bauer das Ungeheuer, woraufhin dort ein Kreuz aufgestellt wurde, als Erinnerung an diese Tat und als Ermahnung an alle Reisenden, sich zu Jesus Christus zu bekennen. In der Mitte des zwanzigsten Jahrhunderts wurde etwas oberhalb des alten Pfades eine Autostraße gebaut, doch auch wer darauf unterwegs ist, kann sich noch lebhaft vorstellen, wie denjenigen zu Mute gewesen sein musste, die diesen Weg bei einem Unwetter zurücklegen mussten oder in dem Nebel, der in dieser Gegend oft dichter und dunkler ist als anderswo.

Der Fjord selbst schneidet nicht sehr tief ins Land hinein, eigentlich wirkt er mehr wie eine Bucht. Dann breitet das Land sich aus, umgeben von Bergen aus verschiedensten Gesteinsarten in reizvollen Formen und Farben. Der Staðarfjall überragt die Szenerie im Osten und ist ein beliebtes Motiv für Malerinnen und Maler, etwas weiter dann der Hvítserkur, an dem man vorbeikäme, auf dem Weg in die nächsten Buchten und Täler. Weiter westlich verlaufen die Dyrfjöll, einer der imposantesten Gebirgszüge Islands, die am ehesten an die Alpen erinnern, eine ganze Reihe von Gipfeln von um die tausend Metern Höhe. Felsen ragen fast senkrecht in den Himmel, darunter Schluchten und Geröllhalden. Man sagt sich, dass niemand je einen dieser Gipfel bestiegen habe, bevor norwegische Seemänner den Dyrfjallstindur kurz nach dem Jahr 1900 erklommen, ihr höchster Gipfel (1137 m) wurde sogar erst 1952 zum ersten Mal bestiegen. Die Dyrfjöll prägen ihre Umgebung, ganz gleich aus welcher Richtung man auf sie schaut. Sie sind so untyptisch für isländische Berge, dass es wirklich so scheint, als hätte man sie anderswo hergeholt.

Die Bewohner im Borgarfjörður eystra haben die längste Zeit von Landwirtschaft und Fischfang gelebt, obwohl es hier keinen Hafen gab und man mit Booten oft nur schwer anlegen konnte, bis 1990 auf Hafnarhólmi ein Hafen gebaut wurde. Es haben ohnehin nie viele Leute hier im Borgarfjörður eystra gewohnt. Um 1900 waren es vierhundert Menschen gewesen, davon einhundert in dem Dorf Bakkagerði. Einhundert Jahre später waren es noch ungefähr 150, davon weiterhin einhundert in besagtem Dorf. Die Landwirtschaft ist nicht mehr das, was sie einmal war, dafür ist der Tourismus hinzugekommen. Früher war diese Gegend sehr isoliert, zu

Zeiten des dänischen Handelsmonopols war der nächste Handelsplatz in Reyðarfjörður gewesen. Wer sich auch nur mit dem Nötigsten versorgen wollte, musste dafür eine Woche Zeit einplanen. Man sagte sich, dass die Leute aus dem Borgarfjörður eystra dauernd in Versuchung waren, mit Hamburgern und französischen Fischern Handel zu treiben, die manchmal vor ihrer Küste lagen, um nicht zu vergessen, dass es noch etwas anderes von der Welt gab als dänische Kaufleute. Wen sollte es wundern?

Etwas anderes von der Welt. An dieser Zeitenwende zwischen dem dünn besiedelten Island der vergangenen Jahrhunderte und einer neuen Zeit; zwischen der isolierten isländischen Landgemeinde und einer ausländischen städtisch geprägten Kultur wurde in der erste Hälfte des zwanzigsten Jahrhunderts eine isländische Kunst und Literatur geboren, die sich zunehmend international orientierte. Wobei man hier im Falle der Literatur vielleicht nicht von einer Geburt, sondern von einer Wiedergeburt sprechen sollte. Es waren oft arme Jungen vom Land – die Mädchen hatten damals noch ganz andere Kämpfe auszufechten –, die sich aufmachten in die Welt, und mit ihnen erwachte ein Traum von »etwas, das klarer ist, blauer«. Dieses Buch erzählt von drei verträumten Jungen von der isländischen Ostküste. Alle drei stammten aus nicht besonders wohlhabenden Familien, und für alle drei wurden die weißen Segel der französischen Schoner zu einem Symbol für eine ferne Welt der Schönheit und künstlerischen Inspiration: Die Schriftsteller Gunnar Gunnarsson (*Skriðuklaustur*) und Þórbergur Þórðarson (*Hali*) und Jóhannes Sveinsson Kjarval, der hier im Borgarfjörður eystra aufwuchs und der bedeutendste isländische Maler des zwanzigsten Jahrhunderts wurde.

Geboren wurde Kjarval allerdings im Süden des Landes, genau genommen auf dem Hof Efri-Ey im Meðalland, einem eher unscheinbaren Landstrich. Er war eines von dreizehn Geschwistern, von denen zwölf die Kindheit überlebten. Zu dem Bauernhof gehörte nicht viel Land – es war aussichtslos, dass es so viele Menschen ernähren könnte, und mit fünf Jahren wurde Jóhannes als Pflegekind zu Verwandten nach Ostisland geschickt, nach Geitavík im Borgarfjörður eystra, in der Nähe des Dorfes Bakkagerði. Wir können uns heute kaum vorstellen, was das damals für eine Reise gewesen war: Jóhannes zog mit Verwandten und mit dem Landpostboten am südlichen Rand des Vatnajökull entlang, über unendliche Sanderflächen und reißende Gletscherflüsse, das Ganze dauerte drei Wochen: »Manchmal saß ich auf dem Pferd, manchmal wurde ich auf einem Sattel festgezurrt, den Kopf hochgebunden, damit er nicht hin und her wackelte. So durchquerte ich die Gewässer – vertakelt wie ein Segelschiff«, sagte er später. Dort, auf Geitavík, blieb er die nächsten zehn Jahre und musste sich auf dem Hof nützlich machen, nicht zuletzt als Schafshirte. Alle, die etwas über Kjarval geschrieben haben, sind sich einig darin, dass dieser Umzug von seinen Eltern und seiner Familie ihn traumatisiert und für sein ganzes Leben geprägt hatte.

Die Bergkulisse am Borgarfjörður eystra. Vorne der Elfenhügel, Álfaborg.

Doch die Landwirtschaft war nichts für ihn: »Ich wäre damals alles andere geworden, nur um nie mehr in einer Hirtenhütte schlafen zu müssen und mit dieser Schafehüterei aufhören zu können – tagaus, tagein, nichts als Schafe. Ganz gleich, was für eine Ausbildung ich hätte machen können – ich hätte sie gemacht.« Schon früh stellte sich heraus, dass er sich nichts sehnlicher wünschte, als zu zeichnen. Er fing mit einem farbigen Bleistift auf Packpapier an und seine Pflegefamilie unterstützte ihn, indem sie ihm Farben gaben, die abfielen, wenn die Frauen in der nächsten Kleinstadt Kleidung und Strickgarn färbten; er nahm aber auch Kälberblut, Tinte oder Ruß und alles andere, was er fand. Doch Kjarval, der später im ganzen Land für seine Naturgemälde verehrt wurde, malte nicht die großartige Bergkulisse, die den Borgarfjörður eystri umgibt, er malte immer dasselbe Motiv: Schiffe. Die weißen Segel der französischen Schoner, die draußen auf dem Meer Dorsche fingen und die großen Auswandererschiffe, die von Island nach Amerika fuhren. »Haben Berge Ihnen damals etwas bedeutet?«, hatte ihn einmal jemand gefragt, und Kjarval hatte geantwortet: »Nein. Schiffe.«

Halldór Laxness stellte diese große Frage in einem Buch über Kjarval im Jahr 1950 ein wenig anders: »Durch welches Wunder beschließt ein junger Mann in einem isolierten Dorf vor fünfzig Jahren, dass er Ölgemälde malen will? Damals hatte man hier in einem ganz anderen Land gelebt. Es gab keine Altmeister, die einen protegierten, keine Schulen, kein Museum, man spürte im Land keine große Begeisterung für die Kunst.« Eine ganz ähnliche Frage hätte man einige Jahre später auch Halldór Laxness selbst stellen können. Was hatte ihn, so jung wie er damals gewesen war, für die Literatur eingenommen? Doch da hatte Island zumindest eine Tradition, es hatte zumindest früher einmal Weltliteratur gegeben. Selbst, wenn es an allem anderen fehlte, konnte man sich zumindest mit den Alten Meistern messen, den Autoren der Sagas. Aber dieser Hirtenjunge im Borgarfjörður eystra hatte nichts, an dem er sich orientieren konnte, keine isländische Malereitradition, er war nie in einem Museum gewesen und hatte keine Alten Meister gesehen.

Ein brennendes Bedürfnis, sich auszudrücken, haben viele Künstlerinnen und Künstler gemeinsam. Kjarval war da keine Ausnahme. Hinzu kam bei ihm das heftige Fernweh, ausgelöst durch die Schiffe am Horizont, eine große Begabung und ebenso großer Fleiß – damit war sein Weg vorgezeichnet. Kjarval zog kurz nach seiner Konfirmation nach Reykjavík. Er arbeitete dort hauptsächlich als Seemann, hatte aber nichts im Kopf als Malerei. Mit Haut und Haar wollte er sich ihr ausliefern und nutzte jede Gelegenheit. 1909 bekam er endlich die Chance, mit einem Schiff nach London zu fahren. Er wurde dort zwar von keiner Schule genommen, aber er konnte sich die Museen und Gemäldesammlungen ansehen und ging dann weiter nach Kopenhagen, schaffte es an die Königlich Dänische Kunstakademie und wurde in den Dreißigerjahren einer der wichtigsten isländischen Maler.

Die Verbindung zum Borgarfjörður eystra ließ Kjarval dabei nie ganz abbrechen. Und er willigte sofort ein, als einige Frauen aus der alten Heimat ihn im Jahr 1914 baten, ein Altarbild für die Dorfkirche zu malen. Es war Kjarvals erster großer Auftrag. Er kehrte den Sommer über in den Borgarfjörður eystra zurück und malte das Gemälde innerhalb eines Monats. Es zeigt Jesus Christus bei der Bergpredigt. Jesus steht auf dem Álfaborg, einem markanten Hügel in der Nähe des Dorfes Bakkagerði, im Hintergrund die Gipfel der Dyrfjöll. In diesem Sommer malte er auch viele Berge, die man vom Borgarfjörður aus sah, und mit den Jahren wurde er der bedeutendste isländische Landschaftsmaler. Er malte anders als die wenigen älteren Vorbilder, an denen man sich damals in Island hätte orientieren können oder mit den Worten von Halldór Laxness: »Ein Landschaftsbild von ihm ist längst nicht nur ein Bild aus der Ferne. Das Land ist verschwunden, und zurück bleibt eine Nahaufnahme der Erde, ein kleines Eckchen Natur, das mit dem vollen Spektrum seiner Komplexität gezeigt wird, egal ob es ein Hügel ist, eine Schlucht, eine moosbewachsene Ebene oder ein Lavahügel, ein Felsen, eine Anhöhe, ein Stein oder ein Fetzen Heidekraut.« Als Kjarval seine alte Heimat in jenem Herbst wieder verließ, begleiteten ihn viele Leute zum Schiff – sie ahnten, was für eine Karriere ihm bevorstand.

Der Borgarfjörður eystra spielt in den Romanen *Die Eismalerin* (2004) und *Die Farben der Insel* (2006) von Kristín Marja Baldursdóttir (* 1949) eine wichtige Rolle. Diese Romane über das Leben der Malerin Karítas Jónsdóttir sind in viele Sprachen übersetzt worden, viele Leserinnen und Leser sind nach Island gekommen, um auf ihren Spuren zu reisen, die einen fast einmal um das ganze Land herumführen. Ein wichtiges Thema in diesen »Karítas-Büchern« ist die Situation der isländischen Frauen in der ersten Hälfte des zwanzigsten Jahrhunderts: »Ich habe viel über das Leben von Frauen und ihre Rolle in der damaligen Gesellschaft nachgedacht und darüber gelesen«, sagt die Autorin in einem Interview: »Ich hatte den Eindruck, dass sie sehr stark oder zumindest sehr fleißig waren und alles am Laufen hielten. Umso mehr hat mich gewundert, wie minderwertig sie sich oft gefühlt hatten und wie unterwürfig sie waren.« Kristín Marja Baldursdóttur erzählt von einer solchen Frau, doch sie erzählt gleichzeitig von der Liebe und der Kunst, den Konflikten, die es mit sich bringt, wenn man träumen will und pflichtbewusst sein muss. Karítas ist in den Westfjorden geboren, eines von sechs Geschwistern. Als ihr Vater stirbt, zieht die Mutter mit den Kindern nach Akureyri. Schnell wird klar, dass Karítas künstlerisch begabt ist, doch es gibt wenig Gelegenheit, das zu fördern. Das ändert sich, als sie eine reiche Frau kennenlernt, die sie ermutigt und ihr ein Kunststudium in Kopenhagen finanziert. Als Karítas zurückkommt, möchte sie in Reykjavík ihre Bilder ausstellen und geht, um das zu finanzieren, nach *Siglufjörður* und arbeitet in der Heringsverabeitung. Dort lernt sie den Seeman Sigmar kennen, verliebt sich in ihn, erwartet auch bald schon ein Kind und lässt sich mit ihrem Mann in dessen Heimat nieder, im Borgarfjörður eystra. Das Haus liegt direkt am Meer, am Rande des Dorfes, aus dessen Fenstern sie keine anderen Häuser sehen und freie Sicht auf den Hügel Álfaborg und den ganzen Gebirgszug der Dyrfjöll haben, doch Karítas regt das nicht zum Malen an, in diesem Buch taugt der Borgarfjörður nicht als Muse: »Umringt von allen diesen Bergen kam sie sich vor wie eine Gefangene.« Karítas bekommt vier Kinder, von denen eines sehr jung stirbt, und während Sigmar auf See ist, ist sie meist mit den Kindern allein, am Rand eines Dorfes am Rande der Welt. Langsam verliert sie im Borgarfjörður eystra die Kontrolle über ihr Leben und die Lust an der Kunst; sie flieht nach Südisland, landet nach Stationen in Öræfi und Eyrarbakki schließlich in Reykjavík und schafft es, das Ruder herumzureißen. So erzählen die Karítas-Bücher von einem langen Kampf um Selbstständigkeit und Gleichberechtigung. Und von der Sehnsucht nach Schönheit.

Jóhannes Kjarval war nicht der einzige Maler mit Verbindungen zum Borgarfjörður eystra. Ein anderer bekannter isländischer Maler ist dort auf dem Hof Snotrunes geboren und aufgewachsen, Elías B. Halldórsson (1930–2007). In dessen jungen Jahren war die Zeit der abstrakten Kunst gekommen, man sah ganz anders auf die Natur als in den Zwischenkriegsjahren, und doch machte Elías B. Halldórsson nie einen Hehl daraus, wie wichtig Kjarval für ihn gewesen war. Auf seinem Heimathof waren Bücher allerdings wichtiger

gewesen als Malerei, was man der figurativen grafischen Kunst von Elías auch ansieht, in der er in erster Linie Geschichten erzählt. Obwohl er im Ausland studiert hatte, standen die Natur und die Welt im Borgafjörður eystra ihm immer nahe. Der Fotograf Einar Falur Ingólfsson schrieb einmal über ihn: »Zwiegespalten, wenn nicht sogar in viel mehr Teile gespalten, war Elías auch in seiner Einstellung zu allem Übersinnlichen. Eigentlich ein überzeugter Realist, gab er wenig auf Religion oder irgendeine Form von Jenseits. Auf der anderen Seite ist er im Borgarfjörður eystra aufgewachsen, wo einiges aus der Vergangenheit länger lebt als anderswo, darunter der Glaube an Elfen, Wiedergänger und Monster. Gyrðir Elíasson ist davon überzeugt, dass sein Vater »auf *irgendeine Weise* an übernatürliche Phänomene geglaubt habe, oder *ein Teil* von ihm das getan habe«.

Magischer Realismus? Vielleicht passt dieses oft benutzte Wort besonders gut zu der Kunst, die ihre Wurzeln am Borgarfjörður eystra hat, in dieser Welt der zwei Weltsichten. Der Sohn von Elías B. Halldórsson, Gyrðir Elíasson, ist nicht dort geboren, hat aber als Kind viele Sommer in Ostisland verbracht, wie man unschwer an seinen Büchern erkennt. Er ist einer der wichtigsten isländischen Schriftsteller der Gegenwart, wurde mit dem Nordischen Literaturpreis ausgezeichnet und ist in viele Sprachen übersetzt. Eine der herausragenden fantastischen Geschichten der isländischen Prosa ist sein Roman *Eichhörnchen auf Wanderschaft* (1987). Das Buch nimmt in Ostisland seinen Anfang. Zuerst scheint alles ganz normal, ein Junge wohnt auf dem Land, weit weg von allem, bei einem älteren Ehepaar. Eines Tages sitzt der Junge am Küchentisch mit einem Blatt Schreibmaschinenpapier und beginnt zu zeichnen: »Ich drücke kräftig auf den Bleistift und gebe mir Mühe. Auf einmal ist eine Strohhütte entstanden mit einer Hofwiese darum, ein kleiner stiller Teich und ein Eichhörnchen.«[4] Und ehe die Leserschaft sich versieht, ist sie schon in einer Parallelwelt verschwunden, in dem die Eichhörnchen auf Wanderschaft gehen und die Traumsonne scheint.

In der kleinen Holzkirche von Bakkagerði, die 1901 geweiht wurde, hängt noch immer das Altargemälde von Jóhannes Kjarval, auf dem Jesus Christus die Bergpredigt hält. Welt der zwei Weltsichten.

HALL

GEBURTSORT EINES ESPERANTISTEN, KOMMUNISTEN UND SPIRITISTEN

Die Ringstraße Nummer 1 führt einmal um Island herum, oder vielmehr einmal um das zentrale Hochland herum, schließlich umschließt sie nicht die Westfjorde und natürlich auch nicht jede Halbinsel und Landzunge, die im Westen und Osten ins Meer hineinragt, und auch die Ostfjorde und viele Fjorde im Norden liegen außerhalb von ihr. Reisende, die ein gutes Auto haben, sich beim Fahren abwechseln und nicht von schlechtem Wetter oder Straßensperrungen ausgebremst werden, können innerhalb eines Tages einmal um Island herumfahren, vorausgesetzt man hält nirgendwo länger an. Im Jahr 1985 drehte Friðrik Þór Friðriksson den Film *Der Ring*, der in achtzig Minuten eine Fahrt rund um Island zeigt. Und am 24. Juni 2016 gab die Band Sigur Rós ein neues Lied heraus und promotete es mit der Filmaufnahme einer solchen 24-Stunden-Fahrt um die Insel herum, die ungeschnitten als »Slow-TV«-Event gezeigt wurde. Mancherorts führt die Ringstraße direkt am Meer entlang und gibt Reisenden ein Gefühl für die Form der Insel, die sie umrunden. Wenn man von Reykjavík aus in Richtung Osten aufbricht, gibt es so ein Teilstück der Ringstraße zwischen dem Öræfajökull, auf dem sich Islands höchster Berg befindet, und der Gletscherlagune und Touristenattraktion Jökulsárlón. Von hier aus muss man nicht mehr weit fahren und sieht rechts, anstatt der üblichen Bauernhöfe, ein riesiges Bücherregal. Das ist Hali, ein Teil der Ortschaft Breiðabólsstaður der aus einer Landwirtschaft, einem Gästehaus, einem Restaurant und einem Museum besteht. Kaum vorstellbar, dass es noch vor einem halben Jahrhundert nicht möglich war, diesen Ort, an dem man nun quasi automatisch vorbeikommt, aus dieser Richtung zu erreichen. Die Straße endete einfach an der reißenden Skeiðará, über die erst seit 1974 eine Brücke führt. Und vor einhundert Jahren war man hier manchmal ganz von der Außenwelt abgeschlossen, wenn viel Wasser in den Flüssen war und zu hohe Wellen auf dem Meer.

Nach einem Ausbruch des Öræfajökull im Jahr 1362 wurden alle Höfe in der Nähe des Gletschers aufgegeben und blieben einige Jahrzehnte unbewohnt, mancherorts auch länger, einige wurden fast das ganze vierzehnte Jahrhundert hindurch nicht bewirtschaftet. Zweihundert Jahre später berichtete man darüber eher lapidar in einer Chronik: »Vulkanfeuer zerstörten alles im Bezirk Litla Hérað. 70 Höfe sind hier zuvor gewesen. Kein Vieh hat überlebt außer einer alten Frau und einer Mähre.« Litla Hérað hieß damals die Gegend, die heute Öræfasveit heißt. Zusammen mit dem Landstrich auf der anderen Seite des Gletschers, wo auch Hali liegt, gehörte diese Gegend ebenfalls zu den entlegensten Orten von ganz Island. Zwischen ihnen mündete die Jökulsá á Breiðamerkursandi ins Meer, die so schwer zu überqueren war, dass man manchmal auf den Gletscher steigen musste, um sie zu umgehen. Der Weg nach Westen aus diesen Landstrichen war von der Skeiðará und anderen Flüssen auf den großen Sanderflächen am Fuße des Vatnajökull versperrt, und in der anderen Richtung kamen auch bald schon die Gletscherflüsse, die in den Hornafjörður flossen und die Gegend vollends von der Außenwelt abschneiden konnten, wenn sie viel Wasser führten. Man musste die Flüsse auf Pferden durchschwimmen, was nicht allen möglich war. Es gab nicht viele, die es im Mittelalter und in der frühen Neuzeit auf sich nahmen, hier zu leben.

Über Jahrhunderte hinweg hatten die wenigen Leute, die es sich doch trauten, genug damit zu tun, ihr Überleben zu sichern. Sie arbeiteten von früh bis spät, zwischen einem unberechenbaren Gletscher und Vulkan und einem hafenlosen Meer zwischen reißenden Strömen. Wirtschaftlich gesehen veränderte sich hier über Jahrhunderte nichts. Das siebzehnte Jahrhundert dauerte bis ins zwanzigste Jahrhundert. Die Menschen hielten Schafe, auf die man dauernd aufpassen musste, damit sie nicht irgendwo festsaßen und umkamen, und sie ruderten zum Fischen auf den Nordatlantik hinaus oder auf eine nahe gelegene Insel namens Hrollaugseyjar, um Robben oder Haie zu jagen. Doch auch diese Gegend brachte Dichtkunst und Kultur hervor, darunter den größten Sonderling und Eigenbrötler der isländischen Literaturgeschichte, Þórbergur Þórðarson. Seine Bücher sind es, die das Bücherregal füllen, das man von der Ringstraße aus sieht.

Þórbergur Þórðarson wurde 1888 auf Hali im Suðursveit geboren. Auf dem elterlichen Hof gab es damals 25 Mutterschafe, zwei Kühe und drei Pferde, die Leute fingen Fische, so gut das eben in einer Gegend ohne Hafen ging. Þórbergurs Bruder Steinþór erzählt in seinen Memoiren, dass drei Dinge die Menschen damals besonders geplagt hatten: Mangel an Essen, Mangel an Feuerholz und Mangel an Schuhen. Doch auch in diesem Existenzkampf gab es Bücher: Der Vater von Þórbergur Þórðarson las viel und gründete zusammen mit seinen Nachbarn eine Bücherei, seine Mutter stand dem Vater in Belesenheit in nichts nach, wobei der Vater zu den *Isländersagas* griff, aus denen er sein Wissen über sein Vaterland bezog, die Mutter eher zur zeitgenössischen Literatur.

Richtig feiern konnte man hier allerdings nur, wenn eines der französischen oder flämischen Segelschiffe strandete. Wenn die Besatzung nicht zu schaden kam, war das für die Leute hier ein unglaublicher Glücksfall: »›Was für eine schöne Strandung‹, sagten die Leute, wenn ein Schiff noch gut geladen hatte: dieses wunderbare französische Weißbrot, Kartoffeln, Schweinespeck, Salz, Kohle, Rotwein, Cognac, Angeln, Angelblei, Messer, Draht und Seile, und dann das Schiff selbst. Die Masten, die Takelage und der Bugspriet brachten wertvolles Holz, Nägel und alle möglichen anderen Eisenteile, die für unsere Häuser und unser Heu bei starkem Wind von Nutzen waren«, schreibt Þórbergur Þórðarson in einem Buch über diesen Ort seiner Kindheit. Nach einer solchen Strandung brauchte man in der Umgebung mindestens vier Hochzeiten und einen Todesfall.

Es waren nämlich nicht nur die baskischen Walfänger, von denen im Kapitel *Álftafjörður bei*

Ísafjörður die Rede ist, die vor der isländischen Küste über Jahrhunderte hinweg fischten. Das taten auch die Flandern und Fischer von der Nordküste Frankreichs und aus der Bretagne. Dreihundert Jahre lang fingen sie im Meer vor Island Dorsch. Den Höhepunkt bildete dabei das neunzehnte Jahrhundert, wo die Schiffe vom Frühjahr bis in den Herbst fast ein halbes Jahr auf See blieben. In dem Geburtsjahr von Þórbergur Þórðarson waren wohl um die zweihundert Schiffe vor der ostisländischen Küste unterwegs gewesen; zweimastige Schoner mit ungefähr zwanzig Mann Besatzung, die von Hand mit Langleinen im eiskalten Nordatlantik fischten, und bei der Stange und bei Gesundheit gehalten wurden von einem großen Vorrat an Branntwein, meist einer Art Wacholderschnaps, einer Vorform des Gins. Der Dorsch wurde an Bord eingesalzen und war zur Fastenzeit ein beliebtes Essen in katholischen Ländern. So war das Leben dieser armen Fischer, die monatelang auf See verbrachten und von denen nicht alle ihre ferne Heimat wiedersahen. Man nimmt an, dass insgesamt vierhundert französische Segelschiffe im Laufe der Jahrhunderte vor Island gesunken sind, wobei mehr als fünftausend französische Seeleute ihr Leben ließen.

Doch aus der Perspektive der armen Landbevölkerung betrachtet, die nur unter großen Mühen mit ihren Ruderbooten aufs Meer hinauskam, waren das natürlich schwimmende Schlaraffenländer! Und die weißen Segel am Horizont symbolisierten für sie die große weite Welt jenseits des Meeres. Natürlich war es für die Isländer, die zu dieser Zeit noch kein seetüchtiges Schiff besaßen, schmerzlich zu sehen, wie ausländische Schiffe direkt vor ihren Augen so einen wertvollen Fang machten: »Weißt du, was der Franzose da alles bekommt? / Unsere Boote sind zu klein, das Gold zu weit draußen / Wie lange wollt ihr noch schlafen, Freunde, / tatenlos am Strand?«, dichtete darüber Einar Benediktsson. Eigentlich mussten die ausländischen Schiffe einen Mindestabstand von drei Meilen zur isländischen Küste einhalten, doch das wurde kaum kontrolliert. 1886 hatte der Naturforscher Ólafur Davíðsson das ganze einmal ausgerechnet: »In den letzten sechzehn Jahren haben die Franzosen vor Island Dorsch im Wert von achtzig Millionen Kronen gefangen. Das ist mehr als die gesamten Einnahmen von Island der letzten 93 Jahre.«

Bei einem verträumten Jungen, wie Þórbergur Þórðarson einer war, weckten diese weißen Segel ein ganz besonders großes Fernweh: »Zwei Dinge haben in meinen Kindheitsjahren Leidenschaft in mir geweckt, das himmelblaue Meer und französische Schiffe unter weißen Segeln«, hatte er einmal gesagt. Ein ganz ähnliches Gefühl beschreibt übrigens Gunnar Gunnarsson (*Skriðuklaustur*) in den Geschichten aus seiner Kindheit und auch Jóhannes Sveinsson Kjarval, der einmal der berühmteste Maler von Island werde sollte und im *Borgarfjörður eystra* aufgewachsen ist, wo er wieder und wieder am Küchentisch mit den Wollfarben seiner Pflegemutter Segelschiffe zeichnete.

Þórbergur Þórðarson wuchs zwar umgeben von Büchern in einer guten Familie auf, doch ansonsten war in der Gegend kaum etwas los. Es gab dort keine Zukunft für einen Jungen, der etwas anderes als Landwirtschaft im Kopf hatte, körperliche Arbeit nur schlecht vertrug, sich in jeder freien Minute mit Naturwissenschaften und Literatur beschäftigte und von der großen weiten Welt träumte, die die weißen Segel ihm versprochen hatten. Er verhielt sich auf seinem eigenen Heimathof wie ein Entdecker auf Forschungsreise, sammelte Geräte zur Wetterbeobachtung, maß den Sonnenstand und zeichnete Landkarten, sodass er in den Augen der anderen Bewohner des Suðursveit bald als »der Sonderling von Hali« galt. Dieser Junge, der die ganze Zeit las, grübelte und sich in etwas vertiefte, entdeckte schießlich selbst den Satz des Pythagoras. Das sagte er zumindest später einmal und fügte hinzu: »Danach dachte niemand mehr, dass ich noch alle Tassen im Schrank hatte.« Auch den Eltern war irgendwann klar geworden, dass der Junge von hier weg musste, obwohl er der älteste von drei Brüdern war und eigentlich den Hof hätte übernehmen sollen. Mit achtzehn Jahren ging Þórbergur Þórðarson nach Reykjavík, das von hier aus so fern schien, dass selbst eine Frau aus Vík í Mýrdal – dem nächsten Dorf weiter westwärts – den Leuten von hier geradezu exotisch vorkommen konnte.

Als mittelloser Junge vom Land im Jahr 1906 nach Reykjavík zu kommen, hatte nichts Romantisches. Þórbergur Þórðarson erwartete als erstes Fronarbeit auf einem primitiven Fischkutter, er musste sich unter braunen Segeln besinnungslos fischen, wie er es ausdrückte. Aber seine Neugier, sein Forscherdrang war unbesiegbar, ebenso wie sein Drang sich auszudrücken, den er später einfach »Schreibkrankheit« nannte, und das machte ihn zum Schriftsteller – zum Esperantisten und Spiritisten und Kommunisten und oft alles auf einmal. Am besten konnte er über sich selbst schreiben. Das tat er so gut, dass seine Stimme in der isländischen Literatur völlig einmalig ist. In seinen späteren Jahren schrieb er sein *verlorenes Paradies*, eine Reihe von Büchern über seine Kindheit auf Hali im Suðursveit: »Es war mir schon immer ein Anliegen, das Große im Kleinen zu sehen«, schreibt er dort: »Nichts, was einmal existiert hat, hört damit wieder auf.«

Deswegen ist es umso passender, dass heute an dem Ort seiner Kindheit ein Museum über Þórbergur Þórðarson steht. Zu verdanken ist dies seinen Verwandten, die heute dort leben und sich in jahrelanger Arbeit mit unermüdlichem Engagement für dieses Museum eingesetzt haben, obwohl es zunächst nur wenig öffentliche Förderung dafür gab. Ein Museum, dessen Fassade gestaltet ist wie ein Bücherregal und einem eine ganze Welt eröffnet, nachdem man es betreten hat – wie ein gutes Buch eben. Ich habe manchmal auf Hali übernachtet, als ich über Þórbergur Þórðarson geschrieben habe. Schon nach einigen Tagen an diesem ungewöhnlichen Ort hatte meine Art zu denken und Zeit wahrzunehmen sich verändert. Es war gut, daran erinnert zu werden, dass vor einhundertfünfzig Jahren noch neunzehn von zwanzig Isländern auf Bauernhöfen lebten – letztendlich kommen wir alle vom Land.

Das Museum von Hali.
Die Außenwand wird von den gesammelten Werken
von Þórbergur Þórðarson geformt. Links dahinter der alte Hof von Hali.

Von Hali aus kann man auch viele Wanderungen unternehmen, großartige Natur entdecken, die Spuren von zahlreichen Gletscherläufen und Vulkanausbrüchen sehen und das eingelöst finden, was der Titel des ersten Bandes der Bücher von Þórbergur Þórðarson über seine hiesige Kindheit verspricht: *Die Steine sprechen*. Auf der anderen Seite der Ringstraße, gegenüber von Hali, ist ein solcher sprechender Stein, aufgespalten in drei schön behauene Teile, die dennoch erkennbar zusammengehören, zur Erinnerung an die drei Brüder auf Hali (ihre einzige Schwester starb in ihrem ersten Lebensjahr) – die beiden, die auf Hali blieben und den, der von zu Hause fortging, um dann den Landsleuten auf so unvergessliche Weise von seiner Heimat zu erzählen.

LAKAGÍGAR

WO DIE FRANZÖSISCHE REVOLUTION BEGANN

Der Frühling des Jahres 1783 war in Südisland ein »solch wundersames Gottesgeschenk, der das Vieh und alles in der Erde so prächtig gedeihen ließ, wie es hier seit zwölf Jahren nicht gesehen ward«, schrieb Pastor Jón Steingrímsson in einer der wichtigsten Quellen, die uns zu Vulkanausbrüchen früherer Zeit vorliegen. Doch auch in dieses erfreuliche Wetterereignis mischten sich bereits Anzeichen dessen, was bevorstand: Blauer Rauch stieg aus der Erde auf, Seeleute sahen vom Meer aus, wie an der Südküste Flammen aus den Bergen schlugen, die Skaftá führte ungewöhnlich viel Wasser, das auch noch besonders trübe war, und im Mai verspürten die Menschen im Südosten von Island die ersten Erdbeben. Einer der größten Vulkanausbrüche in der isländischen Geschichte kündigte sich an – der Ausbruch der Laki-Krater. Am Pfingssontag, dem 8. Juni, ging es los. Eine Rauchwolke stieg auf, die so groß war, dass sie bald den ganzen Bezirk von Vestur-Skaftafellssýsla bedeckte und man in den Häusern nichts mehr sah, am hellichten Tag. Eine Lavasäule schoss tausend Meter in die Höhe, Gase ließen die Sonne rot aussehen, saurer Regen fiel, der in den Augen und auf der Haut der Menschen und Tiere brannte.

Der Ausbruch war auf dem Hochland, nordwestlich von Kirkjubæjarklaustur. Zehn parallel zueinander verlaufende Erdspalten platzten auf, 140 Krater bildeten sich auf einer Länge von 27 Kilometern, und ziemlich genau in der Mitte von allem lag der Berg Laki, nach dem dieser Ausbruch benannt wurde. Unweit von Kirkjubæjarklaustur beginnt eine Piste, auf der man mit einem Jeep bis zum Berg Laki fahren kann, eine schöner Weg durch eine friedlich wirkende Landschaft. Auf den Berg selbst kann man ohne allzu große Anstrengung hinaufsteigen und die Kraterkette von oben betrachten. Deutlich schwieriger ist es hingegen, sich vorzustellen, was hier von Juni 1783 bis in den Februar 1784 hinein los gewesen sein musste, denn so lange hielt dieser Ausbruch an. In den ersten fünf Monaten gab es zehn Ausbruchsphasen, die jeweils durch Gasexplosionen eingeleitet wurden, die mehrere Tage anhielten. Dann trat einige Wochen lang Lava aus. Am Ende hatte die Lava ein Gebiet von rund 600 Quadratkilometern bedeckt, doch damit nicht genug: Die Explosionen schleuderten vulkanisches Material bis in dreizehn Kilometer Höhe, sodass sie sich über ein Gebiet von 750 000 Quadratkilometern verbreitete. Und das hatte verheerende Folgen.

Der Ausbruch der Laki-Krater verursachte die größte Not, die je in Island geherrscht hatte. Aufgrund des starken Ascheregens wurde sie auch »Nebel-Elend« genannt. Zwischen 1783 und 1786 ging die Bevölkerung in Island von ungefähr 50 000 auf 40 000 Menschen zurück, ungefähr ein Fünftel der Bevölkerung war an Hunger oder Seuchen gestorben. Die Vulkanausbrüche hatten niemanden direkt getötet, die Lava hatte zwar einige Höfe zerstört, doch deren Bewohner konnten rechtzeitig fliehen. Es war die giftige Asche, die das Land verheerte, indem sie sich über fast ganz Island ausbreitete, das Vieh dahinraffte, das hauptsächlich aus Schafen bestand, und die größte Hungersnot der isländischen Geschichte auslöste. Ein weiteres Problem war, dass Teile der Asche so viel Fluor enthielten, dass es die Zähne der Tiere angriff und sie kein Gras mehr fressen konnten: Zwei Drittel des Viehbestands verhungerte – und dann hungerten auch die Menschen.

Bischof Hannes Finnsson beschrieb in seinem Buch *Menschenschwund* eine Missernte von 1796: »Als das meiste Vieh eingegangen war und das wenige, was den Menschen bleib, keine Leibesfrucht trug, war nicht nur der Menschen Vermögen und Besitz verloren. Es wuchs auch nichts mehr, und es herrschte großes Darben, alsdann fanden auch die Menschen den Tod. Sie litten Hunger und Not, Krankheiten befielen sie, darunter Skorbut, Mumps und Ruhr. Der Hunger war überall, sogar an den Pfarrern und an den reichen Bauern sah man ihn.« Die Menschen lebten von Wasser und Pflanzen, gruben alte Fischreste aus, zerhackten Heu, aßen Leder und sogar Hunde. Mangelkrankheiten rafften viele dahin, und dann brach 1785 auch eine Pockenepidemie aus. Island war eine dänische Kolonie und durfte auch zu dieser Zeit nur mit der dänischen Krone Handel treiben, die Verwaltung funktionierte schlecht. Das Land war in keinster Weise in der Lage, auf eine Katastophe von solchem Ausmaß zu reagieren. Es war eine furchtbare Zeit.

Doch der Ausbruch der Laki-Krater wirkte sich nicht nur auf Island aus. Schon bald handelte es sich um den größten Vulkanausbruch, den die Nordhalbkugel seit tausend Jahren gesehen hatte. Es gelangte zum Beispiel sechs Mal mehr Schwefeldioxid in die obere Atmosphäre als bei dem riesigen Ausbruch des Krakatau im Jahr 1883. Die Auswirkungen des Laki-Ausbruchs sind gut erforscht worden. Die enorme Menge an ausgestoßenem vulkanischen Material veränderte die Winde in den höheren Luftschichten und damit das Klima in großen Teilen der Erde, bis hin nach Indien, Amerika und Japan. Die winzigen Ascheteilchen verdunkelten die Sonne; in London wurde es so dunkel, dass Benjamin Franklin 1784 in Paris bei einem Vortrag folgendes sagte: »Im Sommer des Jahres 1783, zu der Zeit als die Kraft der Sonne am größten sein sollte, lag ganz Europa unter einer Glocke dichten Dunstes und ein großer Teil von Nordamerika ebenso. Das war ein trockener Nebel, der sich nicht verzog; die Strahlen der Sonne vermochten nicht, ihn aufzulösen.« Dann überlegte Franklin, ob ein Vulkanausbruch in Island als Ursache in Frage käme, und heute wissen wir: Er hatte Recht. Wenngleich er nicht genau wusste, wo in Island dieser Ausbruch stattgefunden hatte.

Am schlimmsten war, dass sich durch den Ausbruch der Laki-Krater das Klima in Europa um durchschnittlich 1,6 Grad abkühlte. Und das für eine ziemlich lange Zeit. Von 1783 bis 1786 wurde eine signifikante Abkühlung gemessen und führte zu Missernten, Hungersnöten und Seuchen, u. a. in Frankreich, wo die Lebensmittelknappheit bald zu großer Wut in der Bevölkerung führte. So ist es durchaus denkbar, dass der Laki-Ausbruch zum Ausbruch der Französischen Revolution von 1789 beigetragen hat:

Oben
Lavaformation bei der Piste,
die zu Laki und Lakagígar führt.

Rechte Seite
Vorne ein Teil der Kraterreihe, Lakagígar,
hinten sieht man die Lava.

Die Ernten wurden schlechter und schlechter, aber die Oberschicht forderte dennoch höhere Steuern.

Doch auch auf diese Tragödie folgten große Leistungen der isländischen Literatur. In Island wird der Ausbruch der Laki-Krater oft mit dem Namen Jón Steingrímsson in Verbindung gebracht. Jón Steingrímsson wurde 1729 geboren und verlor früh den Vater. Seine Mutter war arm, doch Wohltäter ermöglichten ihm den Besuch der höheren Schule, er wurde Diakon und Verwalter auf dem Hof Reynistaður im Skagafjörður (siehe *Beinahóll auf Kjölur*). Dort heiratete er 1753 eine junge Witwe namens Þórunn Hannesdóttir Scheving, wonach ziemlich schnell das Gerücht aufkam, sie hätten ihren ersten Ehemann gemeinsam ermordet, weil er Þórunn gegenüber gewalttätig war. Das üble Gerede belastete die beiden so sehr, dass sie 1755 beschlossen, nach Vík í Mýrdal in Südisland zu ziehen. Da Þórunn schwanger war, ging Jón zuerst allein dorthin und wohnte sogar einen Winter mit seinem Bruder in einer Höhle. Dabei wurde er Zeuge eines größeren Ausbruchs der Katla, bei dem er sich in der Beobachtung vulkanischer Aktivität üben konnte.

Schließlich wurde er Pastor und Propst in Kirkjubæjarklaustur, sodass er sich mitten im Geschehen wiederfand, als der Ausbruch der Laki-Krater begann. Er floh nicht und half seinen Gemeindemitgliedern, wo er konnte. Bis heute in ganz Island bekannt ist die sogenannte »Feuermesse«, die Jón am 20. Juli 1784 in der Kirche von Kirkjubæjarklaustur hielt. Lava strömte auf die Kirche zu. Sie war so nah, dass man das Knistern und Knacken schon in der Kirche hörte und die Gemeindemitglieder annahmen, dass das die letzte Messe wäre, die sie in ihrer Kirche feiern würden. Einige Tage zuvor schrieb Jón Steingrímsson, es sei gekommen »ein garstig Ausbruch von Feuer aus der Spalte Lakagígar mit Brodeln und Krachen und Bersten und solch garstig Lärm, dass alle den Verstand verloren, überall ward Feuer und Donnergrollen, niemand kam zu Atem. Feuerzungen zündelten an den Höfen, und doch niemand fand den sofortigen Tode. Diese ganzen Wochen sah man nicht den Himmel und nicht die Sonne ob des dichten Rauches und Qualms, die über allem lag. Der schrecklichste aller Tage war der achtzehnte Juli, da dachte ich, alles würde zu Schanden gehen. Da hat von den hiesigen Menschen niemand in den Schlaf gefunden, auch nicht für kurze Zeit.« Das sind die Umstände, unter denen Jón Steingrímsson seine beseelte Predigt vor der Gemeinde hielt; der Lavastrom kam kurz vor der Kirche zum Stehen und zerstörte sie nicht. Die Gemeinde wird das sicherlich seinem unerschütterlichen Glauben und seiner Wortgewalt zugeschrieben haben.

Diese Geschichte zeigt vielleicht gut, wie sehr Jón Steingrímsson sich in zwei verschiedenen Welten bewegte, der Welt des inbrünstigen Glaubens und der neuzeitlichen Naturwissenschaft. Er hatte großes Interesse an der damals modernen Medizin, beobachtete den Ausbruch der Laki-Krater wie ein Naturforscher und dokumentierte ihn unermüdlich mit Berichten, aus denen einige Jahre nach dem Ende des Ausbruchs ein Übersichtswerk mit dem Titel »Vollständige Schrift über die Feuer von Laki« entstand, das auch ins Englische übersetzt wurde. Das Werk zeigt einen klugen Autor, der an einer Zeitenwende steht. Im Geiste der Bibel ist er überzeugt, dass die Menschen mit ihrer sündigen Lebensweise diese Strafe Gottes über sich gebracht haben: »Hier lebten die Menschen in eitel Völlerei und Trunksucht, viele verweigerten einfache Nahrung, sogar das gemeine Volk, das Gesinde und die Taugenichtse, alle wollten nur das Beste und Würzigste, und bei der Sauferei und dem Tabak war es nicht anders.« Dann wiederum beschreibt er die Ausbrüche mit einer derartigen wissenschaftlichen Genauigkeit und auch einige Phänomene, die damit einhergingen, wie zum Beispiel die Fließbewegungen der Lava und das sogenannte »Pele-Haar«, dünne Fäden vulkanischen Glases, die entstehen, wenn Wind oder Gasströme die Magma dort, wo sie austritt, verweht und sie sich dann in langen, an Wollfäden erinnernden Fasern wieder auf der Erde ablagert. Aufgrund seiner Auffassungsgabe und der genauen Beschreibungen zählt er zu den interessantesten Pionieren der Vulkanologie.

Für die isländische Literaturgeschichte hat allerdings seine Autobiografie die größte Bedeutung. Eigentlich war sie gar nicht zur Veröffentlichung gedacht, sondern nur für seine Töchter und deren Nachkommen und sollte danach vernichtet werden, doch sie wurde gerettet, der isländischen Leserschaft kurz vor 1900 in Teilen zugänglich gemacht und erschien in Gänze im Jahr 1913. In dem Jahr, in dem die Ausbrüche der Laki-Spalte endeten, starb Jón Steingrímssons Ehefrau. Da begann er, diese Autobiografie zu schreiben und arbeitete an ihr, bis auch er starb. Es war eine Art Verteidigungsschrift, zum einen wegen der alten Mordgerüchte und zum anderen aufgrund von Anschuldigungen, er habe Geld aus einem Hilfsfonds für die Opfer des Vulkanausbruchs unterschlagen. Und zum dritten aufgrund dessen, was man sich über seine Frauengeschichten erzählte.

Jón Steingrímsson baut seine Geschichte auf wie eine Heiligenbiografie alten Stils, mit sich selbst als einer Art Christus, dem unzählige Prüfungen auferlegt werden, die im Laki-Ausbruch ihren Höhepunkt finden, wonach er endlich die Möglichkeit bekommt, seinen wichtigen Beitrag zu Gottes großem Plan zu leisten. Er ist furchtlos, »wenn die Erde und die Häuser zitterten und bebten, die Donnerschläge dröhnten, Feuer mich umflog und die Finsternis von allen Seiten dräute«. Seine Beschreibungen sind so lebhaft, das alles ist so gut erzählt, dass man schnell merkt, dass er nicht nur eine religiöse Schrift verfasst hat, sondern eine Autobiografie von großer literarischer Qualität. Der Literaturwissenschaftler Matthías Viðar Sæmundsson schreibt dazu: »Pastor Jón Steingrímsson beschreibt seine Anfechtungen auf so ehrliche Weise, wie es in der Literatur des achtzehnten Jahrhunderts seinesgleichen sucht. Geisteskrankheiten, sexuelle Fantasien und Selbstmordgedanken gehören nicht zu den Dingen, von denen man damals gemeinhin erzählte.« Ein großer Teil des Romans *Hundstagekönig* von Einar Már Guðmundsson (2015) basiert auch auf dem Leben von Jón Steingrímsson.

Der Ausbruch der Laki-Spalte markiert eine Zeitenwende. Er trug nicht nur zu politischen Revolutionen in Europa bei – er revolutionierte auch die Art und Weise, wie sich Individuen in Island über ihr Seelenleben äußerten. Nach dieser furchtbaren Katastrophe war nichts mehr, wie es früher war. Es ist interessant, das im Hinterkopf zu behalten, wenn man auf diese jetzt so friedliche, inzwischen bewachsene Kraterlandschaft blickt. Und unser Jón Steingrímsson inspiriert noch immer zu literarischen Taten: Vor einigen Jahren schrieb Ófeigur Sigurðsson einen Roman, der auf der Zeit basiert, die Jón Steingrímsson in der Höhle verbracht hattte: »Roman über Jón und die von ihm verfassten Briefe an seine ein Kind erwartende Frau, als er einen Winter lang in einer Höhle lebte und ihre Ankunft vorbereitete und die von neuen Zeiten«. Neue Zeiten: Pastor Jón hatte sie geprägt, obwohl sein Glaube aus einer viel älteren Zeit kam.

HVERAGERÐI

DORF DER DICHTER

Hveragerði ist ein faszinierender Ort. Das fand ich schon, als ich als kleiner Junge dorthin kam, um meine Großeltern zu besuchen, die dort ein kleines Sommerhaus hatten. Von der Hochebene hinunterzukommen, die zwischen Reykjavík und Hveragerði liegt, war damals ein ziemlich haarsträubendes Unterfangen, denn die Straße war sehr kurvig und galt regelrecht als gefährlich. Im Ort angekommen, sah man manchmal die Hand vor Augen nicht, weil so viel Dampf aus den heißen Quellen aufstieg, überall roch es nach Schwefel. Dann waren da die unasphaltierten Straßen mit ihren vielen kleinen Häusern, die Gewächshäuser, das Brot, das meine Großmutter manchmal in dem Dampf der heißen Quellen gebacken hatte, Gärtner steckten Kindern stattliche isländische Tomaten zu und an dem Berghang, am anderen Ufer der Varmá, war das beste und lange Zeit auch größte Schwimmbad des Landes.

Das Dorf an sich ist nicht alt, es entstand um eine Molkerei herum im Jahr 1929. Ziemlich genau in seiner Mitte war ein Geothermalgebiet, das die Bewohnerinnen und Bewohner bald zu nutzen lernten, um ihre Häuser zu heizen, Essen zu kochen, Wäsche zu waschen und Brot in Kästen an den Quellen zu backen, eine Zeit lang hatte fast jedes Haus seine eigene geothermale Wärmeversorgung. Das Dorf entstand in sehr kurzer Zeit, und es dauerte ebenfalls nicht lange, bis man begann, in mit Erdwärme betriebenen Gewächshäusern Gemüse anzubauen. Aufwändige Genehmigungsverfahren gab es damals noch nicht.

In Reykjavík war der Wohnraum knapp und teuer, sodass in den Jahren um 1940 viele Schriftsteller und Künstler nach Hveragerði zogen und sich dort Häuser bauten. Manche ließen sich hier auf Dauer nieder, andere blieben nur für kurze Zeit, wiederum andere kamen nur im Sommer. Die Straße, in der sie sich niederließen, hatte damals noch gar keinen Namen und war so schlecht, dass man sie am besten nur mit Gummistiefeln betrat. Bald wurde sie von allen »Dichterstraße« genannt.

Zu den ersten, die kamen, gehörten zwei der damals bekanntesten Schriftsteller: Jóhannes úr Kötlum und Kristmann Guðmundsson – zwei Menschen, die unterschiedlicher kaum hätten sein können. Jóhannes úr Kötlum (1899–1972) stammte aus dem Laxárdalur, schrieb Gedichte und Romane. Anfangs eher einem spätromantischen Patriotismus nachhängend, besaß er die große Fähigkeit, seine Lyrik immer wieder gedanklich und formal zu erneuern und war nach dem Krieg einer der Pioniere des isländischen Gedichtes ohne Reim, obwohl ihm moderne Ideen sonst eher fremd waren. Er war ein glühender Patriot und arbeitete oft mit Motiven und Versatzstücken aus Volkssagen, war ein radikaler Gegner der US-amerikanischen Militärpräsenz auf isländischem Boden, was er oft in seiner Dichtung thematisierte sowie in Artikeln und Reden. Jóhannes úr Kötlum schrieb fünf Romane und zwanzig Gedichtbände, wobei viele seiner Gedichte damals sehr beliebt waren, nicht zuletzt seine Gedichte für Kinder – zum Beispiel das über die dreizehn isländischen Weihnachtsmänner.

Kristmann Guðmundsson (1901–1983) war ein armer Junge vom Land und ebenso wie Jóhannes úr Kötlum fest entschlossen, Schriftsteller zu sein. 1924 zog er nach Norwegen, wo die dortige literarische Welt auch bald auf ihn aufmerksam wurde. Er war Autodidakt und schrieb auf Norwegisch, unter anderem einige, wenn man das so nennen kann, neoromantische Liebesromane – Unterhaltungsliteratur, die auf verschiedenen Dreiecksbeziehungen basiert, zum Beispiel *Morgen des Lebens* (1934). In Norwegen waren diese Bücher ziemlich beliebt, in den Dreißigerjahren wurden sie sogar in andere Sprachen übersetzt, allein acht von ihnen ins Deutsche. Auf dem Höhepunkt seines Erfolges beschloss er 1939 nach Island zurückzugehen, konnte jedoch dort bei der Leserschaft nie dieselbe Beliebtheit erlangen. Gleichzeitig war ihm der Zugang zum norwegischen Buchmarkt nach der deutschen Besatzung versperrt. Seine Bücher waren in Island nie besonders erfolgreich gewesen, weder bei Leserinnen und Lesern, noch bei der Kritik. Wenn überhaupt, interessierten sich die Leute für sein Privatleben, schließlich war er neun Mal verheiratet und ließ sich jedes Mal wieder scheiden. Im Kalten Krieg bezog er eindeutig Position gegen die Kommunisten – und damit gegen Jóhannes, seinen Nachbar in Hveragerði –, und nach seiner Autobiografie zu urteilen, schien er auch nicht ganz frei von Verfolgungswahn zu sein. Zumindest beschuldigte er den politischen Gegener, durch Beziehungen zur isländischen Post ausländische Verlagsverträge aus an ihn adressierten Postsendungen zu stehlen.

Eine echte Gemeinsamkeit hatten allerdings auch diese beiden Schriftsteller, die zwanzig Jahre lang Nachbarn in diesem kleinen südisländischen Ort an der Nationalstraße waren. Sie waren beide nicht sehr begeistert von der Prüderie der bürgerlichen Gesellschaft zur Zeit des Kalten Krieges. So übersetzte Jóhannes úr Kötlum *Das Lied vom roten Rubin* von Agnar Mykle, das nach seinem Erscheinen in Norwegen 1956 für einen Skandal gesorgt hatte und sogar eine Zeit lang verboten war, weil man bestimmte explizite Passagen für pornografisch hielt. Auch in anderen Ländern erschien das Buch erst wesentlich später. In Island war dieses Buch so streng verboten, dass die Polizei alle Druckereien des Landes aufsuchte und die Mitarbeiterinnen und Mitarbeiter aufforderte, sofort Anzeige zu erstatten, sobald jemand sich erdreistete, sie zu bitten, dieses Buch zu drucken. Die Übersetzung von Jóhannes úr Kötlum ist bis heute nicht veröffentlicht, obwohl das Buch längst nicht mehr verboten ist.

Im einundzwanzigsten Jahrhundert hat sich eine neue Generation von Künstlerinnen und Künstlern für kurze oder längere Zeit in Hveragerði niedergelassen. So wohnte zum Beispiel Gyrðir Elíasson (siehe *Borgarfjörður eystra*) für zwei Jahre dort. Er ist einer der Schriftsteller, der das Dorfleben wieder in der isländischen Literatur thematisierte, nachdem die Bühne eine Zeit lang nur der Hauptstadt zu gehören schien.

Die Schriftstellerin Guðrún Eva Mínervudóttir (* 1976) wohnt bis heute in Hveragerði. Sie schreibt Gedichte und Erzählungen, am bekanntesten ist sie jedoch für ihre Romane. Neben vielen anderen Auszeichnungen wurde sie mit dem Isländischen Literaturpreis ausgezeichnet und ist in einige Sprachen übersetzt. Guðrún Eva Mínervudóttir konnte schon immer besonders gut im Grenzgebiet zwischen Fantastik und Realismus wandeln, neigt aber in ihren letzten Werken eher dem Zweiteren zu. Sie beherrscht Horror (zum Beispiel in dem Roman *Der Schöpfer*) ebenso wie Oden an das Alltagsleben.

Einer ihrer eher dem Realismus zugeneigten Romane, *Rasputins Bart* (2016), ist eine echte »Hveragerði-Saga«. Eine autobiografische Geschichte über ein junges Paar, das neu in ein Dorf gezogen ist und versucht, sich dort zurechtzufinden: Die Schriftstellerin Guðrún Eva lernt dabei die Lettin Ljúba kennen, die in einem Gewächshaus arbeitet, und ist fasziniert von deren Lebensgeschichte, in der sie teilweise auch sich selbst wiedererkennt. So beginnt diese Geschichte über Liebe und Familie, die die Autorin mit Träumen verwebt, mit Geschichten von Rasputin und vielem anderen. Am Anfang des Buches findet sich diese Beschreibung von Hveragerði: »Dann präsentierte sich mir diese Welt und ich verfiel in einen romantischen Wahn: Mein Brustkorb platzte fast vor Begeisterung, als ich die moppelige Gärtnerin kennenlernte, die nun meine Nachbarin war, als ich den Schwefelgeruch wahrnahm, der bei Windstille aus dem Abfluss aufstieg, als ich die in Leder gekleidete Person unklaren Geschlechts sah, der ich immer an derselben Straßenecke begegnete und die unzähligen Weihnachtssterne in den erleuchteten Gewächshäusern. Die Gewächshäuser erhellten die Winternächte wie riesige Lampen. Ich bemerkte, dass manche von ihnen leer standen, mit Ausnahme einer verwelkten Dattelpalme vielleicht oder einiger ineinandergestapelter Pflanztöpfe aus Plastik. Andere hatten zersprungene Scheiben und waren unbeleuchtet, fast unsichtbar in der Dunkelheit. Das machte nichts. Auch das war auf seine melancholische Weise ähnlich schön.«

Diese Schönheit, bei gleichzeitiger Nähe zur Hauptstadt, hatte in den Nachkriegsjahren viele Menschen begeistert: das Farbenspiel auf den Hängen und Bergen der Umgebung, die heißen Quellen – sogar zwei Geysire hatte es gegeben, von denen allerdings einer heute nicht mehr ausbricht. Hinzu kam ein besonderer Geist, der von Anfang an im Dorfleben geherrscht hatte. Und da hatte, wie gesagt, mein Großvater Halldór Stefánsson (1892–1979) zwanzig Jahre lang ein kleines Sommerhaus gehabt, in dem meine Mutter Örbrún unzählige Sommer verbrachte. Mein Großvater war auch Schriftsteller gewesen, er stand politisch sehr weit links und war einer der Gründer des Verlags *Mál og menning*; Jóhannes úr Kötlum war sein Freund. Er wurde auf einem kleinen Bauernhof in Ostisland geboren und wuchs dort in einem kleinen Fischerdorf auf, Eskifjörður. Er war Autodidakt wie Kristmann, wobei sie sich eigentlich nicht sonderlich gut verstanden hatten. Autodidakten wurden in ihrem Dorf schnell zu echten Renaissancemenschen: Mein Großvater liebte die Natur und Pferde, er importierte aber auch Schreibmaschinen, arbeitete als Drucker, kaufte sich schon früh einen Fotoapparat und machte viele Bilder, er arbeitete auf dem Postamt und lernte dort, ziemlich gut zu morsen. Gegen 1930 ging er für einen Winter nach Berlin, um sich einen lang gehegten Traum zu erfüllen: Im Ausland leben und mit einem dort geschriebenen und gedruckten Band mit Kurzgeschichten nach Hause zurückkehren.

Die Kurzgeschichte – das war seine Form, die besten von ihnen wurden in viele Sprachen übersetzt. Aus Berlin zog er nach Reykjavík, schaffte es aber nicht, von der Schriftstellerei zu leben, arbeitete nebenbei in einer Bank, wobei die Literatur immer seine große Leidenschaft war. Und er schwärmte dem Jugendlichen, der ihn auch noch besuchte, nachdem er das Sommerhaus in Hveragerði verkauft hatte, von seinen Lieblingsschriftstellern vor, von Dostojewski und Döblin, Hamsun und von seinem Freund Halldór Laxness. Im Alter erblindete er und zog zu meinen Eltern, nachdem meine Großmutter Gunnþórunn starb. Nun wohnte er in der Souterrainwohnung unseres Hauses, im Zimmer neben mir. Als er nicht mehr lesen konnte, schenkten wir ihm ein Morsegerät, das man natürlich mit nichts mehr verbinden konnte. Dennoch setzte er sich nachts oft davor, und dann hörte ich, wie er in die Leere morste. Wie sagte T. S. Eliot? Poesie sei »die Stimme des Dichters, der mit sich selbst spricht. Oder mit niemandem«.

ÞINGVELLIR

DAS THING UND DER TOD

Ganz gleich, wie oft ich nach Þingvellir komme, es begeistert mich immer wieder aufs Neue. Es reicht eigentlich schon, wenn ich über die Mosfellsheiði fahre und zum ersten Mal den blauen See sehe, die schwarzen Spalten in dem Lavagestein und dahinter die Berge. Wenn man sich nähert, entdeckt man die Schönheit auch rasch im Kleinen, in den hutzeligen Bäumen, den abwechslungsreichen Formen des Vulkangesteins, in den Pflanzen und im Moos. Doch ein Gefühl, das echter Ehrfurcht am nächsten kommt, stellt sich bei mir nicht nur durch die Nähe zu dieser majestätischen Natur ein, sondern auch, weil hier so viele Stränge der isländischen Geschichte und Kultur zusammenlaufen. Da lässt sich eine gewisse andächtige Stimmung einfach nicht vermeiden, auch wenn man sonst kein Fan von gefühliger Nationalromantik ist. Hier kamen die wichtigsten Bauern und Nachkommen der ersten Siedler zusammen und gründeten im Jahr 930 den Althing, hier wurde 1944 die isländische Republik gegründet, im Jahr 1000 wurde hier der christliche Glaube angenommen, hier war Snorri Sturluson Gesetzessprecher geworden, und hier fragte der junge dreiste Halldór Laxness ein junges Mädchen, das später seine Frau werden sollte, ob er seine Zigarette an ihren Augen anzünden dürfte: »Die Welt ist eine Bühne, auf der alles bereit steht für eine große Oper« (*Der große Weber von Kaschmir*).

Þingvellir war oft eine einzigartige Bühne gewesen, sowohl für Menschen als auch für die Kräfte der Natur. In der letzten Eiszeit gab es hier einige Vulkanausbrüche. Die erkaltete Lava, von der die hiesige Landschaft bedeckt ist, kommt wahrscheinlich aus einem Ausbruch nördlich von Þingvellir vor ungefähr 10 000 Jahren. Da entstand ein ziemlich ebenes Lavafeld auf der Höhe, die heute nur noch die höheren Ränder der Felsspalten auf beiden Seiten des Areals von Þingvellir haben. Wenn man heute auf dem höheren Rand der Spalte Almannagjá steht und hinüber zur Hrafnagjá auf der anderen Seite blickt, kann man sich kaum noch vorstellen, dass das Land dazwischen, das heute so tief abgesunken ist, auch einmal auf derselben Höhe gewesen war. Island liegt an der Sollbruchstelle zwischen Europa und Amerika. Nirgendwo ist das so deutlich zu sehen wie hier. Die tektonischen Platten treiben jedes Jahr um zwei bis drei Millimeter auseinander; in den tausenden Jahren nach ihrer Entstehung bei dem großen Vulkanausbruch haben der östliche und westliche Teil von Þingvellir sich um dreißig bis vierzig Meter voneinander entfernt. Dazwischen haben sich tiefe Felsspalten aufgetan, und die Senke ist entstanden, die wir heute dort sehen. Normalerweise füllen sich solche Senken mit Geröll, aber hier ist das nicht passiert, weswegen man diese geologischen Prozesse an diesem Ort besonders nachvollziehen kann. Wir betrachten hier 10 000 Jahre Erdgeschichte. Ein Anschauungskurs in Plattentektonik, wenn man so will. Hier driften Amerika und Europa auseinander.

Der Þingvallavatn ist mit seinen 84 Quadratmetern Fläche der größte See Islands, dunkelblau und kalt und bis zu 114 Meter tief. Er wird größtenteils gespeist aus unterirdischen Spalten, hinzu kommt Wasser aus einigen Flüssen; das Wasser vom Langjökull ist zwanzig bis dreißig Jahre unterwegs, bis es hier im See ankommt – ein schöner Gedanke. In dem See leben viele Fische, darunter besonders große Forellen, und auch die Fauna an Land lässt erahnen, dass man sich hier an der Grenze zweier Kontinente befindet. So haben immer wieder Eistaucher am Þingvallavatn ihre Nester, die eigentlich aus Nordamerika kommen. Island ist das einzige europäische Land, in dem sie brüten.

Die Spalte Almannagjá ist mit ihren vielen sichtbaren Lavaschichten nicht nur ein offener Querschnitt durch 10 000 Jahre Erdgeschichte, sondern auch Schauplatz der Thing-Versammlungen, die die isländischen Großbauern und Goden hier im Jahr 930 begründeten. Ein solcher Thing ist natürlich nicht die Wiege der Demokratie, sondern eher ein Stück altgermanische Tradition und eine Methode, ein Gemeinwesen zu organisieren, in dem es keinen König gibt und keine zentrale Staatsmacht. In der damaligen Zeit gab es in Island lokale Thing-Versammlungen, doch ein solcher Althing, wie er hier begründet wurde, in dem die Belange eines ganzen Landes verhandelt wurden, war einmalig. Der Althing kam jedes Jahr in den ersten beiden Juniwochen zusammen. Die Goden leiteten die Versammlung, beschlossen Gesetze und fällten Urteile. Der höchste Mann des Althing war der Gesetzessprecher. Das war vor dem Aufkommen der Schriftkultur in Island. Also lernte er die Gesetze auswendig und sagte sie auf dem Althing auf, jeden Sommer ungefähr ein Drittel, sodass nach drei Jahren jedes Gesetz einmal laut verkündet worden war. Die wichtigsten Anführer des Landes reisten oft mit viel Gefolge an, allen Menschen war es erlaubt, zum Althing zu kommen – man kann sich also denken, dass dort einiges los war. Die Leute wohnten in Zelten oder sogenannten Thing-Buden, deren aus Torf und Steinen aufgeschichtete Mauern mit Zeltbahnen überspannt wurden. Ihre Überreste kann man bis heute sehen. Auf dem Althing waren Handwerker und Brauer, Pferdehändler, Skalden und Gesetzeskundige, Knechte und Sklaven und Frauen hohen und niedrigen Ranges, die allerdings nicht an den Versammlungen teilnehmen durften.

Die älteste Quelle über die Gründung des Althings – und gleichzeitig die älteste erhaltene Geschichtsschreibung Islands – ist das *Íslendingabók* von Ari Fróði von ungefähr 1120. Es erzählt von der Besiedlung Íslands. *Grágás*, eine der bedeutendsten Gesetzessammlungen der germanischen Völker, ist nicht viel jünger. Das Althing verlief nach genau definierten Regeln. Das war allein schon deswegen nötig, weil eine zentrale Exekutivmacht fehlte. Wenn jemand Opfer eines Verbrechens wurde und auf dem Althing ein Urteil erwirkte, musste er (oder sein Anführer) oft selbst dafür sorgen, dass es auch vollstreckt wurde. So wurde auch damals niemand zum Tode verurteilt, sondern eher für vogelfrei erklärt, sodass er überall straffrei umgebracht werden konnte. Erst nachdem die Isländer 1262 den norwegischen König als ihren Herrscher annahmen, ging die Exekutivmacht auf ihn über. Gesetze, die das Althing beschloss, mussten nun von ihm bestätigt werden. Erst im *Jónsbók*, einem Gesetzbuch von 1281, finden sich dann auch harte körperliche Strafen, bis hin zur Todesstrafe.

Þingvellir ist einer der wichtigsten Schauplätze der isländischen Literatur. Viele Episoden der *Saga von Brennu-Njáll*, der berühmtesten Isländersaga, spielen dort, zum Beispiel eine Beschreibung der Ereignisse, die zur Annahme des christlichen Glaubens geführt haben: »Am folgenden Tag gingen beide Parteien zum Gesetzesfelsen, beide benannten Zeugen und erklärten sich für nicht länger an die Gesetze der jeweils anderen Seite gebunden, und es gab einen solchen Tumult am Gesetzesfelsen, dass einer den anderen nicht mehr verstand.«[5] Und auch Hallgerður und Gunnar von Hlíðarendi, zwei Hauptpersonen der *Saga von Brennu-Njáll* begegnen sich auf dem Althing zum ersten Mal: »Sie ließen sich irgendwo nieder, um zu reden. Hallgerð trug ein rotes Kleid, das überreich besetzt und verziert war, und darüber einen bis zum Saum hinab mit Borten bestickten Scharlachmantel. Das Haar fiel ihr bis über die Brust und war füllig und schön. Gunnar trug die kostbaren Gewänder, die ihm König Harald Gormsson zum Geschenk gemacht hatte, und auch den Ring von Jarl Hákon. Sie sprachen lange und für alle hörbar miteinander. Dann kam es so weit, dass Gunnar fragte, ob sie unverheiratet sei.«[6] Auch in dem Roman *Die Islandglocke*, den Halldór Laxness von 1943 bis 1946 geschrieben hat, ist Þingvellir einer der wichtigsten Schauplätze. Laxness beschreibt hier die Zeit der vielleicht größten Demütigung in der isländischen Geschichte, die Zeit um 1700, als die Isländer gezwungen wurden, alles Metall, das es auf der Insel gab, nach Kopenhagen zu schicken, damit man es dort einschmelzen konnte, um mit dem daraus gewonnenen Kupfer Dächer zu decken. Alles Metall. Auch die Kirchenglocken. Der Roman basiert zum Teil auf realen Quellen und erzählt zu Anfang von dem Bauern und Seildieb Jón Hreggviðsson, der unschuldig dafür verurteilt wird, den Henker des Königs getötet zu haben (über den man sagt: »alle Hunde pinkeln ihn an«). Laxness gelingt es, eine feine Balance zu halten zwischen zynischer Distanz, bewegenden Schilderungen von Grausamkeiten im Namen des Volkes, komischen Passagen und Geschichten von unerfüllter Liebe.

In dem Fluss, der in einem hübschen Wasserfall in die Almannagjá stürzt und dann durch einen Teil dieser Spalte fließt, hat sich an einer Stelle ein Becken gebildet. Hier führt ein Fußweg über eine Brücke auf die andere Seite des Flusses. Dieses Becken ist so schön, dass die Reisenden automatisch stehenbleiben und von der Brücke hinuntersehen. Das ist das Ertränkungsbecken, hier wurden im siebzehnten und achtzehnten Jahrhundert Frauen ertränkt, die man wegen sogenannter Hurerei oder Verheimlichung (wenn sie ein Kind heimlich zur Welt brachten und aussetzten) angeklagt und verurteilt hatte. Dieser Ort erinnert uns daran, dass Þingvellir nicht nur ein Naturwunder und ein Schauplatz von gesetzgebenden Versammlungen ist, sondern auch der größte Hinrichtungsort von ganz Island. Die größten Veränderungen in der Rolle des Althings und der isländischen Gesellschaft geschahen allerdings nicht, als die Isländer sich unter die Herrschaft des norwegischen Königs begaben oder durch die Kalmarer Union kurz vor dem Jahr 1400 Untertanen des dänischen Königs wurden, sondern durch die Reformation. Sie sorgte dafür, dass das Land massiv an Autonomie und Wohlstand verlor. Als der letzte katholische Bischof, Jón Arason, 1550 in Skálholt zusammen mit seinen zwei Söhnen (was an sich schon interessant ist) enthauptet wurde, war das ein deutliches Zeichen dafür, dass die isländische Kirche der Macht beraubt war, die sie lange Zeit besessen hatte. Der König beschlagnahmte ihre Ländereien, sodass deren Erträge nun nicht an die Anführer innerhalb des Landes gingen, wie es in anderen skandinavischen Ländern üblich war, sondern ins Ausland, genauer gesagt, nach Dänemark.

Das Althing verlor nach und nach seine gesetzgebenden Befugnisse, behielt aber seine Funktion als Gericht. Im Jahr 1564 nahm das Althing eine große Gesetzessammlung an, die später *Das große Gericht* genannt wurde und auf ähnlichen Gesetzen in Dänemark und anderen Ländern basierte. Nun gab es auf einmal Sittengesetze gegen Ehebruch, Unzucht und Hurerei – so wurde es damals genannt. Heute könnte man bei den Gesetzen, die sich gegen die Handlungen von Frauen richteten, auch von Verfolgung von alleinstehenden Müttern sprechen. Diese Taten waren mit hohen Strafen belegt, bis hin zur Todesstrafe. Männer wurden enthauptet oder gehängt, Frauen hingegen wurden ertränkt, manchmal in Wasserlöchern oder Becken in ihrem Bezirk, oft aber auch beim Althing, und daher hat das Ertränkungsbecken seinen Namen. Auf der Website des Archivs zur Geschichte der isländischen Frauen heißt es dazu: »Frauen, die ertränkt werden sollten, wurden auf einen Felsvorsprung geführt. Da wurde ihnen mit Gewalt ein Sack über den Kopf gezogen. Um ihre Körpermitte wurde ein Seil gebunden, dann ließ man sie eine Zeit lang dort auf diesem Felsvorsprung stehen, denn diese Hinrichtungen waren nicht nur die Strafe für ein vermeintliches Verbrechen, sondern auch ein warnendes Exempel. Dann wurden sie in das Becken gestoßen und mit Stöcken unter Wasser gedrückt, bis sie sich nicht mehr bewegten.«

Zwischen 1600 und 1750 sind die Hinrichtungen von zweiundsiebzig Menschen beim Althing dokumentiert. Vierzig davon starben aufgrund von Vergehen gegen die Gesetze des *Großen Gerichts*, zweiundzwanzig Männer und achtzehn Frauen. 1749 wurde die letzte Frau in dem Ertränkungsbecken von Þingvellir ertränkt. Todesurteile mussten vom König bestätigt werden, nach 1710 wurden die meisten in lebenslange Gefängnisstrafen in Kopenhagen umgewandelt, doch einen großen Unterschied bedeutete das nicht, überlebte doch kaum jemand lange in den dortigen Kerkern. Aber nicht alle Urteile wurden abgemildert, und hinter diesen Hinrichtungen stehen viele schreckliche Geschichten. Der Historiker Már Jónsson schreibt: »Das schlimmste Beispiel ist ein Todesurteil aus dem Jahr 1728 für Halldóra

Dedication, eine Performance von Rúrí,
Foto: Friðrik Örn Hjaltested.

Jónsdóttir aus Þórarinsstaðir im Seyðisfjörður aufgrund von Inzest mit ihrem Vater Jón Eyjólfsson, von dem sie vier Jahre zuvor ein Kind bekommen hatte. Er hatte sie vergewaltigt und dann das Kind genommen und im Boden seines Hofes vergraben. Er wurde 1724 beim Althing enthauptet. Ihr Fall wurde an den König verwiesen, der entschied, dass auch sie hingerichtet werden sollte. Das Urteil wurde im Herbst 1729 in ihrem Heimatbezirk vollstreckt.« Über das Schicksal einer dieser Frauen hat Þóra Karítas Árnadóttir 2020 den Roman *Blóðberg* veröffentlicht.

Früh im Herbst 2006 machte die Künstlerin Rúrí am Ertränkungsbecken eine Performance, die den Frauen gewidmet war, die dort ihr Leben ließen, nur weil sie unehelich schwanger wurden und ein Kind auf die Welt brachten. Ein Taucher holte Leinensäcke aus dem Becken, die menschenähnliche Form hatten und um die ein Seil gebunden war. Sie trugen sie an Land und legten sie auf Tragen, insgesamt neunzehn. Achtzehn entsprechend der Anzahl der Frauen, die dort ertränkt worden waren und eine zusätzlich, stellvertetend für diejenigen, deren Schicksal nicht bekannt ist. Dann wurden die Säcke aufgeschnitten, Frauenkleider und -schuhe kamen zum Vorschein. Auf diese eindrucksvolle Weise gab sie denjenigen, die in der Gesellschaft ganz unten standen und in Þingvellir ein furchtbares Schicksal erlitten, eine späte Form der Rehabilitierung.

HERDÍSARVÍK

DER ALTE DICHTER UND DAS MEER

Von Grindavík kann man auf dem sogenannten Suðurstrandarvegur nach Þorlákshöfn fahren. Diese Straße führt erst ein Stück landeinwärts. Wenn man in Richtung Meer schaut, sieht man zunächst Lavafelder, dann die Felsklippen von Krýsuvík, an denen sich die Brandung bricht. Wenn man Selvogur erreicht, sind da keine Vogelfelsen mehr, sondern ein Kiesstrand auf der rechten Seite der Straße und einige nicht besonders hohe Berge auf der linken, von denen einige allerdings ziemlich steile Felshänge haben. Anzeichen menschlichen Lebens gibt es hier kaum, was sonderbar ist, da man kaum eine Autostunde von Reykjavík entfernt ist. Viele der hiesigen Höfe sind aufgegeben, die Häuser verschwunden, nur wenig weist noch darauf hin, dass von hier aus einst viel Fischfang betrieben wurde.

Eine der Buchten hier heißt Herdísarvík und galt einmal als gute Länderei. Ihren Namen hat sie von einer Trollfrau namens Herdís bekommen, die mit ihrer Freundin Krýs in einen heftigen Streit geriet, der damit endete, das sie beide im Kerlingadalur in der Nähe des *Kleifarvatn* umkamen. Von Herdísarvík aus konnte man zum Fischen hinausrudern, in der Bucht fand sich eine Menge Treibholz, mit dem man einen Hof bauen konnte, und in einem Teich, der allerdings manchmal vom Meer überspült wurde, waren Forellen. Am Ufer des Meeres konnte man Seetang sammeln und sogar Schafe weiden lassen, sodass man nur wenig Heu brauchte. Der Ort wirkt immer hübscher, je näher man ihm kommt, wie so oft in dieser Landschaft mit ihrem wild aufgeworfenen, mit Moos bewachsenen Lavagestein. Seit der Landnahme wurde hier gesiedelt, doch nun steht da nur noch ein einziges recht kleines Haus, das acht Jahre lang den bekanntesten Bewohner von Herdísarvík beherbergte, den Dichter Einar Benediktsson (1864–1940).

Als Exzentriker, Dichter und historische Person, ja eigentlich egal unter welchem Aspekt man ihn betrachtet, war Einar Benediktsson das, was man auf Englisch als »larger than life« bezeichnen würde. Er war für isländische Verhältnisse in allem zu groß. Seine Zeit konnte mit ihm kaum etwas anfangen, er war ihr immer entweder voraus oder hinterher. Einar Benediktsson war Jurist, Amtsrichter, Redakteur, Übersetzer, Dichter, umtriebiger Unternehmer, und eigentlich immer vieles davon zur gleichen Zeit. In seiner Dichtung besang er das Ewigwährende und lief doch dem schnellen Geld hinterher – sein Leben und Denken war voller Widersprüche.

Sein Vater, Benedikt Sveinsson, war ein bekannter Abgeordneter des isländischen Parlaments und sehr aktiv im isländischen Gesellschaftsleben: Er sprach sich immer wieder gegen die dänische Kolonialmacht aus und trat leidenschaftlich für die isländische Unabhängigkeit ein, war aber gleichzeitig in sozialen Fragen konservativ (siehe *Mosfell*). Auch er war Jurist und Amtsrichter, aber ebenso ein Spielertyp mit ewigen Geldproblemen, der gerne trank und oft Streit hatte. Als Benedikt als junger Hauslehrer auf dem Hof Reynistaður im Skagafjörður (siehe

Beinahóll auf Kjölur) wohnte, wurde verabredet, dass er später einmal die jüngste Tochter der Bauersleute heiraten sollte, die damals zwölfjährige Katrín Einarsdóttir. Sieben Jahre später heirateten sie und bekamen sechs Kinder, von denen vier die Kindheit überlebten. Sie zogen nach Elliðavatnsbær, an den gleichnamigen See direkt vor den Toren von Reykjavík. Benedikt hatte Großes vor, trank jedoch so viel, dass Einars Kindheit von massiven Eheproblemen der Eltern überschattet wurde, bis seine Mutter sich schließlich scheiden ließ und nach Reykjavík zog, wo sie sich nur mühsam durchschlagen konnte.

Einar Benediktsson machte mit neunzehn Jahren in Reykjavík an der Gelehrtenschule, so hieß damals das einzige Gymnasium im Land, Abitur und ging nach Kopenhagen, um Jura zu studieren. Sein Staatsexamen machte er allerdings erst mit Ende zwanzig, im Jahre 1892. Ein Grund dafür war, dass er eine Zeit lang schwer erkrankt war und nicht das Haus verlassen konnte, doch auch das gesellige Leben der feierfreudigen Isländergemeinde von Kopenhagen hielt ihn von seinem Studium ab. Es war eine Zeit der großen Veränderungen. Unter den isländischen Studenten in Kopenhagen gab es immer wieder heftige Kontroversen, die sich unter anderem um Georg Brandes drehten, den in seiner Zeit wichtigsten Intellektuellen von Dänemark – ja, vielleicht sogar von ganz Europa. Viele isländische Studenten, besonders die, die sich für Literatur interessierten, waren Anhänger von Brandes, nicht zuletzt aufgrund seiner Realismustheorien und seiner Radikalität. Einar Benediktsson stand diesen Kommilitonen nahe, wenn auch wahrscheinlich hauptsächlich aufgrund des bohemehaften Lebens, das sie führten und weil sie Gedichte schrieben – der Realismus hingegen, hatte ihn eigentlich nie interessiert, außerdem war er viel nationalistischer als seine Kommilitonen. Doch was Brandes 1888 in seinen berühmten Nietzsche-Vorlesungen über den Übermenschen als einsames Genie sagte, sprach Einar Benediktsson aus dem Herzen und zieht sich wie ein roter Faden durch seine Dichtung.

Nach seinem Abschluss zog Einar zurück nach Island und vertrat seinen Vater eine Zeit lang als Amtsrichter in Héðinshöfði, nicht weit von Húsavík in Nordisland. Einmal musste er von dort nach Svalbarði in den Þistilfjörður kommen und über eine Magd namens Sólborg zu Gericht sitzen, die laut der Anklage ein Kind mit ihrem Halbbruder bekommen und es dann umgebracht hatte. Im Arrest während des Prozesses kam sie irgendwie an Fuchsgift heran und brachte sich um. Diese Tragödie hatte Einar Benediktsson offenbar sehr belastet, man erzählt sich, dass Sólborg ihn lange Jahre als Wiedergängerin verfolgt hatte. Der Fall wurde von einigen bekannten Schriftstellern aufgegriffen; Matthías Johannessen schrieb darüber Gedichte und ein Theaterstück und Thor Vilhjálmsson seinen bekanntesten Roman *Das Graumoos glüht*.

Während der Studienzeit, und nicht zuletzt in der langen Zeit, die er krank zu Hause verbrachte, war Einar Benediktssons Begeisterung für die Dichtung noch einmal größer geworden.

Er interessierte sich auch für gesellschaftliche Fragen, arbeitete als Redakteur, schrieb Essays über Philosophie, Literatur und Politik. Doch seine dichterische Produktivität war nicht besonders groß, er veröffentlichte fünf Gedichtbände und übersetzte *Peer Gynt* von Ibsen, ein Werk, das ihm sehr gefiel. Es ist interessant, sich das lyrische Werk von Einar Benediktsson heutzutage anzusehen, ungefähr einhundert Jahre nach seiner besten Zeit. Er verfügte über eine schöne Sprache und über beeindruckende rhetorische Fähigkeiten, von denen er sich vielleicht etwas davontragen ließ und dann nicht mehr so sehr darauf achtete, was er mit seinen Versen eigentlich sagen wollte. Gerade in seinen längeren Gedichten finden sich fast immer irgendwelche schwachen Stellen. Doch dazwischen finden sich eben auch Zeilen, die in der isländischen Lyrik ihresgleichen suchen, von denen nicht wenige in den allgemeinen Sprachgebrauch übergegangen sind, wobei nur die wenigsten wissen, woher sie kommen: »Kommst Du einer Seele nah, lass Vorsicht walten«, »Man muss es nur wollen«, »Es gibt auf Island ein Wort / Für alles, was man auf Erden denkt«. Manchmal konnte er seine Zeilen auch so zusammenfügen, dass wunderschöne Verse entstanden, wie zum Beispiel der Anfang seines Gedichts *Abend in Rom*: »Der Tiber sickert langsam ins Meer / spät und schwer – die Gangart der Zeit / Die Luft ruht. Bewegt keinen Ast. / Ein Abend im roten Mantel mit blauem Saum.«

Einar Benediktsson hatte mit seinen Altersgenossen nicht viel zu schaffen. Seine Lyrik bewegte sich oft auf der Grenze zwischen Spätromantik und Symbolismus. Seiner Meinung nach sollte die Poesie sich mit den ganz großen Themen beschäftigen. In einem seiner ersten poetologischen Essays schreibt er von seiner Abneigung gegenüber dem damals beliebten Naturalismus, den er als »buckelige Verswissenschaft mit Höhenangst« bezeichnet, was auch einiges über seine Einstellung zum Leben sagt. In späteren Texten beschimpft er beispielsweise Gunnar Gunnarsson (siehe *Skriðuklaustur*) für seinen angeblich platten Realismus und sagt, bei der Lektüre von dessen Werk »rattert vor meinem inneren Auge ein unendlicher Zug von onkelhaft-harmlosen Alltagsplatitüden vorbei, jede brav mit einem Bindewort an die nächste gekoppelt. Alles verläuft in festen Bahnen«. Nach Meinung von Einar Benediktsson sollte die Dichtung nach dem Hohen, Schönen streben, was ihn allerdings nicht davon abhielt, über die Neuerungen seiner Zeit zu dichten: Er ist der erste isländische Dichter, in dessen Lyrik ein Kaugummi vorkommt. Manchmal glaubt er, dass Gott in allen Dingen existiert, dann wiederum fürchtet er sich so sehr vor der Dunkelheit wie kaum ein anderer Mensch. Es sind diese Widersprüche, aus denen seine Lyrik sich speist, nicht zuletzt, wenn er über Einzelgänger dichtet, die eine Niederlage erlitten hatten. Dann ist er in seinem Element (sein berühmtestes Gedicht von dieser Art heißt *Die Monologe von Starkaður*).

Gegensätze und Widersprüche prägten sein ganzes Leben: Der Dichter war gleichzeitig Unternehmer, Mann des Geldes, schwang sich als junger Anwalt zum Geschäftsführer einer Immobilienfirma auf – und das in dem damals noch so kleinen Reykjavík. Er setzte sich als einer der ersten für eine Telegrafenverbindung nach Island ein, war andauernd auf Geschäftsreise, lebte über Jahre in London und Kopenhagen und das meistens gut. Auch in Reykjavík ging es ihm finanziell alles andere als schlecht, er besaß das Haus Höfði, das 1986 weltbekannt wurde, weil dort ein Gipfeltreffen von Ronald Reagan und Michail Gorbatschow stattfand. Dort, so sagt man, sei der Geist von Sólborg besonders umgegangen. Er setzte sich leidenschaftlich für die isländische Unabhängigkeit ein, wollte aber gleichzeitig, dass möglichst viele ausländische Investoren den isländischen Fortschritt bezahlten. Und natürlich seine Provision. Er gründete eine Firma, die selbstverständlich »Títan« heißen musste und die mit Kraftwerken die Energie der isländischen Wasserfälle nutzen wollte, er hatte sogar vielerorts die Nutzungsrechte für diese Wasserfälle gekauft, auch in Nordisland. Außerdem verbrachte er viele Jahre damit, ausländische Investoren dazu zu bringen, im Miðdalur bei Reykjavík nach Gold zu suchen.

Doch auch, wenn einige von diesen Geschäftsideen durchaus Potential hatten und es mit ihrer Finanzierung manchmal gar nicht so schlecht aussah, scheiterte Einar Benediktsson letztendlich immer. Auf ihre Weise waren diese Luftschlösser vielleicht sogar eine noch radikalere Absage an den von ihm so verachteten Realismus als seine Lyrik. Manchmal, zum Beispiel mit den Wasserkraftwerken, scheint es aber auch so, also ob er einige Jahrzente zu früh gekommen war. Und einige seiner Ideen landeten wohl auch einfach »auf dem fruchtbaren Boden der isländischen Missgunst«, wie der Literaturwissenschaftler Sigurður Nordal es sehr viel später einmal ausdrückte. In Island sagte man sich, Einar Benediktsson habe immer versucht, den Ausländern das Nordlicht zu verkaufen – und nun, einhundert Jahre später, ist genau das einer unserer wichtigsten Wirtschaftszweige geworden.

Im Laufe der Zwanzigerjahre gingen Einars Einnahmen zurück und er suchte immer öfter Rat bei Bacchus. Als Dichter genoss er weiterhin Ansehen – vielleicht war auch genau das immer sein Traum gewesen, ein »Dichterfürst« zu sein, wie man das in Skandinavien im neunzehnten Jahrhundert nannte, doch dafür war er zu spät. Aber auch sein Ansehen als Dichter half ihm letztendlich nicht mehr weiter. Als im Jahr 1930 auf Þingvellir der tausendjährige Geburtstag des Althing groß gefeiert wurde, sah man den Dichter um das Festzelt herumschleichen. Er war nicht eingeladen, und das obwohl er den zu diesem Anlass ausgeschriebenen Lyrikwettbewerb gewonnen hatte.

Im Jahr 1927 trennte Einar Benediktsson sich von Valgerður, seiner Frau und der Mutter ihrer sechs Kinder. Wenig später kam er mit einer alleinstehenden Mutter von acht Kindern zusammen, Hlín Johnson. Sie machten eine achtzehn Monate dauernde Reise durch Tunesien, Spanien und Frankreich. Nach ihrer Heimkehr bauten sie sich, auf Hlíns Initiative hin, ein Haus auf dem Land, weit weg von dem ungesunden Treiben der isländischen Hauptstadt: Herdísarvík. Heute mag es von dort nur ein Katzensprung nach Reykjavík sein, damals jedoch brauchte man zwölf Stunden. Es gab zwar schon Straßen nach Grindavík oder nach Selvogur, doch von dort bis nach Herdísarvík brauchte man noch sechs Stunden zu Fuß. Auf Herdísarvík verbrachten Hlín und Einar friedliche Jahre, in denen nur wenig Besuch kam und die Ruhe des Dichters störte. Vor allem kam niemand von den alten Zechkumpanen. Doch Hlín brannte Schnaps und gab Einar zu trinken, ohne das konnte er nicht sein. Das war zur Zeit der Prohibition, doch sie sagte allen, die es hören wollten, dass sie eine Sondergenehmigung von der Regierung habe, um für den Dichter zu brennen.

In seinen letzten Jahren litt Einar Benediktsson an einer Art von Demenz. Er schrieb nicht mehr, obwohl er sich oft mit Papier und Bleistift vor das Haus setzte, doch diese Blätter blieben leer, wie einer der damaligen Nachbarn berichtete. In dem früher so durchdringenden Blick dieses charismatischen Mannes lag nun etwas Zahmes. Eine Frau, die manchmal nach Herdísarvík kam, erzählte, dass er nicht mehr an Gesprächen teilnehmen konnte. Doch er machte kleine Wanderungen und sah oft lange Zeit hinaus auf das Meer: »Nach Dir habe ich Heimweh / schreckliche herrliche Wüste« – mit diesen Worten beginnt sein Gedicht *Weltmeer* aus dem Jahr 1921.

Einar Benediktsson vermachte Herdísarvík der isländischen Universität. Deren Mitarbeiterinnen und Mitarbeiter konnten früher in dem Haus übernachten. Lange Zeit konnte man dort immer noch seinen Schreibtisch und seinen Stuhl sehen. Und draußen, vor einem großen Fenster ist das Meer. Es ist verlockend, dort hinauszusehen und an den Dichter zu denken, sich seine Gedichte in Erinnerung zu rufen und seine großen Pläne, »in der Zauberkugel des Gehirns funkelt der Himmel«.

Hlín, die sich all die Jahre um ihn gekümmert hatte, war tüchtig und klug; sie wohnte noch viele weitere Jahre auf Herdísarvík und betrieb eine erfolgreiche Schafzucht. Eines ihrer Schafe brachte es zu einiger Berühmtheit, ein schwarzes Mutterschaf namens Surtla. Im Herbst 1951 wurde beschlossen, in einem großen Teil von Südwestisland alle Schafe zu schlachten, weil sich der Maedi-Visna-Virus unter ihnen immer weiter ausbreitete. Doch ein Schaf konnte nicht eingefangen werden, ganz gleich, was man tat, es unternahm derart gewagte Kletteraktionen in den Felsklippen oberhalb von Herdísarvík – diesem Zufluchtsort der Einzelgänger – dass es allen entwischte, die es fangen wollten. Im folgenden Herbst setzte die Verwaltung eine Belohnung für den Kopf von Surtla aus. Nach einer abenteuerlichen Verfolgungsjagd, gelang es schließlich, das Schaf zu erlegen, doch es erwies sich als vollkommen gesund. Der Kopf von Surtla wurde ausgestopft und ging an das Institut für Experimentelle Pathologie der Universität. Mein Vater hatte dieses Institut eine lange Zeit geleitet und betrieb Grundlagenforschung an dem Maedi-Visna-Virus, und immer, wenn ich ihn als Jugendlicher besuchen kam, wunderte ich mich aufs Neue über diesen ausgestopften Schafskopf, den man inzwischen aus diesem ehrwürdigen Institut entfernt hat.

GRINDAVÍK

GEBURTSORT DER MODERNE

Oben
Hinterhof in Grindavík

Linke Seite
Aus Grindavík

Im Frühjahr 1973 fuhr ich mit einigen Schulfreunden in einem klapprigen Auto nach Grindavík, auf den Spuren des Schriftstellers Guðbergur Bergsson. Wir fanden das um einiges cooler als diese ewigen Schulausflüge im Reisebus zu den Schauplätzen der *Saga von Brennu-Njáll*. Guðbergur Bergsson war unser Mann, Vertreter einer radikal erneuerten Literatur, die den provinziellen isländischen Nationalismus ebenso anprangerte wie die Piefigkeit der bürgerlichen Gesellschaft und uns dadurch sehr viel näher stand als diese Sagas aus dem Mittelalter, mit denen wir in der Schule traktiert wurden. Es wurde allerdings ein eher misslungener Ausflug, erwies sich Grindavík doch als stinknormales Fischerdorf an der isländischen Südküste – der Geist, der in den Büchern von Guðbergur Bergsson herrschte, war nirgendwo zu spüren. Wir hielten an einem Kiosk, vor dem ein paar Gleichaltrige herumhingen, die wahrscheinlich bereits zur See fuhren und uns langhaarige, spiddelige Gymnasiasten aus der Hauptstadt mit einer Mischung aus Verwunderung und Desinteresse betrachteten. Niemand schien sich für das literarische Werk von Guðbergur Bergsson zu interessieren, und der Dichter selbst war auch nirgendwo zu sehen, sodass wir bald wieder nach Hause fuhren, ohne uns irgendwie anders zu fühlen.

Ein Jahr später zeigten der Autor Ólafur Haukur Símonarson und der Filmemacher Þorsteinn Jónsson im Fernsehen einen Film mit dem Titel *Fisch unterm Stein*. Er handelt von einem Reykjavíker Bildungsbürger, der nach Grindavík zieht, um das Leben in einem Fischerdorf kennenzulernen. Es ist ein Dokumentarfilm, der auf ziemlich höhnische Weise behauptet, die Leute dort täten nichts außer von morgens bis abends zu arbeiten und scherten sich nicht um Kultur und schöne Künste, weswegen das gerade neu errichtete Bürgerhaus meist ungenutzt bleibe. Der Film war als ungeschönt-wirklichkeitsnahe Darstellung des Lebens in einem Fischerdorf gedacht, wurde aber von den Leuten in Grindavík als Beleidigung empfunden. Eins hatte der Film jedoch erreicht: Er löste eine große öffentliche Diskussion darüber aus, ob die Menschen auf dem Land genug Zugang zu Kunst und Kultur hatten. Selbst ein Jahr später druckten die Zeitungen noch Debattenbeiträge zu dem Thema, die Reaktionen hervorriefen, die auch wiederum gedruckt wurden. Guðbergur Bergsson sagte später zu dieser Debatte: »*Fisch unterm Stein* ist ein Konzept-Film. Er beschreibt in keinster Weise das wirkliche Grindavík.«

Unseren erfolglosen Ausflug hatten wir aus zwei Gründen unternommen. Es waren dieselben Gründe, die dem Film eine solche Aufmerksamkeit beschert hatten. Zum einen ist Grindavík nicht weit von Reykjavík entfernt. Der Ort ist seit der Landnahme besiedelt, galt aber nie als besonders attraktiv für die Landwirtschaft. Das Land ist unergiebig und steinig, es gibt kaum Weideland und Wasser. Die Menschen, die früher dort siedelten, glichen das dadurch aus, dass sie am Strand Seetang und andere Dinge sammelten, doch hauptsächlich lebten sie vom Fischfang und von den Booten, die sie aus Treibholz bauten. Zur

See fuhr man, wie in vielen anderen Fischerdörfern auch (siehe *Siglufjörður*), über Jahrhunderte hinweg auf dieselbe primitive Weise. Erst nach 1900 wuchs die Einwohnerzahl, neue Häuser wurden gebaut und irgendwann auch Straßen. Einen richtigen Hafen jedoch baute man erst um 1950. Da waren die Amerikaner die neuen Nachbarn geworden, deren Militärbasis viele Arbeitskräfte anzog. In den Jahren nach dem Krieg konnte Grindavík vom Ortsbild her durchaus als amerikanischer Vorort durchgehen, was sich auch auf die dortige Lebensweise auswirkte: in den Dörfern in der Nähe der amerikanischen Militärbasis konnten alle gut Basketball spielen. Und zum anderen kommt eben auch einer der bedeutendsten isländischen Schriftsteller von hier, Guðbergur Bergsson. Wie passt das zusammen?

Guðbergur Bergsson wurde 1932 in Grindavík geboren. Sein Vater war Seemann und Zimmermann, seine Mutter schaffte den Haushalt und war Hafenarbeiterin in der Fangsaison, wie Guðbergur es ausdrückte. Während seines Studiums fuhr auch der junge Bergsson manchmal zur See und machte 1955 das Lehrerexamen. Im Jahr darauf ging er nach Spanien, um an der Universität von Barcelona spanische Literatur und Kunstgeschichte zu studieren. Zu dieser Zeit lernte er eine Gruppe interessanter spanischer Schriftsteller und Literaturmenschen kennen, die sich in der Franco-Diktatur eine kleine Nische geschaffen hatten. Zu ihnen gehörte ein Mann, der später eine Zeit lang eine der wichtigsten Personen in der ganzen spanischen Verlagswelt sein sollte, Jaime Salinas. Guðbergur Bergsson und er lebten zusammen, in Barcelona, Madrid und in Is land, wo Salinas 2011 starb, er ist in Grindavík begraben. Bergsson wurde ein wichtiger Vermittler von spanischer Literatur in Island und übersetzte u. a. Don Quijote ins Isländische.

Guðbergur Bergsson hat sich im Laufe der Zeit mit vielen verschiedenen Dingen beschäftigt, mit bildender Kunst, Fotografie und nicht zuletzt mit Film. So hat er u. a. in Lissabon bemerkenswerte Filmaufnahmen während der portugiesischen Revolution von 1974 gemacht. Am bedeutendsten bleibt jedoch, dass er ein enorm produktiver, formensprengender Erneuerer der isländischen Literatur des zwanzigsten Jahrhunderts war. Er begann seine Autorenkarriere im Jahr 1961 mit dem Gedichtband *Wortwiederholung*, und noch im selben Jahr erschien sein erster Roman *Die Maus, die sich einschlich* – ein Entwicklungsroman, wie ihn die isländische Literatur zuvor noch nicht gesehen hatte. Es geht um einen einsamen, menschenscheuen Jungen in einem Fischerdorf, der heimlich das Leben und Treiben der Erwachsenen beobachtet. An der Oberfläche passiert nicht viel in diesem Buch, doch im Innenleben der Personen umso mehr. Auch in einem wenige Jahre später folgenden Erzählungsband mit dem symbolträchtigen Titel *Spielzeuge des Überdrusses* (1965) seziert er das Innenleben von Dorfbewohnern, und damit sogleich das Innenleben des Dorfes selbst. Sein Blick ist erbarmungslos genau, gleichzeitig erzählt er mit großem Humor, hat empfindlichste Antennen für alles Unbeholfene, für jede Form des Selbstbetrugs, mit der der einzelne Mensch, aber auch die ganze Gesellschaft bestimmte unangenehme Dinge ausblendet.

Diese Empfindlichkeit – man könnte auch sagen Überempfindlichkeit, zumindest hat das ein Kritiker einmal getan – ist auch in seinem bekanntesten Roman von zentraler Bedeutung, *Tómas Jónsson, Bestseller*. Erschienen 1966, wurde schnell klar, dass die isländische Literatur seit sicherlich fünfzig Jahren kein derart epochemachendes Werk mehr hervorgebracht hatte. Vordergründig handelt es sich bei diesem Buch um viele hundert Seiten Gefasel eines alten Mannes, der allein in seiner Wohnung sitzt. Doch unter dieser Oberfläche liegt eine scharfsinnige Analyse des isländischen Denkens, der isländischen Traditionen und der isländischen Kultur: »Und dann einfach seine Memoiren schreiben. Ich bin gebrechlich und lahm im Kopf, wer sollte sich da für mein Leben interessieren? Ich schreibe ein anderes Buch: Wie ich zu einem geistigen und körperlichen Wrack wurde und mich dafür nicht einmal anstrengen musste. Kauft den Bestseller von Tómas Jónsson, der demnächst in sieben Sprachen übersetzt wird. Das Buch beschreibt ehrlich und schonungslos seine geistigen Qualen, er ist alt, er ist krank, hat keine Freunde, sitzt in einer Wohnung, die man ihm auch schon gestohlen hat, und gebrechlich ist er auch.«

So formuliert der Erzähler einen Werbetext für sein eigenes Buch, das im Laufe der Handlung erscheinen wird. In einem Vorwort zu einer Neuausgabe schreibt Bergsson selbst dazu: »Ich hatte vor, ein Symbol für das zu finden, was unsere Gesellschaft lähmt, einen Mann aus der viel diskutierten *Jahrhundertwende-Generation*. Sie war einmal eine treibende Kraft gewesen, besonders im Kampf um die isländische Unabhängigkeit, aber nun, in der heutigen gesellschaftlichen Wirklichkeit ist sie ein Bremsklotz für jede Art von Fortschritt geworden.« Nach diesem Monolog von Tómas Jónsson war in der isländischen Literatur nichts mehr, wie es einmal war.

Guðbergur Bergsson hat viel geschrieben, zahlreiche Romane und Erzählungen, von denen viele in isländischen Fischerdörfern spielen. Ein anderes Thema, das sich durch fast alle seine Werke zieht, ist die Einsamkeit, die Leserinnen und Leser fast körperlich spüren, zum Beispiel in seiner Novelle *Der Schwan*, in der es um ein junges Mädchen geht, die in Island auf dem Land lebt. Für diesen Roman erhielt Guðbergur Bergsson den isländischen Literaturpreis, er wurde in viele Sprachen übersetzt. »Traurig und unendlich schön«, schrieb Milan Kundera in einem Essay über dieses Buch. Doch Guðbergur ist kein Autor des Realismus. Sein Spielfeld ist immer die Fantasie gewesen, darauf müssen sich alle einlassen, die ihn lesen. In seiner Erzählung *Es schläft in der Tiefe* heißt es: »Menschen ohne Fantasie haben weder ein Sensorium für Kunst noch für Dichtung. Ihnen sei geraten, sich an Familienfotos und Klatschgeschichten zu halten.«

Guðbergur Bergsson ist als Schriftsteller immer ein Einzelgänger geblieben. Er hat sich nie einer Gruppe angeschlossen, ein Künstler ist für ihn immer jemand gewesen, der allein bleibt und sich von allen einfachen Wahrheiten fernhält. Diese Einstellung hat auch seine Ansichten über Kultur und Gesellschaft geprägt, die er in vielen Texten zum Ausdruck brachte, wobei er manchmal in dem schwierigen Balanceakt zwischen scharfsinniger Gesellschaftskritik und Nörgelei das Gleichgewicht verlor. In einem Interviewbuch von Þóra Kristín Ásgeirsdóttir, *Guðbergur Bergsson Bestseller*, sagte er: »Es gibt einen Moment voller kalter, erbarmungsloser Klarheit, in dem ein Mensch zum Künstler wird. Das ist der Moment, wenn ihm als Kind zum ersten Mal klar wird, dass er ein denkendes Wesen ist und als solches: allein. Ein denkendes Wesen ist sich selbst genug, und doch wird es geplagt von einem ganz besonderen Hunger, einer Unzufriedenheit mit seinem Innenleben. Diese sonderbare Mischung aus Erfülltheit und Leere macht den Künstler im Umgang mit der Welt appetitlos und gierig zugleich, egal wohin ihn seine Wege führen.«

»Diese sonderbare Mischung« entstand in Grindavík, und neben *Tómas Jónsson, Bestseller* sind Guðbergur Bergssons Dorfgeschichten seine Meisterwerke. Alle Schriftsteller haben ihr Macondo, hatte Bergsson einmal in einem Interview gesagt und wusste dabei, wovon er sprach, schließlich hatte er *Hundert Jahre Einsamkeit* von Gabriel García Márquez ins Isländische übersetzt, dieses unvergessliche Denkmal für ein Dorf, in dem sich die Geschichte eines ganzen Kontinents spiegelt. In Guðbergur Bergssons autobiografischem Roman *Vater, Mutter und der Zauber der Kindheit* (1997) finden sich beeindruckende Momentaufnahmen des Lebens in Grindavík zu Zeiten der Wirtschaftskrise in den Dreißigerjahren. Da werden zum Beispiel Männer beschrieben, die an schwarzgebrannten Schnaps kommen: »Ein Mann unter dem Einfluss von Selbstgebranntem hatte keine Scheu zu zeigen, dass ihm alles egal war, er selbst, seine Familie, die schwere Arbeit – sogar Island. Ein solcher Mann trank sich auf Tanzveranstaltungen besinnungslos, prügelte sich, als wäre ein Wahnsinniger in ihn gefahren, und das alles, wie man damals sagte, um das Blut zu reinigen. Dann wachte er am nächsten Tag auf und machte sich brav wieder an die Erfüllung seiner Pflichten, folgte seinen Gewohnheiten und schimpfte zum Ausgleich über die Arbeit und anderes, kniff und ärgerte die Dorftrottel.«

Heute gibt es in Grindavík ein Haus der Kultur mit einer Informationsstelle zum Thema Erdwärme, einem Salzfischmuseum und einer Ausstellung über Guðbergur Bergsson, die die Fans des Dichters aus den Gymnasien des Landes besuchen können. Guðbergur Bergsson ist natürlich Ehrenbürger von Grindavík. Und in dem Interviewbuch sagte er – kurz nachdem er beteuert hatte, dass Grindavík in seinen Büchern nie vorkomme: »Grindavík ist eben überall und groß im Menschen.«

KLEIFARVATN

EIN SEE FÜR SPIONE

Auf der Halbinsel Reykjanes, unweit von Reykjavík, liegt der Kleifarvatn, ein ruhiger See in reizvoller vulkanischer Umgebung. Er ist ungefähr zehn Quadrakilometer groß und bis zu einhundert Meter tief und das, obwohl er keinen Zufluss hat – zumindest nicht an der Oberfläche der Erde, das Wasser tauscht sich durch Erdspalten an seinem Grund aus. Im Jahr 2000 gab es ein Erdbeben, das diese Spalten aufriss, sodass der See eine Zeit lang etwas kleiner war, und man entdeckte an seinem Südufer einige Zuflüsse direkt aus dem Gestein, die zuvor unter der Wasseroberfläche gelegen hatten. Das Wasser aus diesen Zuflüssen war heiß – der Kleifarvatn liegt in einem großen Geothermalgebiet.

Doch als Ganzes ist der Kleifarvatn kalt, tief und still. Und er birgt noch ganz andere Geheimnisse als heiße Wasserzuflüsse. Im September 1973 übten einige Taucher im See und stießen auf ein merkwürdiges Gerät am Grund, das sie bargen, dann tauchten sie weiter, um nachzusehen, ob sie noch andere solche Geräte fanden. Schließlich fanden sie davon mehr als dreißig, manche waren groß und schwer, und die meisten waren beschriftet mit kyrillischen Buchstaben. Es stellte sich heraus, dass das Sender, Empfänger und Tonbänder waren, und Fachleute fanden bald heraus, das sie erst einige wenige Wochen dort im Wasser gelegen haben konnten. Manche Geräte waren etwas älteren Baujahres, aber dennoch sehr leistungsstark, und dann waren da Kurzwellenempfänger, die genau auf die Funkfrequenzen des amerikanischen Militärs eingestellt waren, das damals eine große Basis in Keflavík hatte. Als dann noch herauskam, dass die Polizei von Hafnarfjörður in der Woche zuvor einige Male gesehen hatte, wie große russische Autos der Marke Wolga in Richtung Kleifarvatn fuhren, musste man nur noch eins und eins zusammenzählen. In der sowjetischen Botschaft jedoch, in der zu dieser Zeit fast vierzig Leute arbeiteten, wusste man natürlich von nichts.

Mitten im Kalten Krieg sorgte diese Nachricht in Island für ziemlichen Aufruhr. Hinzu kam, dass es auf dem Dach der sowjetischen Botschaft in Reykjavík zwei Jahre zuvor einige Umbauarbeiten gegeben hatte, offenbar – wie jetzt einige dachten – mit dem Ziel, von dort aus die Bewegungen von amerikanischen Satelliten zu verfolgen. Der *Volkswille*, das publizistische Organ der isländischen Sozialisten, reagierte darauf mit großer Empörung und warf der konservativen isländischen Unabhängigkeitspartei vor, sie habe die Geräte in dem See versenkt, um Angst vor einer sozialistischen Bedrohung zu schüren. Zu dieser Zeit hatte Island eine linke Regierung, die, wenn auch sehr vage, einen Abzug der US-amerikanischen Truppen aus Island in Aussicht gestellt hatte, was den Konservativen natürlich gegen den Strich ging. Und doch erschien es damals den meisten Leuten in Island als geradezu absurd, dass ausländische Mächte hier umfangreiche Spionage- und Abhöraktionen durchführten. Man wusste zwar von einigen Versuchen der Sowjets, isländische Sozialisten zur Spionage zu rekrutieren, doch das waren letztendlich nie mehr als alberne Provinzpossen gewesen.

Im Zweiten Weltkrieg hatten die Briten Island besetzt und wurden dann von amerikanischen Soldaten abgelöst. Gegen Ende des Krieges waren über 50 000 Soldaten hier stationiert, was die isländische Gesellschaft veränderte und ebenso die Infrastruktur – der Flughafen, den die U.S. Army in Keflavík anlegte, ist noch immer der wichtigste internationale Flughafen des Landes. Nach dem Krieg baten die USA darum, einige ihrer isländischen Militärbasen behalten zu dürfen, was zu einer heftigen Kontroverse führte, die das Land über Jahrzehnte hinweg spaltete. Nicht nur die Sozialisten, die Erben der Kommunistischen Partei Islands, kämpften gegen die amerikanische Militärpräsenz, sondern auch Patrioten verschiedenster Couleur, die wollten, dass die erst im Jahr 1944 gegründete Isländische Republik sich in dieser konfliktreichen Zeit ihre Neutralität bewahrte. Halldór Laxness' Roman *Atomstation* (1948) handelt von dieser Kontroverse und führte übrigens dazu, dass das amerikanische und das isländische Außenministerium sich zusammentaten, um den Autor mit einem Steuerverfahren in ziemliche Schwierigkeiten zu bringen, das erst 1955 eingestellt wurde – in dem Jahr, in dem Laxness den Literaturnobelpreis erhielt.

Mál og menning, der Verlag, in dem ich 1984 anfing zu arbeiten, hatte seine Wurzeln in der isländischen Linken der Dreißigerjahre und bekam um 1960 finanzielle Unterstüzung aus der Sowjetunion. Von der sowjetischen Botschaft hatte ich dennoch im Verlag nie etwas gesehen oder gehört, abgesehen von einem Mal, als kurz vor dem Kollaps der UdSSR ein äußerst gut gelaunter »Kulturattaché« in mein Büro kam, eine Wodkaflasche auf den Tisch knallte und begann, mir von all den Orten auf der Welt zu erzählen, an denen er bereits Diplomat gewesen war. Das war ein erfrischender Besuch, er kam um die Mittagszeit, alle waren in der Pause, ich war allein im Verlag: »Challdor, is this a one man warfare?«, war seine erste Frage. Was der Mann wollte, habe ich nie erfahren.

Die Unterstützer der Westanbindung Islands setzten sich letztendlich durch. Die USA behielten ihre Basis in Keflavík, und 1949 wurde Island Mitglied der NATO, und das gegnerische Lager begann einen langen Kampf. So manifestierte sich der Kalte Krieg in Island. Dieser Konflikt prägte nicht nur die politische Landschaft, sondern auch die Kultur und Literatur der damaligen Jahre. Die Gegner der amerikanischen Militärbasis organisierten eine Protestaktion nach der anderen, darunter einen langen Protestmarsch von Keflavík nach Reykjavík, und bekamen wachsenden Zuspruch zu Zeiten des Vietnamkriegs, der eine neue Generation politisierte.

Doch allein aufgrund von Islands strategisch wichtiger Lage zwischen Europa und Amerika dachten die USA überhaupt nicht daran, ihre hiesige Militärbasis aufzugeben, und es war ebenfalls klar, dass die Sowjetunion in der Umgebung des Landes intensiv Spionage betrieb, sowohl mit U-Booten als auch mit Flugzeugen und offenbar auch zu Land, wie der Fund der Geräte im Kleifarvatn den Isländerinnen und Isländern zeigte.

Im Rückspiegel der Geschichte betrachtet, erscheinen solche längst vergangenen politischen Konflikte oft wie Schattenboxen. Als die Berliner Mauer fiel, verlor Islands geografische Lage ihre Bedeutung, und das Land spielte in den politischen Prozessen der Nachwendejahre keine große Rolle mehr. Die amerikanischen Soldaten zogen nach und nach ab, bis 2006 das letzte ihrer Flugzeuge von Keflavík startete, trotz erbärmlicher Proteste der damaligen Regierung. Zurück blieb die Basis, größer als viele isländische Dörfer, unzählige Wohnblocks, in denen der Strom mit 110 Volt aus der Steckdose kommt.

Der Gerätefund am Kleifarvatn lieferte dem Autor Arnaldur Indriðason wichtige Ideen für seinen Krimi *Kleifarvatn* (2004), der mit einem Leichenfund an diesem See beginnt. Ein Mann war im Sand am Grund des Sees begraben worden, doch als die Wasseroberfläche sich nach dem Erdbeben im Jahr 2000 absenkte, kamen seine sterblichen Überreste zu Tage. Arnaldur Indriðason ist der bekannteste Krimi-Autor Islands. Er legt in seinen Büchern stets großen Wert darauf, neben der Krimigeschichte auch den Zeitgeist der Jahre einzufangen, in denen die Handlung spielt, und dadurch die geschichtliche Entwicklung von Island in den Nachkriegsjahrzehnten nachzuzeichnen. In *Kleifarvatn* geht es um den Kalten Krieg, um linke Studentinnen und Studenten, die in den Fünfziger- und Sechzigerjahren an Universitäten in den Staaten jenseits des Eisernen Vorhangs gingen.

Island war hier in einer einmaligen Position: Durch die Beziehungen der hiesigen sozialistischen Partei zu Funktionären der Ostblockstaaten konnten junge Isländerinnen und Isländer, die nicht viel Geld hatten, zum Studieren in die Sowjetunion, nach Ungarn, in die CSSR oder in die DDR gehen, was sonst eigentlich nur Studierenden aus der »Dritten Welt« oder aus sozialistischen Bruderländern erlaubt war. An manchen Orten waren die jungen Isländerinnen und Isländer die ersten Studierenden aus dem Westen überhaupt. Diese jungen Leute waren links und manche auch ziemlich blauäugig, waren vorher vielleicht noch nie im Ausland gewesen und wähnten sich unter Freunden. Einigen von ihnen wurde schnell klar, dass die Wirklichkeit ganz anders aussah, als sie erwartet hatten, und doch hielten viele an der Hoffnung fest, dass die Richtung stimmte, dass der Sozialismus nur noch etwas Zeit brauchte, um seine Ideale zu verwirklichen. Darüber tauschten sie sich untereinander in vielen Briefen aus, die zum Teil allgemein bekannt sind, weil das gegnerische politische Lager in Island irgendwie an diese Briefe herankam und viele von ihnen in einem Buch veröffentlichte, ohne die jungen Menschen, die sie geschrieben hatten, um Erlaubnis zu fragen.

Einer dieser Menschen war mein Schwiegervater, Hjalti Kristgeirsson. Er ging 1956 als erster Isländer zum Studium nach Ungarn und hatte noch nicht lange studiert, als die Sowjetunion mit Panzern den ungarischen Volksaufstand niederschlug. Man kann sich leicht vorstellen, was das für ein Schock für einen idealistischen jungen Mann vom Lande gewesen sein musste. Einige

Jahrzehnte später übersetze er das Hauptwerk des ungarischen Literaturnobelpreisträgers Imre Kertész, *Roman eines Schicksallosen*, ins Isländische, die Geschichte eines fünfzehnjährigen Jungen in einem nationalsozialistischen Vernichtungslager.

Arnaldur Indriðason siedelt seine Gruppe von isländischen Studierenden, die er in dem Roman äußerst plastisch beschreibt, in Leipzig in der zweiten Hälfte der Fünfzigerjahre an. Da gibt es die Leichtgläubigen, die Desillusionierten, die kommunistischen Hardliner, die ihre Kommilitonen für die Stasi bespitzeln und die, die resigniert nach Island zurückgehen – eine beeindruckende Momentaufnahme aus dem Kalten Krieg, wie man ihn in Island erlebt hatte. Der Leichenfund am Kleifarvatn geht auf dramatische Ereignisse zurück, die unter den Studierenden in Leipzig passiert sind, und auf die darauf folgenden Versuche, in Island Spionage zu betreiben. Mehr soll hier nicht verraten werden. Am Schluss sieht Erlendur, der Kommissar in vielen Büchern von Arnaldur Indriðason, »wie die Oberfläche des Sees sich im Nordwind kräuselte und dachte, dass hier bald alles wieder so sein würde, wie es immer gewesen war. Vielleicht hatte die göttliche Vorhersehung es so gewollt, dass das Wasser aus dem Kleifarvatn abfloss, um ein altes Verbrechen aufzuklären. Bald wird es dort wieder tief und kalt, wo die Gebeine gelegen haben und eine Geschichte in sich trugen von Liebe und Verrat in einem fernen Land.«

BESSASTAÐIR

VON PIRATEN UND PRÄSIDENTEN

Auf Bessastaðir ist der Amtssitz des isländischen Präsidenten, und obwohl die stilvollen weißen Häuser mit den roten Dächern auf der Halbinsel Álftanes nicht besonders hoch sind, sieht man sie doch bereits aus größerer Entfernung und kann sich vorstellen, da wäre eine Art Märchenschloss. Es ist ein Haus, das sich als sehr viel kleiner erweist, nachdem man es betreten hat – wie *Gljúfrasteinn*, das Haus von Halldór Laxness, was wahrscheinlich auch daran liegt, dass es durch seine Geschichte in unseren Köpfen so viel Raum einnimmt.

Bessastaðir hat in der Geschichte Islands immer eine große Rolle gespielt. Stellvertretend für viele Quellen sei hier aus einem schwedischen Landeskundebuch aus dem achtzehnten Jahrhundert zitiert: »Der wichtigste Ort von Island ist Skálholt, auf Hólar ist ein Bischof, eine Schule und eine Druckerei, auf Bessastaðir ist der Sitz des Amtmanns und Hekla ist ein feuerspuckender Berg.« In der ersten Zeit wurde von Bessastaðir nur wenig berichtet, doch durch eine umfangreiche Ausgrabung Ende des zwanzigsten Jahrhunderts kamen die Spuren vieler verschiedener Wohnbauten zum Vorschein, deren älteste aus der Landnahmezeit waren. Doch was für Menschen hier am Anfang gewohnt hatten, weiß keiner, ebenso wenig, wer eigentlich dieser Bessi war, nach dem der Ort benannt wurde.

Was man hingegen weiß, ist, dass Bessastaðir eine Zeit lang Snorri Sturluson gehört hat (siehe *Reykholt*). Snorri hat sich hier zwar nie richtig niedergelassen, doch die *Saga von den Sturlungen* berichtet, er habe oft hier Zuflucht gesucht, vor den Kämpfen seiner Zeit. Nach seinem Tod wurde Bessastaðir eine der wichtigsten isländischen Ländereien des Königs, und ab Mitte des vierzehnten Jahrhunderts hatten auch die wichtigsten Beamten des zunächst norwegischen und später dann dänischen Königs hier ihren Sitz. Dass Bessastaðir so ein bedeutender Ort wurde, lag nicht daran, dass das Land hier besonders gut war, sondern vielmehr daran, dass es äußerst günstig an vielen wichtigen Land- und Seewegen lag. Und natürlich auch daran, dass Bessastaðir ein Gegengewicht zu den Bischofssitzen von Skálholt und Hólar bildete, die durch die Reformation an Bedeutung verloren hatten. Bessastaðir war über Jahrhunderte hinweg ein wichtiger Ort in der isländischen Geschichte – in der Literaturgeschichte wurde er es erst im neunzehnten Jahrhundert.

Bessastaðir hat bewegte Zeiten gesehen. Einer der Gründe dafür ist, dass die königlichen Statthalter, die hier residierten, nicht immer besonders honorige Männer waren. Manche waren furchtbare Barbaren, Säufer und Diebe – andere hingegen bemühten sich sehr um das Fortkommen des Landes. Bessastaðir wurde auch immer wieder angegriffen, nicht zuletzt von englischen Seeräubern. Die Engländer fischten viel vor Island und trieben auch Handel, besonders im fünfzehnten Jahrhundert, das in der isländischen Geschichte auch das »englische Jahrhundert« genannt wird. Und da in Island eben nur wenige Menschen wohnten, die ihr Land kaum verteidigen konnten, legten die Engländer manchmal irgendwo an und raubten und plünderten. So griffen sie auch Bessastaðir an und brachten die königlichen Beamten, wenn nötig, auch um. Der dänische König bemühte sich um eine Allianz mit der Hanse, um in den Gewässern um Island ein Gegengewicht gegen die Engländer zu haben, und am Ende des fünfzehnten Jahrhunderts schloss er mit ihnen einen Friedensvertrag und erlaubte ihnen, unter bestimmten Bedingungen in diesen Gewässern zu handeln.

Zu der Zeit war ein Mann namens Didrik Pining als Statthalter des Königs in Island – ein besonders gutes Beispiel dafür, was für zwielichtige Zeitgenossen hier manchmal die Königsmacht ausübten. Über ihn lässt sich nur wenig mit Sicherheit sagen. Man weiß nicht einmal, ob er Norweger gewesen ist oder Deutscher, doch umso mehr Geschichten ranken sich um seine Person. Er war zwei Mal Statthalter des dänischen Königs in Island, in der Zeit dazwischen trieb er als Seeräuber im Nordatlantik sein Unwesen – allerdings auch das im Auftrag der dänischen Krone. Manche vermuten, die erste Ernennung zum königlichen Statthalter war die Belohnung für seine Teilnahme an einer dänisch-deutschen Expedition zur Erkundung der Länder im Nordwesten – die allerdings zum Teil von den Portugiesen finanziert wurde. Gewagteren Hypothesen zufolge könnte diese Expedition sie bis nach Neufundland oder Labrador geführt haben, und die allergewagteste Hypothese besagt sogar, dass Christoph Kolumbus mit dabei gewesen war. Als erwiesen gilt hingegen, dass Didrik Pining 1476 in Grönland war und dort keine Nachkommen der isländischen Siedler antraf, dafür aber Inuit, die ihn nicht gerade freundlich empfingen. Nach Didrik, oder Dietrich, ist auch die sogenannte Pining-Verordnung in den isländischen Gesetzen benannt, die es Ausländern verbot, sich den Winter über in Island niederzulassen und damit eigentlich eine Vereinbarung mit den Engländern für ungültig erklärte, doch auch hier ist wiederum unklar, welchen Anteil Didrik an ihrem Zustandekommen hatte. *Das Rätsel um Didrik Pining* heißt ein Buch, das Gunnar Gunnarsson 1939 auf Deutsch herausgab (*Skriðuklaustur*), aber nie in eine andere Sprache übersetzen ließ.

Der Heldenmut war unter den Hausherren von Bessastaðir ungleich verteilt. So landeten einmal besonders feindselige Seeräuber aus Algerien mit zwei Schiffen auf den Westmänner-Inseln und entführten viele Menschen, was von den Isländern meist der »Türkenüberfall« genannt wurde. Eines dieser beiden Schiffe strandete vor Bessastaðir, wo die Piraten alle ihre Gefangenen von dem einen Schiff auf das andere überführen mussten, um sie mitnehmen zu können. Man sagt sich, dass die Isländer das für eine perfekte Gelegenheit gehalten hatten, um die »Türken« anzugreifen, doch der königliche Statthalter Holger Rosenkranz war nicht dazu zu bewegen. Er hatte vielmehr ein gesatteltes Pferd hinter dem Haus bereitstehen, um sofort fliehen zu können, falls die Seeräuber an Land kämen. Als er das nächste Mal nach Island kam, war er zum Admiral der dänischen Marine befördert worden.

Andere königliche Statthalter ließen sich gleich gar nicht in Island nieder und blieben einfach in Dänemark. So war es zum Beispiel mit dem ersten »Stiftamtmann«, wie man den ranghöchsten Statthalter des dänischen Königs in Island seit 1684 nannte. Er hieß Ulrik Christian Gyldenløve, war ein unehelicher Sohn von König Christian V. und erst fünf Jahre alt, als ihm dieses Amt übertragen wurde, sodass es eigentlich gar keine Aufsicht mehr über die Verwaltung von Island gab.

1718 wurde ein gewisser Niels Fuhrmann zum Amtmann ernannt. Er zog nicht nur sofort nach Island, sondern sorgte auch bald für ziemliches Gerede: Eine norwegische Frau mit dem dramatischen Namen Appollonia Schwarzkopf hatte ihn angeklagt, weil er sich angeblich in Kopenhagen mit ihr verlobt hatte, gewann den Prozess, und er wurde verurteilt, sie zu heiraten. Sie kam 1722 nach Bessastaðir und wartete auf die Hochzeit, doch Fuhrmann zog in ein Zelt außerhalb des Hauses. Es wurde gesagt, dass er ein Auge auf ein dänisches Mädchen geworfen hatte, die Tochter seiner Magd. Da stirbt Appollonia auf Bessastaðir eines plötzlichen Todes, und es geht die Geschichte um, dass sie vergiftet worden war; über ihr Schicksal ist ein Roman geschrieben worden, *Rabenkutte* (Guðmundur Daníelsson), und das Theaterstück *Herbstbraut* (Þórunn Sigurðardóttir).

Ab 1770 blieben die Stiftamtmänner dauerhaft im Land. Es bildete sich endlich eine Art richtiger Regierung und zwar in Reykjavík. In Bessastaðir hingegen befand sich von 1805 bis 1846 die wichtigste Schule von Island, genauer gesagt die einzige Gelehrtenschule. Im achtzehnten Jahrhundert war in Island die Schulpflicht eingeführt worden, doch in der Praxis bedeutete das eigentlich nur, dass Eltern ihren Kindern das Lesen und das Schreiben beibringen und ihnen die Grundlagen des christlichen Glaubens vermitteln mussten, von einem richtigen Schulwesen war Island weit entfernt. Es gab allerdings Schulen an beiden Bischofssitzen, wobei man langsam anfing darüber nachzudenken, Kirche und Schulen zu trennen. 1785 wurde die Schule auf Skálholt geschlossen und dafür eine Schule in Reykjavík gegründet, die sogenannte Hólavallaskóli, die erste Gelehrtenschule des Landes. Sie hatte keinen guten Ruf. Der Schulleiter erschien tagelang nicht zum Dienst, weil er betrunken war, die Ausstattung war schlecht, in das Schulgebäude regnete es rein. Als die Schule auf Hólar, dem nordisländischen Bischofssitz, Anfang des neunzehnten Jahrhunderts geschlossen wurde, war die Hólavallaskóli die einzige Schule im ganzen Land, und doch wollten nur wenige Familien ihre Söhne dorthin schicken – da sahen sie sich eher nach einem geeigneten Hauslehrer um. Dass das so nicht lange weitergehen konnte, war klar. Es gab sogar einen Winter, in dem es in Island überhaupt keine Schule gab. Dann wurde die Hólavallaskóli nach Bessastaðir verlegt, da der Stiftamtmann ja jetzt in Reykjavík saß.

Die Bedingungen in der Schule in Bessastaðir waren offenbar ganz gut gewesen, zumindest sehr viel besser als bei ihrer Vorgängerin, das ging schon damit los, dass Bessastaðir eines der wenigen Steinhäuser in Island war. Es war eine altsprachliche Schule, Griechisch und Latein waren die wichtigsten Fächer, aber auch Hebräisch, Theologie und Geschichte wurden gelehrt, ein paar Rechenkünste kamen auch noch hinzu. Die Schule war nicht groß, hatte meist so um die vierzig Schüler, doch ihr Ruf war mit dem der Hólavallaskóli überhaupt nicht zu vergleichen, was einigen illustren Lehrern zu verdanken ist. Der bekannteste von ihnen war der Dichter und Gelehrte Sveinbjörn Egilsson. Zu seiner Zeit als Lehrer und später, nachdem die Schule zurück nach Reykjavík zog, auch als Rektor, übersetzte er Homer ins Isländische – aber auch die *Isländersagas* und die *Edda des Snorri Sturluson* ins Lateinische, und er erstellte ein Wörterbuch der altnordischen Skaldensprache, das *Lexicon poeticum*. Abgesehen davon schrieb dieser hochgebildete Theologe wunderschöne Kindergedichte und war damit einer der ersten künstlerisch ambitionierten isländischen Dichter, der ohne pädagogisches Ziel für Kinder dichtete.

Der berühmteste Schüler der Schule von Bessastaðir war ein anderer Dichter, Jónas Hallgrímsson (1807–1845), der Vorkämpfer der Romantik in Island, des Patriotismus und Sprachpurismus, aber auch Autor einiger der schönsten lyrischen Werke, die jemals auf Isländisch gedichtet wurden. Man kann sich vorstellen, was für eine gute Grundlage es für einen Lyriker sein musste, unter der Anleitung von Sveinbjörn Egilsson Horaz und Ovid zu übersetzen. Später legten Jónas Hallgrímsson und seine Mitstreiter die Grundlage für Isländisch als neuzeitliche Literatursprache mit ihrer Zeitschrift *Fjölnir*, wo sie auf Isländisch verfasste Gedichte, Übersetzungen und Essays veröffentlichten: Sie schrieben einen schnörkellosen Stil, ließen den Inhalt die Form entscheiden und befreiten uns dadurch von dem gekünstelten dänischen Kanzelstil. Doch sein schönstes Heimatgedicht schrieb Jónas Hallgrímsson in Kopenhagen; Entferung ist die Vorraussetzung für solche Art von Dichtung.

Im Jahr 1867, ungefähr zwanzig Jahre nachdem die Gelehrtenschule zurück nach Reykjavík gezogen war, kaufte der Dichter Grímur Thomsen Bessastaðir und zog dort ein. Grímur Thomsen war übrigens auch auf Bessastaðir geboren (1820) worden, studierte aber dann Literatur in Kopenhagen und bekam vom König für sein Buch über den englischen Dichter Lord Byron die Doktorwürde verliehen. Er arbeitete lange im dänischen Außenministerium und schrieb auf Dänisch über Literatur und Geschichte, weckte Interesse an dem Werk von H.C. Andersen und an dem finnischen Nationaldichter Runeberg – seine Lyrik jedoch schrieb er auf Isländisch, darunter ein Gedicht, das alle Isländerinnen und Isländer kennen und das viele andere sie haben singen hören: *Sprengisandur* (Ríðum, ríðum, rekum yfir sandinn ...). Grímur Thomsen war konservativ und passte nicht in seine Zeit: Ein romantischer Dichter zu Zeiten des Realismus, ein dänischer Beamter zu Zeiten des isländischen Unabhängigkeitskampfes, was wohl dazu führte, dass man ihn weder in Dänemark noch in Island wirklich wertschätzte. Sein Name ist untrennbar mit Bessastaðir verbunden, er starb dort 1896, in demselben Zimmer, in dem er geboren wurde.

Im Jahre 1918 wurde Island weitgehend von Dänemark unabhängig, behielt aber den dänischen König als Staatsoberhaupt, bis 1944 die Isländische Republik gegründet wurde. Schnell einigte man sich darauf, dass Bessastaðir der Amtssitz der isländischen Präsidenten sein sollte. So prägt dieser Ort auch weiterhin die isländische Geschichte und spiegelt die Stimmung im Volk wider, so wie sie sich durch die Wahl des Präsidenten ausdrückt. Öfter als einmal wurde dabei ein Mensch der Literatur in dieses Amt gewählt. Der Präsident von 1968–1980, Kristján Eldjárn, war Archäologe, Konservator und Autor wichtiger Bücher über die isländische Geschichte. Der jetzige Präsident – Guðni Th. Jóhannesson – ist Historiker und hat ebenfalls mehrere Bücher geschrieben, besonders über die neuere Geschichte Islands. Aber am meisten Aufmerksamkeit gab es natürlich, als Vigdís Finnbogadóttir 1980 zur Präsidentin gewählt wurde. Sie war die erste Frau der Welt, die in einer demokratischen Wahl zum Staatsoberhaupt gewählt wurde, und war vielen Frauen ein Vorbild im Kampf um gleiche Rechte – und ist es bis heute. Aber sie hat sich ebenfalls Zeit ihres Lebens sehr für Sprache und Sprachen interessiert – daher passt es nur zu gut, dass das Fremdsprachen-Institut der isländischen Universität nach ihr benannt ist und damit an die Tradition der Schule von Bessastaðir anknüpft.

Als Verleger wurde mir einmal die Ehre zuteil, zusammen mit Vigdís Finnbogadóttir eine Auswahl isländischer Gedichte zusammenzustellen, darunter waren natürlich auch Werke von Sveinbjörn Egilsson, Grímur Thomsen und Jónas Hallgrímsson. Ich erinnere mich noch gut daran, wie belesen und sicher Vigdís Finnbogadóttir in ihrem literarischen Urteil war, wobei mir am meisten die feine Ironie Spaß machte, die sie sowohl im Umgang mit den literarischen Texten als auch im Umgang mit deren Verleger hatte. Eine solche Haltung zur isländischen Geschichte und Kultur kommt vielleicht automatisch, wenn man jahrelang auf Bessastaðir wohnt. Während ich dies schreibe, mitten in der Corona-Pandemie, feierte Vigdís Finnbogadóttir ihren neunzigsten Geburtstag, der natürlich nicht groß begangen werden konnte. In einem Interview wurde sie gefragt, ob sie nicht einsam sei in ihrer selbstgewählten Quarantäne, und gab darauf diese sehr isländische Antwort: »Wer so viele Bücher hat wie ich, ist niemals einsam.«

MOSFELL

DIE KIRCHE IM TAL

Oben

Das Grab von Auður und Halldór Laxness
auf dem Friedhof bei der Kirche von Mosfell.

Rechte Seite

Die Büste von Ólafía Jóhannsdóttir bei Mosfell,
Abguss der Büste in Oslo.

ÓLAFIA JÓHANNSDÓTTIR
fæddist að Mosfelli
22. október 1863
Hún beitti sér
fyrir stofnun
Hins íslenska
kvenfélags 1894
og Hvítabandsins
1895
Hvatti til stofnunar
Háskóla Íslands
og helgaði líf sitt
líknarmálum.

Gljúfrasteinn, das Haus von Halldór Laxness, ist heutzutage eindeutig das bekannteste Gebäude in dem Tal, das sich so schön vor einem ausbreitet, wenn man von der Ringstraße auf die Straße nach Þingvellir abbiegt. Benannt ist das Tal nach der Länderei Mosfell am Fuß eines Berges, der denselben Namen trägt. Da steht an weithin sichtbarer Stelle eine Kirche, die 1965 geweiht worden ist. In Mosfell war wahrscheinlich seit dem frühen zwölften Jahrhundert immer eine Kirche gewesen, und Ausgrabungen haben ans Licht gebracht, dass vor dieser Zeit bei dem Nachbarhof Hrísbrú eine Kirche und ein Friedhof gewesen waren. Dort hatte auch eine typische Wikingerhalle aus der Zeit der Landnahme gestanden, fünfundzwanzig Meter lang, mit Grundmauern aus Torf und Steinen, einer langgezogenen Feuerstelle in der Mitte und Sitzbänken entlang der Seitenwände. Man fand auch Überreste einer Stätte, wo Tote verbrannt worden waren.

Der berühmteste Bewohner von Mosfell war Egill Skallagrímsson, Hauptperson der nach ihm benannten *Isländersaga*. Im fortgeschrittenen Alter gab er seinen Hof auf und zog »nach Süden nach Mosfell zu Grímur, der mit Egills Stieftochter Þórdís verheiratet war, die er am meisten von allen Menschen liebte, die noch am Leben waren«. Und am Ende der Saga heißt es: »Egill Skallagrímsson wurde ein alter Mann, und mit den Jahren wurde er unbeweglich und konnte kaum noch sehen und hören.« Doch er hatte zwei Kisten mit englischem Silber. Eigentlich wollte er mit diesen Kisten nach Þingvellir reiten und sie dort auf dem Althing unter die Leute schmeißen und dann zusehen, wie sich alles in einer großen Prügelei auflöste. Þórdís gefiel diese Idee, doch ihr Mann Grímur stritt sich mit ihr und verhinderte es schließlich, und kurz vor seinem Tod versteckte Egill sein Silber irgendwo in der Gegend von Mosfell, wo Leute bis heute ab und zu danach suchen.

Während einer der größten Krieger, Skalden und Sturköpfe seine letzten Lebensjahre auf Mosfell verbrachte, ist eine der Vorkämpferinnen der isländischen Frauenbewegung dort geboren, Ólafía Jóhannsdóttir (1863–1924). Über ihr bewegtes Leben hat Sigríður Dúna Kristmundsdóttir ein Buch geschrieben. Zur Zeit ihrer Geburt herrschte in der Gegend von Mosfell, wie im ganzen Land, große Armut. Es gab inzwischen 69 000 Isländerinnen und Isländer, die Kindersterblichkeit war hoch, so starb zum Bespiel zwischen 1860 und 1870 jedes vierte Mädchen, bevor es ein Jahr alt wurde. Ólafías Eltern waren der Pastor von Mosfell und seine Frau. Sie waren noch vergleichsweise gut gestellt, als sie dort hinzogen, doch Séra Jóhann konnte nicht mit Geld umgehen und als Ólafía noch nicht viel älter war als ein Jahr, wurde er verarmt von Mosfell vertrieben, nicht zuletzt wegen seiner Trinkerei.

Die Familie zog in den Süden, nach Meðalland. Der Pastor und seine Frau nahmen alle ihre Kinder mit – nur Ólafía nicht, sie wurde als Pflegekind auf die Insel Viðey gegeben, die in der Bucht von Reykjavík liegt. Dort kam Ólafía in den nächsten Jahren mit dem in Berührung, was man die isländische Oberschicht nennen konnte. Sie wuchs auf in einem solide gebauten Haus, der Hausherr Ólafur Stephensen war ein hoher Beamter und seine Frau Sigríður Þórðardóttir, kümmerte sich liebevoll um Ólafía. Viðey war ein wichtiges kulturelles Zentrum, damals befand sich dort die einzige Druckerei des Landes. In der dortigen Erziehung hatten sich aufgeklärte Ideen durchgesetzt, sodass Ólafía in einem ebenso wohlständigen wie freiheitlichen Umfeld aufwuchs. Doch dieses Glück währte nur kurz. Als Ólafía fünf Jahre alt war, holte ihre Mutter das Kind – sehr gegen dessen Willen – und brachte es nach Reykjavík zu ihrer Schwester, der Hebamme Þorbjörg Sveinsdóttir.

Þorbjörg war eine interessante Frau. Impulsiv und energisch und entschiedene Befürworterin der isländischen Unabhängigkeit, genau wie ihr Bruder, der Parlamentsabgeordnete Benedikt Sveinsson, dessen Sohn der Dichter Einar Benediktsson war (siehe *Herdísarvík*). Frauen durften sich zu dieser Zeit noch nicht für politische Ämter zur Wahl stellen – sie durften nicht einmal selbst wählen, doch als Ersatz dafür ging Þorbjörg zu allen politischen Versammlungen und mischte dort kräftig mit, ohne sich darum zu scheren, dass sich das für Frauen eigentlich nicht gehörte. Sie ging nach Kopenhagen und machte da die einzige Ausbildung, die isländischen Frauen damals offen stand: Sie wurde Hebamme und arbeitete in Reykjavík über vierzig Jahre lang in diesem Beruf. Þorbjörg wohnte in einem kleinen Steinhaus am Skólavörðustígur und war ebenso gastfreundlich wie lebenslustig – und Ólafía bekam auf diese Weise schon als Kind viel davon mit, was in der damaligen Politik die Gemüter bewegte. In der Zeit, in der Ólafía bei Þorbjörg lebte, wohnte auch ihr Neffe Einar Benediktsson manchmal dort.

Ólafía träumte davon, die Gelehrtenschule von Reykjavk zu besuchen, doch da Mädchen nicht mit den Jungen auf der Schulbank sitzen durften, bekam sie eine Art Fernunterricht. 1890 machte sie als erste isländische Frau eine Art Mittlere-Reife-Prüfung. Im Jahr darauf wollte sie sich zum Abitur anmelden, doch das wurde ihr aus fadenscheinigen verwaltungstechnischen Gründen verweigert. Sie beendete ihren Schulbesuch, und es sollte weitere sieben Jahre dauern, bis die erste isländische Frau an der Gelehrtenschule ihr Abitur machte (Elínborg Jacobsen). In diesen Jahren bildete sich das politische Bewusstsein von Ólafía: Als der Isländische Frauenbund im Jahr 1894 gegründet wurde, war sie sofort dabei, zusammen mit ihrer Pflegemutter Þorbjörg. Sie gab die Jahresschrift des Bundes heraus, schrieb viele Artikel über die Situation der Frauen, sprach oft öffentlich darüber und galt als brillante Rednerin. Sie engagierte sich auch für die Gründung einer isländischen Universität und trat dem Guttemplerorden bei. Der Alkohol war damals ein großes Problem in Island, nicht zuletzt in Reykjavík, diesem Dorf mit Großstadtambitionen. 1895 war sie an der Gründung des isländischen Ablegers von The White Ribbon beteiligt, einer internationalen christlichen Vereinigung alkoholabstinenter Frauen, die in der Krankenpflege und in anderen Bereichen karitativ tätig war. Ólafía Jóhannsdóttir arbeitete im Laufe ihres Lebens viel für diese Vereinigung, was sie auch oft ins Ausland zu Versammlungen führte, in die USA, nach Kanada und nicht zuletzt nach Norwegen.

In den Jahren nach 1900 sprach Ólafía Jóhannsdóttir bei ihren öffentlichen Auftritten hauptsächlich über religiöse Themen und über Abstinenz, wobei der Glaube langsam aber sicher die Oberhand gewann, besonders nachdem sie zwischen 1903 und 1906 bei Freunden aus der White-Ribbon-Vereinigung auf Ytterøy in Norwegen lebte, wo sie mehr oder weniger die ganze Zeit krank war. Ihre Biografin Sigríður Dúna Kristmundsdóttir vermutet, sie habe eine psychische Erkrankung gehabt, vielleicht eine Form von bipolarer Störung. Als Ólafía sich besser fühlte, ging sie nach Christiania, das heutige Oslo, arbeitete da für The White Ribbon in dem Armenviertel Vaterland und kümmerte sich um Mädchen am Rande der Gesellschaft, um Strafgefangene, Trinkerinnen und Sexarbeiterinnen, die in der boomenden Stadt unter schlimmen Bedingungen lebten. Die Vereinigung gründete ein Heim für sie, dessen Leiterin Ólafía Jóhannsdóttir einige Jahre lang war, was sie nicht nur in dem Stadtviertel bekannt machte, sondern in der ganzen Stadt: Diese kleine Frau mit der isländischen Trachtenhaube, die von früh bis spät in Vaterland unterwegs war, um armen Mädchen zu helfen. Niemand traute sich, ihr die Haare zu schneiden und niemand, der sie einmal getroffen hatte, vergaß ihre Augen, die eine Zeitzeugin so beschreibt: »voller Klugheit, Milde und Kraft«. Es wussten nur nicht alle, wie sie hieß. Und nannten sie dann einfach Island.

»Die Akerselv floss dahin, trübe, rotbraun und übel riechend von all den Abwässern, die sie auf ihrem Weg durch die Stadt hatte trinken müssen … Ich ging über den Vaterlands Torv und dann durch einige wenig belebte Straßen. Männer und Frauen waren in Gruppen zusammen, kalt, trunken und kümmerlich. Man konnte fast hören, wie das Wasser in ihren löcherigen Stiefeln um ihre Füße schwappte. Alle redeten durcheinander – die Sprache der Straße, die in den Ohren dröhnte, urkomisch, rabiat und sonderbar kraftvoll. Manche kamen von dem Pfandleiher im oberen Stockwerk und wollten schnell um die Ecke zum Schnapsladen, andere standen in den Hauseingängen und tranken.« So beschrieb Ólafía Jóhannsdóttir selbst das Osloer Armenviertel Vaterland in ihrem Buch *Die Geringsten von allen: Bilder von den Schattenseiten von Christiania*. Ólafía Jóhannsdóttir erzählt hier von Frauen »auf der schiefen Bahn« und von ihrer karitativen Arbeit. Die Geschichten basieren auf ihren Erlebnissen, sind aber literarisch verfremdet. Eine heißt zum Beispiel *Die schlechte Krankheit* und erzählt von einer Frau, die von einem Liebhaber mutwillig mit Syphilis infiziert wird. Ólafía Jóhannsdóttir beschreibt die Krankheit, das Leid, das sie dem Mädchen verursacht, und auch die gesellschaftliche Ächtung, die auf die Kranheit folgt, mit großer Anteilnahme und Genaugkeit – so etwas hatte es in der isländischen Literatur noch nie gegeben.

1915 jedoch muss Ólafía Jóhannsdóttir aus gesundheitlichen Gründen ihre Arbeit aufgeben. Einige Jahre später geht sie zurück nach Island, wo sie bei Freunden und Bekannten wohnt, ihr Gesundheitszustand bleibt über längere Zeit schlecht. Im Jahr 1924 scheint es ihr besser zu gehen, sie kehrt nach Norwegen zurück und stirbt dort noch am Ende desselben Jahres. Nicht an einer bestimmten Krankheit, wie ihre Biografin schreibt, sondern offenbar aufgrund von allgemeiner psychischer Entkräftung. Ólafía Jóhannsdóttir hat mit ihren Idealen Zeit ihres Lebens gegen Widerstände ankämpfen müssen und ihre Arbeit im Armenviertel hätte schwerer nicht sein können – früher hatte man gesagt, sie sei an Kummer gestorben. Ein Jahr nach ihrem Tod erschien ihre Autobiografie *Aus dem Dunkel ins Licht*, in der sie nur in sehr groben Zügen von den Jahren berichtet, die sie mit politischem Aktivismus und dem Kampf für Frauenrechte verbracht hatte – sie liest sich mehr wie eine religiöse Erweckungsgeschichte, wie der Titel ja auch schon andeutet. Und gleichzeitig ist es die erste Autobiografie einer isländischen Frau, die als Buch gedruckt erschien.

Ólafía Jóhannsdóttir genoss in Oslo, wie Christiania ab 1925 hieß, große Anerkennung für ihre Arbeit. Im Jahr 1930 wurde eine Büste von ihr enthüllt, die in einem Park an der Akerselv steht, dort wo früher das Vaterland-Viertel gewesen war, das in den frühen 1960ern fast komplett abgerissen wurde. Auch eine kleine Straße ist hier in der Stadt nach ihr benannt und eine Klinik, die sich auf sexuell übertragbare Krankheiten spezialisiert hat. Die Schauspielerin Guðrún Ásmundsdóttir hat ein Theaterstück über Ólafía Jóhannsdóttir geschrieben, das 2003 in der Kirche von Mosfellsbær uraufgeführt wurde, und im selben Jahr wurde unweit der Kirche ein Abguss der Olafía-Büste aus Oslo eingeweiht, 140 Jahre nach ihrer Geburt an genau diesem Ort.

Das letzte Kind, bei dessen Geburt Ólafías Pflegemutter Þorbjörg Sveinsdóttir als Hebamme geholfen hatte, hieß Halldór Guðjónsson, der im Jahre 1902 in dem Haus seiner Eltern am Laugavegur geboren wurde. Einige Jahre später zog er mit seinen Eltern auf den Bauernhof Laxnes im Mosfellsdalur, nach dem er sich später benennnen sollte. 1970 gab Halldór Laxness ein Buch über den Landstrich seiner Heimat heraus, der bescheiden daher kommt, aber beim Lesen ungeheuren Spaß macht, *Kirchspielchronik*. Laxness erzählt hier aus einer vergangenen Zeit im Mosfellsdalur, in dem es jahrhundertelang keinen Fortschritt gegeben hatte, und wo man eher das Ziel hatte, auf der Stelle zu stehen, wie er es ausdrückte, und wo den Menschen »die meisten Dinge, die heute zum menschlichen Leben gehören«, fehlten. Er erzählt auch von großen Konflikten über die Kirche und ihren Besitz, die bis ins zwanzigste Jahrhundert andauerten: »Der Hügel dort am Fuße des Mosfell, wo die Kirche steht, zieht mehr Sonne an als andere Hügel. Sogar im Winter ist immer ein Fleckchen von ihm besonnt.« Bei diesem Hügel ruhen jetzt Halldór und Auður Laxness, und gegenüber steht die Büste von Ólafía Jóhannsdóttir.

GLJÚFRASTEINN

DAS AUTO DES NOBELPREISTRÄGERS

Es war in der Weihnachtszeit des Jahres 1983. Ich befand mich im letzten Jahr meines Studiums der Literaturwissenschaft in Kopenhagen, war aber über die Weihnachtsferien zurück nach Island gekommen. Das wichtigste Projekt des damaligen Winters war meine Abschlussarbeit, eine Einordnung des Frühwerks von Halldór Laxness in die europäische Literaturgeschichte. Ich hatte mich in seine Bücher vertieft und in diejenigen seiner europäischen Vorbilder, auf der Suche nach Querverbindungen und Einflüssen. Doch da, in diesen Weihnachtsferien, wurde mir irgendwie schlagartig klar, dass der Autor ja noch lebte und nicht viel älter als achtzig war, und außerdem war er ja ein guter Freund meiner Großeltern gewesen – warum besuchte ich ihn da nicht einfach und befragte ihn zu seinen Romanen aus den Zwanzigerjahren, allen voran zu *Der große Weber von Kaschmir* (1927)?

So kam es, dass ich zum ersten Mal nach Gljúfrasteinn fuhr, wo damals seit fast vierzig Jahren das Zuhause von Halldór und Auður Laxness gewesen war. Laxness empfing mich herzlich und führte mich in sein Arbeitszimmer im Obergeschoss, wir nahmen Platz in tiefen Sesseln, umgeben von unzähligen Büchern, die ich mir gern näher angesehen hätte; er rauchte große Zigarren und erzählte Geschichten aus seinen »Sturm-und-Drang«-Jahren, als ob er sie sich bereits zurechtgelegt hatte; meine Thesen und die Fragen nach bestimmten Fakten wurden von seinen Geschichten verdrängt. Halldór Laxness erzählte von seiner Zeit im Kloster und in Hollywood, von Taormina auf Sizilien, wo er seinen *Weber* geschrieben hatte, und von verschiedensten Schriftstellern, seinen Zeitgenossen, wobei er über die meisten von ihnen freundliche Witze machte. Und obwohl ich weder mitschreiben noch etwas aufnehmen durfte, hätte ich das Gespräch auswendig hersagen können, als ich nach Hause kam und hackte es sofort in meine Schreibmaschine. Als er zu Ende erzählt hatte, sah er mich mit charmantem Lächeln an und fragte, ob ich jetzt nicht alles hätte, was ich über den *Großen Weber von Kaschmir* wissen müsste? Dann rief seine Frau Auður uns zu Kaffee und Kuchen, und sie fragten mich viele Dinge. Es stellte sich heraus, dass sie sehr genau verfolgten, was in der damaligen Welt passierte.

Gljúfrasteinn liegt auf einem Hügel, nicht weit von dem auch heute noch existierenden Hof Laxnes, auf dem Halldór aufgewachsen ist. Während des Krieges kaufte Halldór dieses Land, weil er an einem Stein auf diesem Hügel als junger Mann eine Offenbarung gehabt hatte. Ob es Jesus Christus war, der ihm da erschienen ist, oder ihm einfach nur eine Stimme gesagt hatte, dass er mit siebzehn Jahren sterben würde – dazu sind seine Aussagen etwas widersprüchlich. Aber diese Offenbarung hatte, so erzählte er später, dazu geführt, dass er Schriftsteller werden wollte, und der Stein sei eben das Symbol dafür.

Das Haus selbst wurde 1945 gebaut. Es war nicht leicht, damals an gute Baumaterialien und Rohstoffe zu kommen, sodass die Bausubstanz gar nicht einmal die beste ist. Laxness selbst hielt sich von den Bauarbeiten fern, so gut er konnte: »Ich zog nach Eyrarbakki, während Gljúfrasteinn gebaut wurde, damit ich meine Ruhe vor den Handwerkern hatte, die mich dauernd irgendetwas fragen wollten. Ich habe keine Ahnung vom Baugewerbe, daher war es sinnlos, mich etwas zu fragen.« In Eyrarbakki arbeitete Halldór Laxness an der *Islandglocke*, und es war Auður Laxness, die währenddessen die Bauarbeiten beaufsichtigte, sich um die Materialbeschaffung kümmerte, Verträge abschloss und sich dann um die Inneneinrichtung kümmerte. Auður Laxness selbst beschrieb das so: »Als die Bauarbeiten begannen, wurde erst einmal ein Telefon an dem Stein auf dem Hügel angeschlossen, das abends mit einem Segeltuch abgedeckt wurde. Es fehlte so oft an Baumaterialien, dass man andauernd überall anrufen musste, um sich aus dem ganzen Land alles zusammenzusuchen.«

Die moderne Zeit war damals noch nicht im Mosfellsdalur angekommen. Es gab keine Stromleitung und keine Warmwasserversorgung, und das, obwohl es im Tal überall heißes Wasser gab. Geheizt wurde mit Kohle, Dieselgeneratoren lieferten den Strom, sodass Gljúfrasteinn aus dem halben Tal wie ein funkelnder Stern zu sehen war, wenn der Dieselgenerator Licht machte. Auður und Halldór Laxness zogen um Weihnachten 1945 ein, frisch verheiratet, und schon für den Tag nach dem Einzug hatte Halldór Gäste zum Abendessen eingeladen, obwohl Auður nichts anderes hatte als einen Primuskocher. So war es seitdem immer gewesen, Laxness machte sich keine Vorstellung davon, was es seiner Frau abverlangte, diesen Haushalt zu führen.

Auður Laxness war sechzehn Jahre jünger als er, Jahrgang 1918. Sie lernten sich kennen, als Auður um die zwanzig war. Seine erste Ehe war da gerade im Begriff, sich aufzulösen, und er hatte sich gerade erst wieder in Island niedergelassen, nach Jahren des Umherziehens auf der Welt. Sie war eine Frau, von der ein Schriftsteller seiner Generation nur träumen konnte, sie kümmerte sich um den Haushalt und sorgte dafür, dass er Ruhe zum Schreiben hatte, tolerierte alle seine Auslandsreisen und Marotten, tippte seine Manus-kripte ab, und steckte im Zweifelsfall zurück, was ihre eigene Arbeit und ihre Bedürfnisse betraf.

Gljúfrasteinn war nicht nur ein Wohnhaus, sondern auch ein kultureller Mittelpunkt. Schon bald stand dort ein Flügel, weltberühmte Musiker aus der Sowjetunion oder anderen sozialistischen Ländern hielten Hauskonzerte, was die isländischen Sozialisten durch ihre guten Beziehungen arrangierten. Nach dem Ende der Konzerte wurde gefeiert. Nach damaligem Maßstab war Gljúfrasteinn ein großes Einfamilienhaus, doch von der Küche kann man das nun wirklich nicht sagen, sie ist klein und eng, sodass man sich kaum vorstellen kann, wie es Auður gelang, von dort ganze Festgesellschaften zu beköstigen. Nachdem Halldór Laxness 1955 den Literaturnobelpreis bekommen hatte, wurde er eine Art nationales Kulturgut, man brachte Könige zu ihm und andere Staatsoberhäupter, versuchte sogar, ihn zu überreden, sich als Präsident zur Wahl zu stellen.

In den Neunzigerjahren war Halldór Laxness an einer Form von Demenz erkrankt und zog in ein Pflegeheim, wo er 1998 starb. In jenen Jahren kam ich manchmal nach Gljúfrasteinn und durfte frühere Entwürfe von seinen Werken ansehen, Tagebücher, Notizbücher und Briefe. Das war von unermesslichem Nutzen für das Verständnis seines Werkes und sollte mir sehr helfen, als ich einige Jahre später seine Biografie schrieb. Doch was mir aus diesen Jahren am besten im Gedächtnis geblieben ist, sind meine Gespräche mit Auður Laxness. Sie kümmerte sich unglaublich gastfreundlich um mich, an diesen Tagen, an denen ich dort hinkam, es gab morgens Kaffee, dann ein Mittagessen, ein Abendbrot ... Es war wirklich merkwürdig, da oben in dem Arbeitszimmer eines Nobelpreisträgers zu sitzen und dann von unten eine Stimme zu hören: »Halldór, es gibt Kaffee.« Es war sicher nicht das erste Mal, dass dieser Ruf durch das Haus hallte.

Sie war schlau, hatte Humor, war belesen und interessierte sich sehr für Politik und das gesellschaftliche Leben. Am interessantesten war es jedoch, ihre Ansichten über das Leben zu erfahren. Sie sah die Dinge realistisch, ließ sich aber dennoch von nichts entmutigen, hatte starke Meinungen, die ihr aber nichts von ihrer menschenfreundlichen Toleranz nahmen. Die Zeiten der Frauenbewegung waren längst gekommen, für die sie große Sympathie empfand, auch wenn ihr klar war, dass sie ihr eigenes Leben nicht unbedingt in deren Geiste gelebt hatte. Doch sie bereute nichts: »Als ich Halldór kennenlernte, wusste ich sofort, wie er war und wie es werden würde«, hatte sie mir einmal gesagt, »aber das war ein gutes Leben«. Das Enkelkind, das ihren Namen trägt, die Autorin Auður Jónsdóttir, hat sie schön beschrieben, sowohl in ihren Büchern, also auch in Interviews und mit einem Theaterabend. Sie hatte manchmal bei ihrer Großmutter gewohnt und viel von deren Toleranz profitiert: Einmal kam Auður als junge Frau von irgendeiner Party mit einigen Jungs nach Gljúfrasteinn. Sie klauten Alkohol, schwammen im Schwimmbad und schliefen schließlich quer durch das Haus verteilt irgendwo ein. Am nächsten Morgen weckte Auður, die Ältere, ihre Enkelin und fragte sie in aller Seelenruhe: »Mein Schatz, wie viele nackte Männer sind denn jetzt hier?« Da hatte sie bereits einen der Jungs entdeckt, der nackt im Bett von Halldór Laxness schlief. Zum Glück war er ein Student der Literaturwissenschaft und großer Bewunderer des Nobelpreisträgers. Als er aufwachte, hatte er das Gefühl, er wäre im Paradies.

Nachdem ich eine Biografie über Halldór Laxness geschrieben habe, hörte ich viele gute Geschichten über ihn, die ich nie zuvor gehört hatte – was wahrscheinlich eine typische Erfahrung ist, wenn man die Lebensgeschichte eines anderen erzählt. Eine hörte ich von einem Bekannten des Ehepaars, die nicht zuletzt bezeichnend für Auður Laxness war. Wie alle wissen, die einmal auf Gljúfrasteinn waren, das nun schon seit langer Zeit als Museum besichtigt werden kann, besaß Halldór in seinen letzten Jahren schicke Autos. Im Sommer steht bis heute ein hübscher alter

Jaguar vor dem Haus. Einmal im Winter, als besagter Bekannter auf Gljúfrasteinn zu Besuch war, gab Laxness an, in die Stadt zu müssen, um dort etwas zu erledigen, während Auður, wie so oft, in der Küche zu tun hatte. Halldór ging hinaus und kam kurze Zeit später wieder herein, und hatte die Handschuhe an, die er zum Autofahren trug: »Auður, draußen ist ganz schönes Schneetreiben«, sagte er. Aus der Küche hörte man keinen Laut, und Halldór ging wieder hinaus. Er kam kurze Zeit später wieder und hatte nun auch noch einen Hut auf und sagte: »Auður, ich glaube, es wird immer windiger.« Keine Antwort. Halldór ging wieder hinaus, blieb etwas länger draußen und kam dann wieder und sagte: »Ich weiß nicht, ob man bei den Straßenverhältnissen heute noch so weit kommt.« Da blickte Auður endlich auf und sagte aus der Küche: »Schon gut, mein Lieber, ich lege die Schneeketten an.«

BREIÐHOLT, REYKJAVÍK

DER SURREALISMUS IN DER VORSTADT

Breiðholt ist ein Vorort von Reykjavík, in dem heutzutage ungefähr 20 000 Menschen leben. Er ist ungefähr fünfzig Jahre alt und nach einem Hof benannt, der heute im unteren Teil des Stadtteils wäre, wo nun die Straße Skógarsel ist. In der zweiten Hälfte des neunzehnten Jahrhunderts wohnte auf Breiðholt ein Ehepaar mit dreizehn Kindern in einem aus Torf gebauten Haus, zusammen mit ihren Kühen und Pferden und Schafen. Wenn Bauern mit ihren Erzeugnissen auf dem Weg in die Stadt waren, machten sie oft hier Station. Breiðholt war sogar bis 1960 bewohnt, wobei dort in den letzten Jahren eine Gärtnerei und Baumschule war. In den Sechzigerjahren plante man dann ein Wohnviertel auf dem Hügel oberhalb des Hofes, was nicht zuletzt auf Initiative der Arbeiterbewegung geschah. Wohnraum war in Reykjavík lange Zeit sehr knapp gewesen, Teile der arbeitenden Bevölkerung wohnten unter miesen Bedingungen, manche sogar noch in den Armee-Baracken, die im Krieg gebaut worden waren. Aus diesem Grund setzte sich die Arbeiterbewegung zusammen mit dem Staat und der Stadt Reykjavík dafür ein, Wohnungen für Leute zu bauen, die nicht viel verdienten, und das Wohnviertel Breiðholt entstand.

Breiðholt besteht aus drei Teilen. Der ursprüngliche Plan sah vor, dass es in jedem dieser Teile Einfamilienhausgegenden, Reihenhaussiedlungen und Wohnblocks geben sollte, und wenn man heute durch Breiðholt fährt, sieht man, dass dieser Plan teilweise auch so umgesetzt wurde. Die meisten Wohnblocks wurden letztendlich aber doch im oberen Teil von Breiðholt gebaut, darunter auch Asparfell und Æsufell, die mit ihren zusammengenommen fast 300 Wohnungen den größten Wohnkomplex des Landes bilden. Breiðholt war ein typischer Vorort, wie er in den westlichen Ländern in den Sechzigerjahren an vielen Orten entstand und wurde auch in Island von einigen Leuten kritisiert: Breiðholt sei eine hässliche Schlafstadt, ein kulturloser Slum, war in den Zeitungen zu lesen. Vielleicht war an diesen Vorwürfen sogar etwas dran, zumindest werden ja heute keine Stadtviertel mehr geplant, in denen praktisch keine Jobs entstehen können, sodass alle zur Arbeit in die Innenstadt fahren müssen. Und auch, dass Schulwesen und Gesundheitsversorgung in Breiðholt erst langsam aufgebaut wurden, nachdem die Wohnungen schon bezogen waren, war sicher nicht optimal. So erzählte der Schulleiter einer Schule aus Breiðholt, dass er anfangs als Leiter einer Schule angestellt wurde, in der es kein Lehrpersonal gab und noch nicht mal ein Gebäude – aber dennoch jede Menge Schülerinnen und Schüler.

Doch letztendlich greift diese Kritik zu kurz: Es waren in erster Linie junge kinderreiche Familien, die nach Breiðholt zogen, sodass schnell überall Kinder waren und es dementsprechend lebhaft wurde. Reykjavík breitete sich in den Nachkriegsjahrzehnten nach Osten hin aus, die Kinder waren die ersten Siedler, spielten auf Hügeln und Baustellen, wie Einar Már Guðmundsson es so unvergesslich in seinem Roman *Die Ritter der runden Treppe* anhand eines anderen Vororts beschreibt, der zehn Jahre zuvor entstanden war. Und alles war so unglaublich schnell gegangen; mit sechzehn Jahren hatte ich einen Sommerjob auf einer Baustelle in Breiðholt und konnte zusehen, wie die Wohnblocks, in denen ich arbeitete, immer höher und höher wurden – und das nicht ohne Sorge, weil ich eigentlich Höhenangst hatte.

Anfangs gab es nur Schulen für die ersten zehn Klassenstufen in Breiðholt, aber im Jahr 1975 wurde eine Art Gesamtschule eröffnet, an der man Abitur machen konnte. Vier Jahre später gründeten einige Jungs an dieser Schule die Poetengruppe *Medúsa,* um den Surrealismus wiederzubeleben, eine Bewegung, der in ihrem Gründungsland Frankreich zehn Jahre zuvor die Puste ausgegangen war, nachdem sie ungefähr ein halbes Jahrhundert bestanden hatte. Zu ihrer besten Zeit hatte die Gruppe sieben Mitglieder, darunter vier, die im Wohnblock Asparfell wohnten, und dort fanden auch die ersten Treffen von *Medúsa* statt. Dann baute die Gruppe sich langsam ein immer besseres Netzwerk auf und ihr Einfluss wurde um einiges größer, als man es anhand der Produktivität dieser Gruppe je hätte erwarten können.

Die *Medúsa*-Gruppe machte Bücher und Flugblätter und Zeitschriften, organisierte Kunstausstellungen und verschiedenste Veranstaltungen; eines ihrer Mitglieder war der Autor Sjón, dessen Bücher nun in Übersetzungen in vielen Teilen der Welt erscheinen. Ein anderes Mitglied war der Autor und Musiker Þór Eldon, der später als Gitarrist der Band *The Sugarcubes* bekannt wurde, auch der Designer und Kulturwissenschaftler Ólafur J. Engilbertsson war dabei. Die Gruppe wurde am 30. November 1979 ins Leben gerufen, mit dem Erscheinen des Buches *Birgitta – abgehörte Gespräche* von Sjón. Er war damals siebzehn Jahre alt, es handelte sich um sein drittes Buch.

Dann tat man das, was Dichtergruppen eben taten: Man las die Manuskripte der anderen und führte Werkstattgespräche. Und man diskutierte die wichtigen Texte der Surrealisten und Dadaisten. In den Achtzigerjahren gründeten sie Zeitschriften mit Namen wie *Die surrealistische Operation* oder *Bellendes Wasser,* wobei von beiden nur jeweils eine Ausgabe erschien. In der letztgenannten heißt es: »*Bellendes Wasser* wird herausgegeben von *Medúsa* und ist Repräsentant und Mikrofon unserer Leidenschaften. Von nun an werden wir alles zertrümmern, was uns davon abhält, in Kontakt mit dem Leben zu treten. Der Aufstand der Elemente lässt sich nicht länger unterdrücken. Wir müssen alles abwerfen, damit wir ungehindert von den Sittengesetzen der Polizisten und Pfarrer neue Lebensweisen suchen können ...«

Medúsa organisierte Lesungen in der Gesamtschule von Breiðholt und an anderen Schulen, die man auch Performances hätte nennen können, und die Titel trugen wie *Gute Soldaten essen ihren Teller leer,* und verfasste Mottos wie *Auf meiner Brust die flammende Fußspur des Pfarrers.* Außerdem spielten sie zusammen in einer

Band namens *Fan Houtens kókó*, wobei sie diesen Namen eines holländischen Kakaoherstellers aus einem Gedicht des russischen Dichters Wladimir Majakowski hatten, *Wolke in Hosen*. Dort wird einem zum Tode verurteilten Häftling die Freiheit versprochen, wenn er auf dem Schafott den Kakao von van Houtens anpreist. Für eine kurze Zeit betrieb die *Medúsa*-Gruppe auch eine Galerie im Zentrum von Reykjavík mit dem Namen Skruggubúð, in der sie unter anderem 1983 eine Ausstellung von gotteslästerlichen Objekten aus vielen Ländern zeigte unter dem Namen *Wir fressen dieses Brot nicht*, als Gegengewicht zu einer Ausstellung mit sakraler Kunst im selben Jahr.

Medúsa versuchte sich auch in einer internationalen Zusammenarbeit mit Gesinnungsgenossen aus anderen skandinavischen Ländern und aus England, und Sjón, Þór Eldon und Ólafur J. Engilbertsson fuhren zusammen nach Paris und besuchten Elisa, die Witwe des berühmtesten aller Surrealisten, André Breton, der sechzig Jahre zuvor das Manifest des Surrealismus verfasst hatte. Die Gruppe arbeitete mit dem isländischen Künstler und Surrealisten Alfreð Flóki zusammen und mit jungen Leuten aus der Musikszene von Reykjavík, wie zum Beispiel Margrét Örnólfsdóttir und der Sängerin Björk Guðmundsdóttir, die sie durch die 1983 gegründete Band *Kukl* kannten.

Medúsa löste sich 1986 auf. Viele ihrer Mitglieder gründeten jedoch noch im selben Jahr das Musiklabel *Smekkleysa*, aus dem *The Sugarcubes* hervorgingen. Das Motto der Band war »Weltherrschaft oder Tod!« und entwickelte sich, sehr zur Verwunderung des isländischen Bürgertums, eher in Richtung des ersteren als des letzteren. Hiernach verfolgten die Mädels und Jungs von *Medúsa* bzw. *Smekkleysa* jeder seine eigene Karriere, arbeiteten aber auch immer wieder zusammen wie zum Beispiel für den Film *Dancer in the Dark* von Lars von Trier (2000), in dem Björk die weibliche Hauptrolle spielte und Sjón gemeinsam mit dem Regisseur die Texte für die Lieder verfasste, die in dem Film gesungen wurden. Sjón verfasste auch viele andere Texte für Björk und ist darüber hinaus unglaublich produktiv, er schreibt Romane, Erzählungen, Theaterstücke, Drehbücher, Gedichte und vieles mehr. 2005 erhielt er für seinen Roman *Schattenfuchs* den Literaturpreis des Nordischen Rats und 2013 den isländischen Literaturpreis für *Der Junge, den es nicht gab*.

Die Geschichten von Sjón (der mit bürgerlichem Namen Sigurjón B. Sigurðsson heißt) haben sich in der letzten Zeit mehr an der traditionellen Erzählkunst orientiert. Er ist heute der respektable Präsident des isländischen Teils der Autorenvereinigung PEN und nicht mehr der flippige junge Mann von 24 Jahren, der zu uns in den Verlag *Mál og menning* kam und damals schon acht Bücher geschrieben hatte, die wir in dem Sammelband *Der Junge mit den Röntgenaugen* herausbrachten. Aber die unerwarteten Assoziationen des Surralismus, intertextuelle Verweise auf die Weltliteratur und sein verrückter Humor brechen dennoch immer wieder hervor. Und im Mittelpunkt seiner Geschichten stehen fast immer Außenseiter, die sonst in der isländischen

Literatur nur selten Hauptpersonen von Büchern werden, ein Mädchen vom Land mit geistiger Behinderung im neunzehnten Jahrhundert in *Schattenfuchs*, ein kinobegeisterter schwuler Junge in der Kleinstadt Reykjavík von 1918 in *Der Junge, den es nicht gab*, ein Neonazi zu Zeiten des Kalten Krieges in *Korngelbes Haar, graue Augen*, um nur einige Beispiele zu nennen.

Doch warum wurde der Surrealismus ausgerechnet 1979 in einem Reykjavíker Vorort wiedergeboren? Vielleicht, weil es dort zum ersten Mal in der isländischen Geschichte so etwas wie eine Massengesellschaft gegeben hatte. Reykjavík war dabei, eine richtige Stadt zu werden, nicht mehr nur ein übergroßes Dorf, und junge Leute, die sich durch Dichtung ausdrücken wollten, reagierten natürlich darauf, suchten etwas, das eine unerwartete Richtung nahm, rüpelhaft rebellisch war, und sich international orientierte – sie bezogen sich nicht mehr auf die alte isländische, ländlich geprägte Gesellschaft. Eines der wichtigsten Themen der isländischen Literatur des zwanzigsten Jahrhunderts ist der Wandel von ländlichen zu urbanen Lebensweisen, also eigentlich ein typisches Thema aus dem neunzehnten Jahrhundert der europäischen Literatur, doch diese Jungs im oberen Teil von Breiðholt kannten gar kein Landleben und hatten dafür nur Spott übrig. So sagte einer von ihnen einmal in einem Interview mit einer Schülerzeitung: »In meinen jungen Jahren verbrachte ich meine Tage liegend an einem glucksenden Bach, blickte auf einen lieblichen Berghang und ein zwitscherndes Vöglein weckte meine Leidenschaft.« Diese Veränderung fand natürlich nicht nur in der Dichtung statt, sondern auch, zum Beispiel, in der Musik: Popmusik war tot, es kam der Punk und eine neue Art »Neue Isländische Welle«, was unvergesslich in dem Film *Rokk í Reykjavík* des Regisseurs Friðrik Þór Friðriksson aus dem Jahr 1982 dokumentiert ist.

Noch immer entwickelt das obere Breiðholt sich anders als der Rest von Island. Die Massengesellschaft ist längst von einer multikulturellen Gesellschaft abgelöst worden. In einem Drittel der Wohnungen leben Leute, die nicht in Island geboren sind, zum größten Teil Polen, die zum Arbeiten nach Island kommen und hier die Baubranche, die Fischverarbeitung und viele Bereiche des Dienstleistungssektors am Laufen halten. Es gibt im oberen Breiðholt eine Schule, in der drei Viertel der Kinder aus Haushalten kommen, in denen Isländisch nicht die Muttersprache ist. Wer weiß, welche energiegeladene Künstlergruppe als nächstes von dort kommen wird, mit einem ganz anderen Blick und ganz anderen Ausdrucksmitteln, als die Isländerinnen und Isländer es bisher gewohnt sind?

EPILOG

ÁRBORG, MANITOBA

Im Jahr 2009 wurde ich nach Winnipeg in Kanada eingeladen, um an der dortigen Universität einen Vortrag über Halldór Laxness zu halten. Das wäre nicht unbedingt berichtenswert, wenn sich nicht genau in dieser Gegend besonders viele Isländerinnen und Isländer niedergelassen hätten, die nach Amerika ausgewandert waren. So wurde ich nicht nur an die Uni eingeladen, sondern sollte meinen Vortrag auch bei dem traditionellen isländischen Winterfest *þorrablót* halten, das die sogenannten »West-Isländer« in der Stadt Árborg feierten. Ich war sehr gespannt darauf, das isländische Leben am Lake Winnipeg mit eigenen Augen zu sehen und muss auch zugeben, dass ich damals, so kurz nach dem großen Bankencrash, jede Gelegenheit wahrnahm, um mal rauszukommen.

West-Isländer: Ihre kanadische Kolonie entstand in den Jahren nach 1875, nachdem es in dem ohnehin schon armen Island einige besonders schlechte Jahre gegeben hatte, was auch, aber nicht nur, an einigen Vulkanausbrüchen lag (siehe *Askja* und viele andere Kapitel dieses Buches). Als die ersten Siedlerinnen und Siedler an den Lake Winnipeg kamen, lebten dort keine anderen Europäer, sondern nur, wie man sie damals nannte, Indianer. Zu dieser Zeit bekamen die Isländer sogar eine Art eigenes Reservat mit dem Namen New Iceland, in dem die Dörfer isländische Namen bekamen, die sie auch heute noch tragen: Hekla, Grund, Hnausar und Árborg. Das Gebiet, diese riesigen bewaldeten Ebenen, urbar zu machen, war nicht einfach. Und Winnipeg selbst war damals auch kaum mehr als ein französisches Militärlager an der Grenze zu indianischem Territorium. Fast schien es, als hätten die Isländer sich eine Gegend ausgesucht, die auch nicht viel besser für die Landwirtschaft geeignet war, als das Land, das sie verlassen hatten. Wobei hier natürlich ganz andere Bedingungen herrschten. Niemand war auf ein kontinentales Klima vorbereitet, in dem das Thermometer im Winter auf minus dreißig Grad fiel und im Sommer auf plus dreißig Grad stieg; die Isländer wussten nicht einmal, wie man mit Holz Häuser baut. So starben viele von ihnen im ersten Winter an Erschöpfung und Kälte. Im zweiten Winter forderten die Pocken viele Opfer, doch im dritten Winter hatten die Isländer sich bereits eine Druckmaschine gekauft und gaben verschiedene Zeitungen heraus, in denen sie sofort Streit miteinander anfingen. Es kam so weit, dass 1890 in Winnipeg mehr isländische Bücher herausgegeben wurden als in Reykjavík. Wahrscheinlich wurde sogar bis in die Zwischenkriegsjahre im Bundesstaat Manitoba mehr veröffentlicht als in Island, schließlich wollte jeder isländisch besiedelte Ort seine Geschichte drucken, seine Landnahme dokumentieren, mit den dabei unentbehrlichen Informationen über die Vorfahren der Siedlerinnen und Siedler. Und ingesamt haben die Isländer auch ganz gut durchgehalten, denn nun geht man davon aus, dass in diesem Gebiet weit über 100 000 Menschen isländischer Herkunft leben.

Wobei zu dieser Zeit natürlich nicht nur Isländer nach Kanada auswanderten, sondern auch

Leute aus den anderen nordischen Ländern, aus Großbritannien, Deutschland und vielen anderen Teilen Europas. In den Literaturen vieler dieser Länder finden sich großartige Geschichten von dieser Völkerwanderung nach Westen, wie zum Beispiel die Auswanderer-Buchreihe des schwedischen Autors Vilhelm Moberg aus den Jahren 1949 bis 1959, nach der mindestens zwei Filme gedreht worden sind. Mit den Büchern *Heimat der Winde* und *Baum des Lebens* (1995/96) haben auch die Isländer ihr Auswanderer-Epos bekommen, ein Familienportrait, das gleichzeitig von einem wichtigen Abschnitt der isländischen Geschichte erzählt. Der Autor, Böðvar Guðmundsson (* 1939), hat für seine Bücher intensives Quellenstudium betrieben, viele Briefe gelesen, die die Auswanderer nach Island geschickt haben und kennt »West-Island« auch aus eigener Anschauung, da er eine Zeit lang in Kanada unterrichtet hat. Seine Bücher, für die er unter anderem den isländischen Literaturpreis erhielt, erfreuen sich großer Beliebtheit und haben den Isländerinnen und Isländern geholfen, die große Migrationsbewegung nach Amerika besser zu verstehen.

Dennoch muss ich zugeben, dass ich bestimmte Klischeevorstellungen im Kopf hatte, bevor ich mich auf diese Reise begab. Vollkommen grundlos hatte ich die Vorstellung, dass die West-Isländer eine Gruppe von Provinzlern wären, denen ihr kulturelles Erbe und die isländische Sprache in den Weiten der kanadischen Prärie verloren gegangen war, ohne dass etwas anderes an dessen Stelle getreten war, abgesehen davon, dass sie sich andauernd erbittert über irgendwelche Spitzfindigkeiten innerhalb ihrer evangelikalen Glaubenslehre stritten, was für Außenstehende auch mit viel gutem Willen nicht nachvollziehbar war. Meine Vorurteile waren auch von den Bemerkungen von Halldór Laxness genährt worden, der nicht gut auf die West-Isländer zu sprechen war, nachdem einige ihn 1929 bei der amerikanischen Polizei wegen seiner radikalen politischen Gesinnung angezeigt hatten, während Laxness in Los Angeles wohnte. Zwei Jahre zuvor hatte er einige Monate in Winnipeg verbracht und unter anderem eine tragische Pioniersgeschichte geschrieben, die in dieser Gegend spielte, die er Neu-Island nannte. Sie erzählt von dem isländischen Bauern Torfi Torfason, der auswandert und damit furchtbar scheitert. Er hat sich auf den Weg in die Neue Welt gemacht, obwohl es ihm in Island gar nicht so schlecht ergangen ist, einfach in der Hoffnung, dass »das Neue besser sein wird, als das Alte war«. Doch seine an isländischen Verhältnissen geschulten Fähigkeiten bringen ihn in den langen kanadischen Winternächten mit ihrer extremen Kälte nicht weit, er verliert alles, auch seine Familie. Und am Ende weint dieser große, starke Mann, »arme Mensch, der seine Kinder geopfert hat, in der Hoffnung auf eine viel bessere Zukunft, auf ein vollkommeneres Leben«.

Was ich zuerst sah, schien meine Vorurteile eher zu bestätigen. Winnipeg erscheint auf den ersten Blick wie eine typisch amerikanische, nur auf Autoverkehr ausgerichtete Stadt auf rechteckigem Grundriss, in der man kaum ein richtiges

Zentrum erkennt, und wenn man von hier in Richtung Árborg fährt, sieht man nichts als unendlich erscheinende Prärie, ohne Hügel, ohne Berge, ohne alles – durchschnitten von schnurgeraden Straßen. Kaum verwunderlich also, dass manche Siedlerinnen und Siedler, die an den reliefreichen isländischen Küsten aufgewachsen sind, hier von dem so genannten Präriefieber ergriffen wurden – einem der Seekrankheit nicht unähnlichen starken Unwohlsein, das einen auf einer großen Fläche ergreifen kann, auf der es nichts gibt, an dem das Auge sich orientieren kann.

Unvermeidbar war wohl auch, dass ich bald Dinge entdeckte, die mir zeigten, dass hier natürlich auch kulturell alles ganz anders war als in Island. Die isländischen Siedler hatten ihr eigenes Reservat nicht lange behalten können, dazu kamen nicht genügend schnell Siedler aus dem Heimatland hinterher, sodass sich bald auch Leute aus der Ukraine in Neu-Island ansiedelten – auf dem Weg nach Árborg fuhren wir an einer ukrainisch-orthodoxen Kirche vorbei, die den isländischen Namen Bjarmi trug. Andere Dinge waren dramatischer: So schauten wir uns die Insel Hecla im Lake Winnipeg an, auf der zeitweise bis zu fünfhundert Menschen gelebt hatten, einige indianische Familien, aber hauptsächlich Isländerinnen und Isländer. Dort gab es zwei Friedhöfe mit zahlreichen isländischen Namen, auf einem davon waren fast nur Kinder begraben – sie waren während der großen Pockenepidemie gestorben.

Die isländische Kultur war hier zu der Zeit meines Besuchs noch sehr lebendig. Wir besuchten einige Bauernhöfe, die isländische Namen trugen, aber ansonsten keine große Ähnlichkeit mehr mit isländischen Bauernhöfen aufwiesen, dazu war allein schon das sie umgebende Land viel zu weitläufig, der nächste Hof oft eine lange Fahrt über die Prärie entfernt. Einer der Bauern, David Gislason, schreibt gute Lyrik auf Isländisch und ist ein bedeutender Übersetzer, ein anderer mit Namen Óli Narfa, setzte sich in seinem Wohnzimmer ans Klavier und sang mit lauter Stimme isländische Heimatlieder, besonders, wenn die Ansichten seiner Gäste ihm nicht patriotisch genug erschienen.

Bei dem hiesigen *þorrablót* zu Gast zu sein, war eine unglaubliche Erfahrung. Allein die Tatsache, dass diese kanadischen Bauern überhaupt dieses traditionelle isländische Winterfest feierten und das dafür typische sauer eingelegte oder gepökelte Essen mit Kartoffeln und Rübenbrei aßen, ist bemerkenswert. Es war natürlich alles etwas anders als bei einem *þorrablót* in Island, das Lammfleisch schmeckte sonderbar, es wurde weniger Schnaps getrunken, und am Anfang gab es ein Tischgebet, wie es vielerorts in Amerika üblich ist. Auch zu sehen, wie eine Familie nach der anderen mit einem Pick-up-Truck über die Prärie angefahren kam, fühlte sich für mich sehr amerikanisch an, ebenso die karierten Holzfällerhemden und die Cowboy-Hüte. Doch nach anfänglicher Zurückhaltung kam mir eine ungeheure Herzlichkeit entgegen. Es war, als wäre man in einer Zeit vor diesem ganzen Bankenwahnsinn bei Leuten auf dem isländischen Land zu Gast. Das waren unglaublich warmherzige Menschen, manche sprachen ein bisschen Isländisch, alle stellten viele Fragen, wie es derzeit in Island so sei und erzählten, wer ihre Vorfahren waren – wie man das eben in Island so tat. Und als drei alte Männer mit Akkordeons eine Polka aufspielten, konnte man nicht anders, als zu tanzen. An diesem Ort, den man anfangs Neu-Island genannt hatte, haben einige der Traditionen und Lebensweisen des alten Islands überlebt – aus der Zeit, bevor uns um die Jahrtausendwende alle der Goldrausch gepackt hatte.

Meinen Vortrag über Halldór Laxness, diesen wichtigsten aller isländischen Schriftsteller, hielt ich auf sehr informelle Weise und projizierte dazu einige Bilder an die Wand. Halldór Laxness konnte auch im hohen Alter, als er aufgrund seiner Demenz längst keine normale Schrift mehr lesen und auch nicht mehr schreiben konnte, noch Noten lesen und Klavier spielen. Doch an seinen Flügel hatte er sich noch sehr lange Zeit immer wieder gesetzt und gespielt. Ich beendete meinen kleinen Vortrag mit einem Bild von ihm als altem Mann an seinem Flügel und vergaß, den Projektor auszuschalten, als ich mich wieder hinsetzte, sodass das Bild dort blieb, als der nächste Teil des Festprogramms begann. Das war ein kleiner isländischer Kinderchor: Kinder unterschiedlichsten Alters und mit unterschiedlichstem sängerischen Talent, wie es in Kinderchören in kleinen Dörfer eigentlich immer ist. Die wenigsten von ihnen hatten Isländisch gelernt, und doch standen sie da und sangen in dieser Sprache – sie trugen sogar Trachten. Am Ende ihres Programms sangen sie ein Lied, dessen Melodie sie selbst geschrieben hatten: die Vertonung eines kleinen Gedichts aus der Kurzgeschichte, die Halldór Laxness über die ersten isländischen Siedler am Lake Winnipeg geschrieben hatte. Hinter ihnen, an der Wand, saß noch immer der Autor am Flügel, als würde er sie dabei begleiten. Über einen solchen Moment muss man keine weiteren Worte verlieren.

Während dieser Tage hatte nicht ein einziges Mal jemand etwas Negatives gesagt über das »alte Land«, wie sie Island hier nannten. Die Leute wussten natürlich von der Bankenkrise und fragten vorsichtig, wie die Lage sei, man spürte einfach, wie oft die Leute an Island dachten. Erst als ich wieder zu Hause war, erfuhr ich, dass eine der isländischen Banken auch dort in der Gegend eine Zweigstelle eröffnen wollte, es mit ihren wahnsinnigen Geschäften also auch auf die Ersparnisse unserer west-isländischen Landsleute abgesehen hatte. Doch sie waren zu höflich, um das zu erwähnen. Ihre Vorfahren waren vor elenden isländischen Lebensverhältnissen geflohen, hatten sich durch erbarmungslose Winter und Pockenepidemien gekämpft und absurde Glaubenskämpfe ertragen. Von zu Hause, aus dem »alten Land«, wollten sie nur Lieder und Geschichten hören.

Endnoten

1 Borges, Jorge Luis: Gesammelte Werke in zwölf Bänden. Band 8. Übersetzt von Gisbert Haefs. München, 2007.

2 Gunnarsson, Gunnar: Schwarze Vögel. Übersetzt von Karl-Ludwig Wetzig. Stuttgart 2009

3 Helgason, Hallgrímur: 60 Kilo Sonnenschein. Roman. Aus dem Isländ. von Karl Ludwig Wetzig. © 2018 by Hallgrimur Helgason. Tropen, Stuttgart 2020

4 Elíasson, Gyrðir: Ein Eichhörnchen auf Wanderschaft. Übersetzt von Gert Kreutzer. Zürich 2011.

5 Die Saga von Brennu-Njáll, übersetzt von Karl-Ludwig Wetzig. In: Isländersagas 1, Herausgegeben von Klaus Böldl, Andreas Vollmer und Julia Zernack. In der Übersetzung von Betty Wahl, Kurt Schier, Thomas Esser, Ursula Giger, Karl-Ludwig Wetzig, Mathias Kruse © 2011, S. Fischer Verlag GmbH, Frankfurt am Main.

6 Ebd.

Dank

Dieses Buch wurde auf Isländisch geschrieben, erscheint aber zuerst auf Deutsch, Ausgaben auf Isländisch und Englisch werden folgen. Der Vorschlag wurde mir vor einigen Jahren vom Verlagshaus Römerweg gemacht, aber erst im Covid-Jahr, nach dem Gastlandauftritt Norwegens auf der Frankfurter Buchmesse 2019, den ich geleitet habe, fand ich die Zeit zum Schreiben. Die Auswahl der Orte sowie der Autorinnen und Autoren ist rein persönlich, sie soll einfach zu einer literarischen Rundreise um Island einladen – sei es in der Wirklichkeit oder in der Fantasie. Meine Frau, Anna Vilborg Dyrset, Albert Einarsson, Arnaldur Indriðason, Atli Ásmundsson, Birna Bjarnadóttir, Brynja Þorgeirsdóttir, Einar Kárason, Eyþór Árnason, Gerður Kristný, Guðmundur Andri Thorsson, Gyrðir Elíasson, Hallgrímur Helgason, Ingunn K. Jakobsdóttir, Óskar Guðmundsson, Ragnar Jónasson, Silja Aðalsteinsdóttir, Tómas R. Einarsson und Þorbjörg Arnórsdóttir haben einzelne Kapitel oder das ganze Manuskript gelesen und viel verbessert, obwohl ich natürlich allein die Verantwortung für eventuelle Fehler trage.

Nanna Rögnvaldardóttir hat den isländischen Text redigiert und meine isländische Verlegerin, Hólmfríður Matthíasdóttir, hat mich immer wieder ermutigt. Einen großen Dank auch an meinen Freund und Übersetzer, den Autor Kristof Magnusson, und an Lothar Wekel und seine Mitarbeiterinnen vom Verlagshaus Römerweg.

Aber mein größter Dank gebührt Dagur Gunnarsson, mit dem ich wochenlang im Spätsommer 2020 kreuz und quer durch Island fuhr, um alle diese meine Lieblingsorte neu zu fotografieren und somit neu zu erleben. Ich hoffe, daran können die Leserinnen und Leser jetzt auch teilhaben.

Halldór Guðmundsson

Literaturverzeichnis

Quellen und zitierte Bücher, nach Kapiteln geordnet, in der Reihenfolge ihrer Verwendung.
Alle isländischen Zitate und Gedichte, wenn nicht anders angegeben, übersetzt von Kristof Magnusson.

Einführung

Jón Ólafsson úr Grunnavík: *Safn til íslenskrar bókmenntasögu,* Guðrún Ingólfsdóttir und Þórunn Sigurðardóttir (Herausgeber), Reykjavík 2018.

Helgi Guðmundsson: *Um haf innan,* Reykjavík 1997 und *Land úr landi,* Reykjavík 2002.

Sunna Ebenesersdóttir u.a.: »Ancient genomes from Iceland reveal the making of a human population«, *Science,* 1/6 2018.

Halldór Laxness: *Heimsljós,* Reykjavík 2002 (erste Ausgabe 1937–1940)
Auf Deutsch erschienen als: Laxness, Halldór: Weltlicht. Übersetzt von Hubert Seelow. Göttingen 2000. | Deutsche Erstausgabe: Übersetzt von Ernst Harthern. Frankfurt a. M. 1955.

Hjörleifur Guðmundsson: *Hver dagur að morgni,* Akranes 2006

Mehrere Autoren: *Íslensk bókmenntasaga I-V,* Reykjavík 1992–2006.

Siehe auch www.arnastofnun.is

Reykholt

Óskar Guðmundsson: *Snorri: Ævisaga Snorra Sturlusonar 1179–1241,* Reykjavík 2009.
Auf Deutsch erschienen als: Guðmundsson, Óskar: Snorri Sturluson. Homer des Nordens. Eine Biographie. Übersetzt von Regina Jucknies. Köln 2011.

Helgi Þorláksson und Guðrún Sveinbjarnardóttir (Hg.): *Snorri Sturluson and Reykholt,* Reykjavík 2018.

Egils saga, diverse Ausgaben.
Auf Deutsch u.a. erschienen in: Isländersagas. Die Saga von Egill Skalla-Grímsson. Übersetzt von Kurt Schier. Frankfurt a. M. 2011.

Snorri Sturluson: *La alucinación de Gylfi,* übersetzt von J.L. Borges und Maria Kodama, Madrid 1984.

Borges, Jorge Luis: Gesammelte Werke in zwölf Bänden. Band 8. Übersetzt von Gisbert Haefs. München 2007.

Snæfellsjökull

Halldór Laxness: *Heimsljós,* s.o. *Kristnihald undir jökli,* Reykjavík 1968
Auf Deutsch erschienen als: Laxness, Halldór: Am Gletscher. Übersetzt von Bruno Kress. Göttingen, 1989. | Deutsche Erstausgabe unter dem Titel: Seelsorge am Gletscher. Übersetzt von Bruno Kress. Berlin 1974.

Halldór Guðmundsson: *Halldór Laxness: ævisaga,* Reykjavík 2004.
Auf Deutsch erschienen als: Guðmundsson, Halldór: Halldór Laxness. Eine Biographie. Übersetzt von Helmut Lugmayr. München, 2007.

Jules Verne: *Voyage au centre de la terre,* erste Ausgabe 1864.
Auf Deutsch erschienen als: Verne, Jules: Die Reise zum Mittelpunkt der Erde. Diverse Ausgaben.

Bárðar saga Snæfellsás, in div. Ausgaben der Isländer Sagas.
Auf Deutsch u. a. erschienen als: Die Saga von Bárðr Snæfellsáss. Übersetzt von Helmut Lugmayr. Wien 1992.

Ferðabók Eggerts Ólafssonar og Bjarna Pálssonar um ferðir þeirra á Íslandi árin 1752-1757, neueste isländische Ausgabe 1981, ursprünglich auf Dänisch 1772.
Siehe auch *www.vedur.is*

Staðarhóll

Eyðibýli á Íslandi, 3. Band, Reykjavík 2012.

Örnólfur Thorsson u.a. (Herausg.): *Sturlunga saga,* 3 Bände mit Begleitband, Reykjavík 1988.

Einar Kárason: *Óvinafagnaður* (vier Romane in einem Band), Reykjavík 2019.
Auf Deutsch erschienen als: Kárason, Einar: Die Sturlungen. Die große Isländer-Saga. Feindesland. Übersetzt von Kristof Magnusson. München 2017.

Flatey im Breiðafjörður

Eysteinn G. Pétursson u.a.: *Breiðafjarðareyjar,* Reykjavík 1989.

Halldór Laxness: *Dagleið á fjöllum,* Reykjavík 1937.

Halldór Guðmundsson: *Halldór Laxness,* s.o.

Guðmundur Páll Ólafsson: *Hálendið í náttúru Íslands,* Reykjavík 2001.

Rauðisandur

Gísli Már Gíslason und Ólafur B. Thorodssen: *Rauðasandshreppur hinn forni,* Reykjavík 2020.

Jón Helgason: *Vér Íslands börn I,* Reykjavík 1968.

Halldór Guðmundsson: *Skáldalíf: ofvitinn úr Suðursveit og skáldið á Skriðuklaustri,* Reykjavík 2006.

Gunnar Gunnarsson: *Svartfugl,* Kopenhagen 1929.
Auf Deutsch erschienen als: Gunnarsson, Gunnar: Schwarze Vögel. Übersetzt von Karl-Ludwig Wetzig. Stuttgart 2009. | Deutsche Erstausgabe unter dem Titel: Schwarze Schwingen. Übersetzt von Pauline Klaiber-Gottschau. München 1930.
Siehe auch: www.sogusagnir.is

Álftafjörður

Helgi Guðmundsson: »Um þrjú basknesk-íslenzk orðasöfn frá 17. öld«, in *Íslenskt mál og almenn málfræði,* 1/1979.

Völundur Óskarsson (Hg.): *Reisubók Jóns Ólafssonar Indíafara,* Reykjavík 1992.

Jónas Kristjánsson (Hg.): *Spánverjavígin 1615: sönn frásaga eftir Jón Guðmundsson lærða,*

Reykjavík 1950. Von 2015 gibt es eine Ausgabe in spanischer und baskischer Übersetzung.
Viðar Hreinsson: *Jón: Jón lærði og náttúrur náttúrunnar*, Reykjavík 2016.
Sjón: *Rökkurbýsnir*, Reykjavík 2009.
Auf Deutsch erschienen als: Sjón: Das Gleißen der Nacht. Übersetzt von Betty Wahl. Frankfurt a. M. 2011.
Trausti Einarsson: *Hvalveiðar við Ísland 1600-1939*, Reykjavík 1987.

Þingeyrar

Steinunn Kristjánsdóttur: *Leitin að klaustrunum – Klausturhald á Íslandi í fimm aldir*, Reykjavík 2017.
Jón Torfason: *Húnaþing eystra: frá jöklum til ystu stranda*, Reykjavík 2007.
Íslensk bókmenntasaga, 1. Band, Reykjavík 1992. Sverrir Tómasson ist der Autor der hier relevanten Kapitel.
Markús Þ. Þórhallsson: »Spurning Sagna: Að hvaða marki skapa Íslendingar sjálfsmynd sína í gegnum augu útlendinga og hve mikið er að marka hana?« *Sagnir* 1, 2016.
Jón Sigurðsson (Herausg.): *Trójumanna saga og Breta sögur*, Kopenhagen 1848.
Hannah Kent: *Burial Rites*, Little Brown 2013.
Auf Deutsch erschienen als: Kent, Hannah: Das Seelenhaus. Übersetzt von Leonie von Reppert-Bismarck. München 2014.

Beinahóll auf Kjölur

Grettis saga, div. Ausgaben.
Auf Deutsch u. a. erschienen in: Isländersagas. Die Saga von Grettir Ásmundarsson. Übersetzt von Kristof Magnusson. Frankfurt a. M. 2011.
Haraldur Matthíasson: »Fjallavegaferðir á Sturlungaöld« in *Vörður á vegi*, Reykjavík 1988.
Arnór Karlsson u.a.: *Kjölur og kjalverðir*, Reykjavík 2001.
Ragnar Jóhannsson: »Hver fjarlægði lík Staðarbræðra? Tilgáta um glæp« in *Skírnir*, Früjahr 2012.
Hannes Pétursson: *Frá Ketubjörgum til Klaustra: þættir, greinar og frásögur*, Sauðárkrókur 1990.
Jón Helgason: »Áfangar« in *Úr landsuðri*, 2. erweiterte Ausgabe, Reykjavík 1948.
Hannes Pétursson »Jón Austmann ríður frá Reynistaðabræðrum«, in *Kvæðabók*, Reykjavík 1955.

Merkigil

Guðmundur G. Hagalín: *Konan í dalnum og dæturnar sjö: saga Móniku Helgadóttur á Merkigili*, Akureyri 1954.
Páll Sigurðsson: *Skagafjörður austan vatna: Frá Jökli að Furðuströndum*, Reykjavík 2014.
Gísli Sigurðsson: »Með klofinn hjálm og rofinn skjöld« in *Lesbók Morgunblaðsins*, 14/9 1996.
Halldórs Laxness, *Atómstöðin*, Reykjavík 1948.
Auf Deutsch erschienen als: Laxness, Halldór: Atomstation. Übersetzt von Hubert Seelow. Göttingen, 2015. Deutsche Erstausgabe: Übersetzt von Ernst Harthern. Hamburg, 1955.

Siglufjörður

Hallgrímur Helgason: *Sextíu kíló af sólskini*, Reykjavík 2018.
Auf Deutsch erschienen als: Helgason, Hallgrímur: 60 Kilo Sonnenschein. Übersetzt von Karl-Ludwig Wetzig. Stuttgart, 2020.

Ragnar Jónasson: *Náttblinda*, Reykjavík 2014.
Auf Deutsch erschienen als: Jónasson, Ragnar: Schneetod. Übersetzt von Helga Augustin. Frankfurt a. M., 2019.

Páll Baldvin Baldvinsson: *Síldarárin 1867–1969*, Reykjavík 2019.

Hörgárdalur

Páll Valsson: *Jónas Hallgrímsson: ævisaga*, Reykjavík 1999.

»Djákninn á Myrká« in Jón Árnason: *Íslenzkar þjóðsögur og æfintýri*, 1. Band, Leipzig 1862.

Gunnar Kristjánsson: »Skáldið á Bægisá«, in *Jón á Bægisá*, 1/1994.

Guðrún P. Helgadóttir: *Skáldkonur fyrri alda I-II*, Akureyri 1961-1963.

Helga Kress (Herausg.): *Stúlka: Ljóð eftir íslenskar konur*, Reykjavík 1997.

Ólöf Sigurðardóttir: »Bernskuheimili mitt« in *Eimreiðin* 2/1906.

Orri Vésteinsson: »Kaupskipahöfnin Gásir í Eyjafirðir« in *Skírnir*, Frühjahr 2011.

Flateyjardalur

Valgarður Egilsson: »Úthafsbyggðir Mið-Norðurlands« in *Í strandbyggðum norðan lands og vestan*, Reykjavík 2000.

Valgarður Egilsson: *Waiting for the South Wind*, Reykjavík 2001 und *Steinaldarveislan*, Reykjavík 2014.

Páll G. Jónsson: *Flateyjardalsheiði*, Reykjavík 2000.

Theódór Friðriksson: *Í verum*, Reykjavík 1941.

Thor Vilhjálmsson: *Raddir í garðinum*, Reykjavík 1992.

Stefán Jónsson: *Að breyta fjalli*, Reykjavík 1987.

Helga Kress: *Stúlka*, s.o.

Helgi Jónsson: *Látra-Björg*, Reykjavík 1949.

Hermann Stefánsson: *Bjargræði*, Reykjavík 2016.

Garður bei Mývatn

Unnur Jökulsdóttir: *Undur Mývatns: um fugla, flugur, fiska og fólk*, Reykjavík 2017.

Jón Gauti Jónsson: *Mývatnssveit með kostum og kynjum*, Reykjavík 2006.

Sigríður Kristín Þorgrímsdóttir: *Jakobína: saga skálds og konu*, Reykjavík 2019.

Jakobína Sigurðardóttur: *Í barndómi*, Reykjavík 1994.

Dagný Kristjánsdóttir schreibt über Jakobína in *Íslensk bókmenntasaga IV*, Reykjavík 2006, s.o..

Ásbyrgi

Sigurður Pálsson: *Bernskubók*, Reykjavík 2011.

Einar Kárason: »Sigurður Pálsson: Vinarminning«, in *DV*, 8/10 2017.

Gerður Kristný: *Blóðhófnir*, Reykjavík 2010.

Svava Jakobsdóttir: *Gunnlaðar saga*, Reykjavík 1990.

Einar Benediktsson: *Kvæðasafn*, Reykjavík 1964.

Skírnismál, div. Ausgaben.
Auf Deutsch erschienen in der Lieder-Edda. Diverse Ausgaben, u. a. Die Edda. Götterlieder,

Heldenlieder und Spruchweisheiten der Germanen. Manfred Stange (Hg.). Wiesbaden 2020.

Rudolf Simek: *Lexikon der germanischen Mythologie.* Stuttgart 1984.

Askja

Ari Trausti Guðmundsson: *Íslenskar eldstöðvar,* Reykjavík 2001.

Ina von Grumbkow: *Ísafold. Reisebilder aus Island.* Berlin 1909.

Gerritt Jan Zwier: *De knoop van Ijsland,* Amsterdam 1996.

Frank Schroeder: *Die Eisumschlungene. Spurensuche auf Island,* Berlin 1995.

Skúli Thoroddsen: *Ína,* Selfoss 2019.

Páll Skúlason: *Hugleiðingar við Öskju,* Reykjavík 2005.

Sænautasel

Hjörleifur Guttormsson: *Upphérað og öræfin suður af,* Reykjavík 2018.

Halldór Laxness: „Skammdegisnótt í Jökuldalsheiðinni" in *Dagleið á fjöllum,* Reykjavík 1937.

Halldór Laxness: *Sjálfstætt fólk,* 2 Bände, Reykjavík 1934 und 1935.
Auf Deutsch erschienen als: Laxness, Halldór: Sein eigener Herr. Übersetzt von Bruno Kress. Göttingen, 1992. Der erste Teil erschien zuerst unter: Der Freisasse. Übersetzt von Eleonore Voeltzel (Pseudonym für Erwin Magnus). Leipzig/Wien/Berlin 1936.

Halldór Guðmundsson: *Halldór Laxness,* s.o.

Skriðuklaustur

Steinunn Kristjánsdóttir: *Sagan af klaustrinu á Skriðu,* Reykjavík 2012.

Agnar Hallgrímsson: *Saga Skriðuklausturs í Fljótsdal,* Reykjavík 2015.

Pétur Ármannsson und Silja Traustadóttir: »Hús skáldsins á Skriðuklaustri og höfundur þess« in *TMM* 3/2010.

Jón Yngvi Jóhannsson: *Landnám: ævisaga Gunnars Gunnarssonar,* Reykjavík 2011.

Halldór Guðmundsson: *Skáldalíf,* s.o.

Siehe auch www.skriduklaustur.is

Borgarfjörður eystra

Hjörleifur Guttormsson: *Úthérað ásamt Borgarfirði eystra, Víkum og Loðmundarfirði,* Reykjavík 2008.

Kristín Guðnadóttir u.a.: *Kjarval: 1885-1972,* Reykjavík 2005.

Halldór Laxness (Einführung): *Jóhannes Sveinsson Kjarval,* Reykjavík 1950.

Elías B. Halldórsson: *Málverk / Svartlist,* Akranes 2008.

Gyrðir Elíasson: *Gangandi íkorni,* Reykjavík 1987.
Auf Deutsch erschienen als: Elíasson, Gyrðir: Ein Eichhörnchen auf Wanderschaft. Übersetzt von Gert Kreutzer. Zürich 2011.

Kristín Marja Baldursdóttir: *Karítas án titils,* Reykjavík 2004 und *Óreiða á striga,* 2006.
Auf Deutsch erschienen als: Baldursdóttir, Kristín Marja: Die Eismalerin. Übersetzt von Coletta Bürling. Frankfurt a. M. 2007 und Baldursdóttir, Kristín Marja: Die Farben der Insel. Übersetzt von Coletta Bürling. Frankfurt a. M. 2011.

Hali

Oddaverjaannáll gibt es auf einem Manuskript aus Papier aus dem späten 16. Jahrhundert.

Elín Pálmadóttir: *Fransí biskví: Frönsku Íslandssjómennirnir*, Reykjavík 1989.

Ólafur Davíðsson: »Þilskipaveiðar við Ísland«, in *Andvari* 1/1886.

Þórbergur Þórðarson: *Í Suðursveit* (vier Erinnerungsbücher in einem Band), Reykjavík 1975.

Þórbergur Þórðarson: *Bréf til Láru*, Reykjavík 1924.

Auf Deutsch ist von dem Autor erschienen: Þórðarson, Þórbergur: Islands Adel. Übersetzt von Kristof Magnusson. Frankfurt a. M. 2011.

Halldór Guðmundsson: *Skáldalíf*, s.o.

Einar Benediktsson: *Kvæðasafn*, s.o.

Siehe auch www.thorbergur.is

Lakagígar

Jón Steingrímsson: *Æfisagan og önnur rit*, Reykjavík 1973.

Hannes Finsson: *Mannfækkun af hallærum*, Reykjavík 1970.

Skaftáreldar 1983-1984: Ritgerðir og heimildir (viele Autoren), Reykjavík 1984.

Birgir Guðmundsson: »Hin rámu regindjúp byltingar« in *Tíminn* 14/7 1989.

Matthías Viðar Sæmundsson schreibt über Jón Steingrímsson in *Íslensk bókmenntasaga III*, s.o.

Einar Már Guðmundsson: *Hundadagar*, Reykjavík 2015.

Ófeigur Sigurðsson: *Skáldsagan um Jón & hans rituðu bréf til barnshafandi konu sinnar þá hann dvaldi í helli yfir vetur & undirbjó komu hennar & nýrra tíma*, Reykjavík 2010.

Hveragerði

Pjetur Hafstein Lárusson: *Hveragerðisskáldin 1933–1974*, Hveragerði 2004, siehe auch www.listvinir.is.

Zu Kristmann Guðmundsson und Jóhannes úr Kötlum in *Íslensk bókmenntasga IV*, s.o.

Jóhannes úr Kötlum: *Roðasteinninn og ritfrelsið*, Reykjavík 1958.

Guðrúnar Evu Mínervudóttur: *Skegg Raspútíns*, Reykjavík 2016.

Halldór Stefánsson: *Sögur*, mit Nachwort von Halldór Guðmundsson, Reykjavík 1989.

Þingvellir

Björn Th. Björnsson: *Þingvellir: staðir og leiðir*, Reykjavík 1984.

Páll Hersteinsson og Pétur M. Jónasson: *Þingvallavatn: undraheimur í mótun*, Reykjavík 2002.

Sigrún Helgadóttir: *Þingvellir: þjóðgarður og heimsminjar*, Reykjavík 2011.

Siehe auch: www.thingvellir.is.

Njals saga, div. Ausgaben. Auf Deutsch u.a. erschienen in: Isländersagas. Die Saga von Brennu-Njáll. Übersetzt von Karl-Ludwig Wetzig. Frankfurt a. M. 2011.

Halldór Laxness: *Vefarinn mikli frá Kasmír*, Reykjavík 1927, *Íslandsklukkan*, 3 Bände, Reykjavík 1943-46.

Auf Deutsch erschienen als: Laxness, Halldór: Der große Weber von Kaschmir. Übersetzt von Hubert Seelow. Göttingen, 1988. Und Laxness, Halldór: Die Islandglocke. Übersetzt von Hubert Seelow. Göttingen, 1993. Deutsche Erstausgabe: Übersetzt von Ernst Harthern. Frankfurt a. M. 1951.

Zitat über Drekkingarhylur aus www.kvennasogusafn.is

Már Jónsson: »Hversu mörgum konum var drekkt í Drekkingarhyl og fyrir hvað?« auf www.visindavefur.is

Inga Huld Hákonardóttir: *Fjarri hlýju hjónasængur: öðruvísi Íslandssaga*, Reykjavík 1992.

Christian Schoen (Red.): *Rúrí*, Berlin 2011.

Þóra Karítas Árnadóttir: Blóðberg, Reykjavík 2020.

Herdísarvík

Þór Vigfússon: *Í Árnesþingi vestanverðu*, Reykjavík 2003.

Guðjón Friðriksson: *Einar Benediktsson*, Biographie in 3 Bänden, Reykjavík 1997-2000.

Einar Benediktsson: *Kvæðasafn*, Vorwort von Sigurður Nordal, s.o.

Halldór Guðmundsson: *Skáldalíf*, s.o.

Björn Th. Björnsson: *Seld Norðurljós*, Reykjavík 1982.

Gils Guðmundsson: *Væringinn mikli*, Reykjavík 1990.

Ingibjörg Sólrún Gísladóttir: *Þegar sálin fer á kreik: minningar Sigurveigar Guðmundsdóttur*, Reykjavík 1991.

Grindavík

Guðbergur Bergsson: *Tómas Jónsson metsölubók*, 2. Ausgabe 1987 mit einem Vorwort des Autors (erste Ausgabe 1966.; *Anna*, Reykjavík 1969 und *Faðir og móðir og dulmagn bernskunnar*, Reykjavík 1997).

Guðbergur Bergsson: *Svanurinn*, Reykjavík 1991. Auf Deutsch erschienen als: Bergsson, Guðbergur: Der Schwan. Übersetzt von Hubert Seelow. Göttingen 1998

Milan Kundera: »Le secret des âges de la vie« in *Une rencontre*, Paris 2009 (erschien erst in *Le Nouvel Observateur 1996)*. Auf Deutsch erschienen als: Kundera, Milan: Eine Begegnung. Übersetzt von Uli Aumüller. München 2011.

Þóra Kristín Ásgeirsdóttir: *Guðbergur Bergsson metsölubók*, Reykjavík 1992.

Birna Bjarnadóttir: *Heiman og heim: sköpunarverk Guðbergs Bergssonar*, Reykjavík 2019.

Kleifarvatn

Gunnsteinn Ólafssonar und Páll Stefánsson: *Hjarta Íslands: frá Eldey til Eyjafjarðar*, Reykjavík 2020.

Björn Jón Bragason: »Fundu torkennileg tæki í Kleifarvatni«, in *DV* 23/10 2015.

Rauða bókin: leyniskýrslur SÍA, Reykjavík 1963.

Arnaldur Indriðason: *Kleifarvatn*, Reykjavík 2004. Auf Deutsch erschienen als: Indriðason, Arnaldur: Kältezone. Übersetzt von Coletta Bürling. Bergisch Gladbach, 2007.

Bessastaðir

Vilhjálmur Þ. Gíslason: *Bessastaðir: Þættir úr sögu höfuðbóls,* Akureryi 1947.

Gunnar Gunnarsson: *Das Rätsel um Didrik Pining,* Stuttgart 1939.

Guðmundur Daníelsson: *Hrafnhetta,* Reykjavík 1958.

Þórunn Sigurðardóttir: *Haustbrúður,* Reykjavík 1988.

Mosfell

Sigríður Dúna Kristmundsdóttir: *Ólafía: Ævisaga Ólafíu Jóhannsdóttur,* Reykjavík 2006.

Ólafía Jóhannsdóttir: *Aumastar allra: Myndir frá Skuggahliðum Kristjaníu,* Akureyri 1923 (norwegische Originalausgabe 1916).

Egils saga, div. Ausgaben, s.o.

Halldór Laxness: *Innansveitarkronika,* Reykjavík 1970.

Auf Deutsch: Kirchspielchronik, übersetzt von Fritz Nothardt, St. Gallen 1976

Gljúfrasteinn

Edda Andrésdóttir: *Á Gljúfrasteini,* Reykjavík 1984.

Halldór Guðmundsson: *Halldór Laxness,* s.o.

Mündliche Überlieferung.

Breiðholt

Manuskripte und Dokumente aus dem Besitz der Forscher Ólafur J. Engilbertsson und Úlfhildur Dagsdóttir.

Eggert Þór Bernharðsson: *Saga Reykjavíkur: 1940-1990,* 2 Bände, Reykjavík 1998.

Sjón: *Drengurinn með röntgenaugun: Ljóð 1978-1986,* Reykjavík 1986.

Árborg, Manitoba

Guðjón Arngrímsson: *Nýja Ísland: örlagasaga vesturfaranna í máli og myndum,* Reykjavík 1997.

Böðvar Guðmundsson: *Híbýli vindanna,* Reykjavík 1995 und *Lífsins tré,* 1996.

Halldór Laxness: »Nýja Ísland« in *Fótatak manna,* Akureyri 1933.

Bildunterschriften der ganzseitigen und doppelseitigen Fotos

S. 1: Sænautasel, S. 2/3: Djúpalónssandur bei Snæfellsjökull, S. 4/5: Herdísarvík, S. 6/7: Der See Kleifarvatn, S. 8/9: Askja, S. 16/17: Die alte Kirche von Reykholt, S. 28/29: Die Schotterstraße zum Snæfellsjökull, S. 36/37: Der verfallene Hof Staðarhóll, S. 44/45: Flatey auf Breiðafjörður, S. 50/51: Das Dorf auf Flatey, S. 52/53: Rauðisandur, der rote Sand, S. 60/61: Álftafjörður, rechts das Dorf Súðavík, S. 62: Eyrardalur bei Súðavík in Álftafjörður. Das alte Gebäude wurde restauriert und beheimatet jetzt ein Museum, das dem Polarfuchs gewidmet ist. S. 66/67: Die Kirche von Þingeyrar, S. 74/75: Auf Kjölur. Im Hintergrund der Gletscher Langjökull, S. 82/83: Die Schlucht Merkigil bei Skagafjörður, S. 90/91: Siglufjörður, S. 98/99: Der Weg zum Hof Myrká in Hörgárdalur bei Eyjafjörður, S. 102: Die Kirche bei Möðruvellir, S. 106/107: Flateyjardalur. In der Ferne die Insel Flatey, in der Bucht Skjálfandi, nicht zu verwechseln mit Flatey im Breiðafjörður, S. 114/115: Mývatn, die Hügel sind sogenannte Pseudokrater. S. 121: Lavaformation bei Mývatn, S. 122/123: Ásbyrgi, S. 128/129: Bei Askja. Links der See Öskjuvatn, rechts der Krater Víti. S. 134/135: Der Hof Sænautasel auf Jökuldalsheiði, S. 142/143: Skriðuklaustur. Vorne sind die Ausgrabungen des alten Klosters zu sehen. S. 150/151: Das Kreuz in Njarðvíkur-

skriður, in den steilen Hängen auf dem Weg zum Borgarfjörður eystra, wo der Reisende aufgefordert wird, sich zu Christus zu bekennen. S. 158: Dieser schöne alte Hof in Bakkagerði in Borgarfjörður eystra ist Schauplatz des ersten Teils des Romans *Eichhörnchen auf Wanderschaft* von Gyrðir Elíasson. S. 160/161: Der aufgespaltene Stein, zur Erinnerung an die drei Brüder von Hali, S. 168/169: Blick vom Berg Laki über die Lakagígar, eine 25 km lange Reihe von vulkanischen Kratern, S. 176/177: Dampf aus einer heißen Quelle bei Hveragerði, S. 182/183: Þingvallavatn, der See bei Þingvellir, S. 190/191: Das Haus von Einar Benediktsson an der Herdísarvík, S. 194: Die Pforte zum Haus von Einar Benediktsson an der Herdísarvík, S. 198/199: Steingeröll und Überreste eines Schiffswracks an der Küste von Grindavík, S. 206/207 und 208/209: Der See Kleifarvatn, S. 214/215: Bessastaðir. Reykjavík und der Berg Esja im Hintergrund, S. 216: Die Kirche von Bessastaðir, dahinter das Repräsentationshaus des isländischen Präsidenten. S. 222/223: Das Tal Mosfellsdalur mit der Kirche am Mosfell, S. 230/231: Das Haus von Halldór Laxness, Gljúfrasteinn, jetzt Museum, mit seinem Auto im Vordergrund, S. 236/237: Der Häuserblock am Æsufell in Breiðholt, einer Vorstadt von Reykjavík, S. 248/249: Am Snæfellsjökull, S. 250/251: Kleifarvatn, S. 260/261: Flatey im Breiðafjörður, S. 262/263: Flateyjardalur

corso 79
Halldór Guðmundsson
Island
Insel aus Geschichten
Fotografie Dagur Gunnarsson
Aus dem Isländischen von Kristof Magnusson

1. Auflage im April 2021

Römerweg 10, D-65187 Wiesbaden

Covergestaltung, Layout & Satz: Anja Carrà, Weimar
Lektorat: Anna Schloss, Wiesbaden
Gesetzt aus der Operetta und der Gentleman
Gesamtherstellung: CPI books, Ulm
Printed in Germany.
978-3-7374-0765-6

Die Übersetzung dieses Buches
wurde finanziell unterstützt vom
Isländischen Literaturzentrum.

ICELANDIC LITERATURE CENTER